中汇城控股（集团）房地产研究中心　编著

房地产精细操盘
前期市场分析

化学工业出版社
·北京·

内容提要

中国房地产项目的开发手法,因开发商地域不同所形成的派别也不同,不同派别企业的开发风格、项目特点和产品形式及社区文化差别很大。地产人做项目前期分析研究,主要工作分四步:首先要搞懂中国房地产开发商,研究开发商自身的商业文化特点和企业风格等主观因素;第二步是对房地产开发流程的全过程有详细了解;第三步是做具体的前期市场研究,即宏观市场背景、所在城市、地处区域、区域的区位、地块特点、客户研究、竞争楼盘研究;第四步是做项目整体的经济测算。

项目开发的前期分析是决定楼盘成功销售与否的重要环节,本书圈定了房地产前期市场分析研究的工作框架,以一个楼盘如何能最大程度找到准确项目定位并形成最终适合的产品为出发点,对前期研究工作做分步论述。具体来说,本书内容是按照"地产项目的前期分析研究的工作如何分步进行,最新理论有哪些,每一步的工作细节是什么以及在每一步里的注意事项是什么"这样的逻辑关系环环相扣、层层展开的。

本书旨在为地产策划人做项目前期分析研究提供一个完整的逻辑框架和详细的工作步骤。本书适合各类房地产相关行业从业人士阅读参考。

图书在版编目(CIP)数据

房地产精细操盘. 前期市场分析 / 中汇城控股(集团)房地产研究中心编著. -- 北京:化学工业出版社,2014.9(2021.2 重印)
ISBN 978-7-122-21609-0

Ⅰ.①房… Ⅱ.①中… Ⅲ.①房地产市场—市场分析
Ⅳ.①F293.35

中国版本图书馆CIP数据核字(2014)第187263号

责任编辑:王 斌 邹 宁　　　　　　　　　　　装帧设计:杨春烨　王晓丽

出版发行:化学工业出版社(北京市东城区青年湖南街13号　邮政编码100011)
印　　装:天津画中画印刷有限公司
710 mm×1000 mm　1/16　印张 19½　字数400千字　2021年2月北京第1版第10次印刷

购书咨询:010-64518888　　　　　　　　　售后服务:010-64518899
网　　址:http://www.cip.com.cn
凡购买本书,如有缺损质量问题,本社销售中心负责调换。

定　　价:68.00元　　　　　　　　　　　　　　　　版权所有　违者必究

策划单位：天火同人工作室

编著单位：中汇城控股（集团）房地产研究中心

主编：苏少彬　肖　鹏　张　杨　刘丽娟　龙镇

编委：

刘丽娟	龙　镇	周国伟	苏少彬	肖　鹏	张　杨
朱　军	万　弘	黄志军	敖　勇	张　健	严　昆
廖金柱	张连杰	王　咏	成文冠	孙权辉	吴仲津
曾庆伟	林樱如	樊　娟	叶雯枞	杨春烨	卜昆鹏
曾　艳	王晓丽	李中石	朱青茹	区倩怡	刘丽伟
王丽君	卜华伟	张墨菊	林德才	林燕贞	曾　欢
舒立军	孟晓艳	孙树学	马玉玲	刘　娜	郭林慧
刘思明	李明辉				

执行编辑：吴仲津　区倩怡

美术设计：杨春烨　林德才

设计创意：广州恒烨广告设计有限公司

专业支持：易中居地产培训机构

CONTENTS

目录

开篇　中国开发商基础脸谱 1
　　一、如何解读当下开发商企业战略 2
　　二、中国地产企业经营哲学的地域基因 8
　　三、区域企业群发展的 3 个分析指标 13
　　四、中国地产企业群发展战略 15

第一章　房地产项目全程策划流程 22

第一节　房地产项目策划前期可行性研究流程 23
　　一、可行性研究的三个工作阶段 23
　　二、可行性研究的 7 项基本内容 24
　　三、可行性研究的 5 个步骤 29

第二节　房地产项目全程策划的工作阶段划分 33
　　一、三种房地产项目策划基本类型 33
　　二、房地产项目全程策划的主要内容 35
　　三、房地产项目全程策划七个特性 38
　　四、房地产项目全程策划的价值 40

第二章　宏观指标分析过程 47

第一节　宏观经济分析 48
　　一、宏观经济分析技巧 48
　　二、宏观经济分析的 8 个模块分析 52

第二节　宏观政策分析技巧 58
　　技巧 1：按类梳理房地产政策 58

技巧 2：梳理房地产政策的多元主体 61

技巧 3：更现实的分析房地产市场政策影响 63

第三节 宏观市场分析 64

一、周期规律是市场行情的本质 64

二、房地产周期与宏观经济周期紧密相关 64

三、房地产市场基本面分析内容与重点 65

四、房地产项目区域市场供求分析 72

五、地块研究是前期综合分析关键之一 78

第四节 房地产行业宏观分析常用表格 85

第三章 常规市场调研的做法 87

第一节 市场调研常规步骤 88

一、将地产决策问题具化为调研问题 89

二、地产调研目的体系设计 90

三、地产策划中的 5 个调研注意事项 92

四、确定地产调研地域范围的 2 种方法 93

五、确定地产调研地域范围的方法 98

六、地产策划调研常用的四类调研方法 101

七、地产调研常用的分析方法 108

八、召开地产调研项目会 119

九、用地产逻辑问题树解决调研问题 120

十、踩盘调研方法与技巧 124

十一、目标客户策划调研的三个要求 130

十二、用客户调研构建项目价值体系的步骤 138

CONTENTS 目录

第二节 市场调研分析的分析对象 143
- 一、财务分析 143
- 二、社会效益分析 144
- 三、生态效益分析 145
- 四、风险经济分析 146

第三节 房地产常规调研常用表格 148
- 一、商业市场调研模板 148
- 二、写字楼市场调研模板 151
- 三、住宅市场调研模板 153
- 四、调查问卷模板 154

第四章 前期客户研究 163

第一节 客户研究的基本方法 164
- 一、客户研究要解决的三个问题 164
- 二、研究客户需求的四种方法 165
- 三、不同客户人群需求改变项目需求点 167
- 四、初步客户研究可形成的2个成果 173

第二节 访谈式客户研究办法 179
- 一、客户研究访谈分类 179
- 二、访谈问题的结构化设置 181
- 三、访谈中的两种提问方式技巧 181

第三节 客户细分研究方法 183
- 一、客户细分的两个价值 183

二、客户细分的四个维度 184

　　三、地产项目九类客户细分指标 190

　　四、八大客户群体特征描述 193

第四节　如何寻找潜在客户 199

　　一、潜在客户细分研究步骤 199

　　二、潜在客户细分群体描述 199

　　三、潜在客户细分群体人口背景统计的6个内容 203

　　四、潜在客户细分群体购房行为特征分析的五个方面 205

第五章　竞争产品分析 211

第一节　竞争产品分析内容及流程 212

　　一、竞争产品分析作用 213

　　二、竞争产品分析的内容和工作重点 213

　　三、竞争产品分析流程中的模型及方法 219

　　四、竞争产品分析案例演示 226

　　五、竞争产品监测 239

　　六、区域竞争产品分析框架 249

第二节　产品组合分析模型及方法 253

　　一、产品组合内容 253

　　二、不同群体的产品组合不同 257

第六章　房地产项目经济测算 261

目录

CONTENTS

CONTENTS

目录

第一节 经济测算的概况 262
    一、经济测算的基本步骤 262
    二、经济测算基本概念 263
    三、投资估算的要求及必要性 265

第二节 项目开发成本估算 267
    一、开发项目总投资 267
    二、项目总成本的 12 项费用 269

第三节 地产项目利润测算 275
    一、掌握项目定价方法 275
    二、确定租售价格 282
    三、经营收入估算 283
    四、税金估算 284
    五、投资资金来源分析 284
    六、资金筹措与使用计划 285
    七、借款还本付息估算 286
    八、财务评价指标 288

第四节 地产项目的不确定性分析 294
    一、敏感性分析 294
    二、盈亏平衡分析 295

第五节 经济测算常用表格 296

开篇
Opening

中国开发商基础脸谱

做房地产项目策划前有一项重要工作是解读房地产开发企业战略。对房地产开发企业战略解读准确与否,直接关系到项目策划的成与败。

一 如何解读当下开发商企业战略

即使是拥有同一个地块,处于不同发展阶段的企业,开发目标和开发思路也会不同。这个不同是因为企业战略不同而产生的。

开发一个地产项目的第一目标首先是契合企业战略发展要求。在房地产开发领域,无论是甲方人员还是乙方人员,做项目策划首先要会懂得如何分析和解剖企业战略。

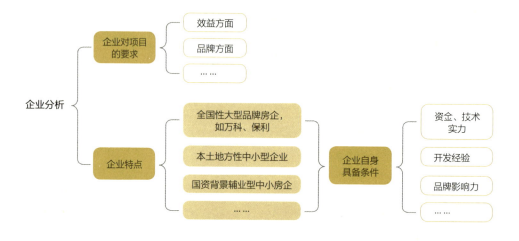

图 0-1 策划人眼中的房地产开发企业战略分析框架

1. 中国东、南、西、北开发企业文化特点

1980年中国成立了第一家房地产公司:深圳经济特区房地产公司。意味着作为中国市场经

济发展的重要主体之一的房地产开发企业，正式登上了中国历史舞台。

2008年年底，中国从事房地产开发的企业就已达到上万家，其发展速度令人惊叹。

而要归类研究这些企业，可以从企业文化、发展战略、开发产品及企业实力等各方面着手。每个企业的发展因为所处区域不同而打上了独特的区域经济文化烙印。可以说，这个烙印是这些企业战略哲学的母体。

按照区域文化差异，可以把中国内地的房地产企业划分为六类：

战略运作善于大开大合的央企房地产公司

以保利、中海、中粮为央企的典型代表；

善于学习、注重产品的华东房地产企业

以之前的绿城地产、复地、仁恒为代表；

注重从客户角度出发实现企业发展战略华南房地产企业

以万科和被称为"华南五虎"的恒大、合生创展、富力、雅居乐、碧桂园为主要代表；

重人本主义，提倡"善待客户一生"的服务理念西南房地产企业

以龙湖、金科地产为典型代表；

以沿海文化孕育了团结、敢闯、注重开拓与风险意识并存的闽商房地产企业

以宝龙、明发为代表；

大气的产品和拓展战略的京派房地产企业

以SOHO中国、华远地产、首开为主要代表。

本章以地域和文化特征为主要维度划分出中国房地产企业群，通过不同地域的房地产特有的企业发展基因、企业群发展战略、企业群实力特点以及企业群发展力衡量指标，去分析不同地域房地产企业族群的文化和战略特征。

图 0-2 企业群概览图

资料来源：CRIC 企业年报

2. 中国地产企业群图谱

中国房地产行业发展过程中，各区域都出现了具有明显代表性的企业群体，在企业群内部也诞生了明显的领跑者。

表 0-1 中国房地产领军企业图谱

类型	企业名称	简介
央企	中海	中国海外发展有限公司 1979 年成立于香港，自 1988 年进入内地市场以来，公司将房地产开发列为核心业务，并打造"中海地产"品牌。 2013 年中海房地产实现港币 1385.2 亿元销售额，销售面积 923 万平方米，营业额港币 824.7 亿元
央企	远洋	远洋地产创立于 1993 年，并于 2007 年 9 月 28 日在香港联合交易所主板上市，为内地在港上市房地产公司十强。 截止 2013 年 12 月 31 日，远洋地产全国 19 个城市的 150 个项目，全年协议销售额人民币 358.18 亿，销售露面面积 258.3 万平方米，营业额 310.99 亿元，毛利 75.47 亿元
央企	保利	保利房地产（集团）股份有限公司成立于 1992 年，是中国保利集团控股的大型央企房地产公司。 2013 年保利地产营业收入 923.56 亿元，全年签约面积累计 1064.37 万平方米，签约金额 1252.89 亿元

类型	企业名称	简介
央企	中粮	中粮集团于20世纪90年代起涉足房地产业务，2006年4月，控股子公司更名为"中粮地产（集团）股份有限公司"。 2013年中粮集团在建拟建项目权益规划总建筑面积604.93万平方米，全年营业收入101.79亿元，利润总额12.27亿元
央企	华润	华润集团于20世纪90年代涉足地产业，1994年成立华润置地有限公司，主要从事在中国内地的房地产开发业务。 截至2013年12月31日，华润置地全年综合营业额港币713.89亿元，签约额共计663亿元人民币，累计签约面积578.2万平方米
华东	绿地	绿地集团是中国企业500强和中国房地产龙头企业之一，成立于1992年。 2013年绿地集团业务经营收入3300亿元，利润总额140亿元
华东	复地	复地集团成立于1994年，是中国最大的房地产开发集团之一。 2013年内，复地集团竣工总建筑面积约为218.16平方米，销售面积约为147.39万平方米，营业收入人民币113.61亿元，净利润20亿元
华东	恒盛	恒盛地产控股有限公司成立于1996年，是一家跨地域、全国性的以房地产开发为主的大型集团企业。 截至2013年12月31日止，恒盛集团房地产销售额人民币73.11亿万元，综合毛利为人民币2.93亿元
华东	滨江	杭州滨江房产集团股份有限公司初成立于1993年，系由杭州滨江房产集团有限公司整体变更设立。 2013年，滨江地产销售金额（含协议金额）累计136亿元，营业收入103.91亿元，利润总额1.97亿元
华东	新湖中宝	新湖中宝股份有限公司于1992年8月成立。 2013年新湖中宝营业收入92亿元，归属于上市公司股东的净利润达9.83亿元，项目占地面积1096万平方米
华南	万科	万科企业股份有限公司成立于1984年5月，是目前中国最大的专业住宅开发企业。 2013年，万科销售面积1489.9万平方米，销售金额1709.4亿元，营业收入1354.2亿元，净利润151.2亿元
华南	碧桂园	碧桂园成立于1992年，是一家以房地产为主营业务的综合性房地产开发企业。 2013年，碧桂园合同销售收入约人民币1060亿元，合同销售建筑面积约1593万平方米，总收入约为人民币626.8亿元，毛利约为人民币85.1亿元
华南	富力	富力地产成立于1994年，集房地产设计、开发、工程监理、销售、物业管理、房地产中介等业务为一体。 2013年富力地产协议销售额为人民币422亿元，总营业额为人民币363亿元，净利润为人民币76.5亿元，收购土地总建筑面积为2090万平方米
华南	恒大	恒大地产集团成立于1997年，于2009年11月5日在香港联交所主板上市，是中国标准化运营的精品地产领导者。 2013年恒大销售额人民币1003.97亿元，销售面积1489.4万平方米，营业额936.7亿元，净利润91.8亿元，权益土地储备建筑面积达1.51亿平方米
华南	金地	金地集团创办于1988年，1993年开始正式经营房地产。2001年4月，金地（集团）股份有限公司在上海证券交易所挂牌上市。 2013年金地集团新开工面积580万平方米，竣工面积333万平方米，全年销售面积359.8万平方米，销售金额450.4亿元，营业收入348.35亿元，归属于上市公司股东的净利润36亿元，资产总额达1239亿元

类型	企业名称	简介
西南	龙湖	龙湖地产有限公司创建于 1994 年,是一家追求卓越、专注品质和细节的专业地产公司。 2013 年龙湖地产合同销售额为人民币 481.2 亿元,营业额为人民币 415.1 亿元。土地储备合计 3949 万平方米,权益面积 3576 万平方米,其中新增收购土地储备总建筑面积为 559 万平方米
闽商	明发	明发集团有限公司创始于 1994 年,是全国房地产开发百强企业。 2013 年明发集团合约销售额约为人民币 63.2 亿元,总建筑面积 76.84 万平方米,综合收益约为人民币 62.69 亿元,毛利约为人民币 13.99 亿元。土地储备面积约为 1070 万平方米
闽商	宝龙	宝龙集团于 1990 年在澳门创立,是一家中国领先的商业物业开发商。 2013 年宝龙集团销售额约 93.7 亿元,净利润为 10 亿元,拥有土地储备的总建筑面积约为 1100 万平方米
闽商	中骏	中骏集团控股有限公司是一家创立于 1987 年的大型综合性集团企业。 2013 年度中骏集团合同销售面积约 6.12 万平方米,合同销售金额约人民币 6.45 亿元,销售收入为人民币 150 亿元,土地储备合计总规划建筑面积约为 958 万平方米
闽商	禹洲	禹洲地产有限公司成立于 1994 年,专注发展高质量的住宅、零售及商用物业。 2013 年禹洲地产合约销售金额为人民币 109.59 亿元,毛利为人民币 23.19 亿元,核心利润人民币 10.89 亿元
闽商	世茂房地产	世茂房地产控股有限公司于 2006 年 7 月在香港联合交易所有限公司主板上市,重点业务为发展大型及高素质的综合房地产项目。 2013 年,世茂房地产销售面积 523.93 万平方米,合约销售金额达人民币 670.73 亿元
京派	SOHO 中国	SOHO 中国有限公司成立于 1995 年,是中国房地产行业领袖,目前北京最大的房地产开发商,主要在北京和上海城市中心开发高档商业地产。 2013 年 SOHO 中国集团营业收入 146.21 亿元,核心纯利约人民币 44.4 亿元
京派	万通	北京万通地产股份有限公司成立于 1991 年,是在上海证券交易所挂牌交易的 A 股上市公司。 2013 年万通地产营业收入 32.99 亿元,归属于母公司所有者的净利润 3.8 亿元,房地产签约销售金额 40.49 亿元
京派	华远	北京市华远集团有限公司成立于 1987 年,是国内第一家中外合资的股份制一级综合开发企业。 2013 年华远地产营业收入人民币 47.29 亿元,归属上市公司股东净利润 6.56 亿元,销售签约额 56.1 亿元,销售签约面积 50.8 万平方米
京派	北辰	北京北辰实业股份有限公司 1997 年由北京北辰实业集团公司独家发起设立,同年 5 月在香港联合交易所挂牌上市。2006 年 10 月在上海证券交易所成功发行 A 股并上市,成为国内第一家 A+H 股地产类上市公司。 2013 年北辰实业营业收入 55.05 亿元,利润总额 9.32 亿元、净利润 6.10 亿元,归属于母公司股东的净利润 6.64 亿元
京派	首开	北京首都开发控股(集团)有限公司由城开集团与天鸿集团合并重组,于 2005 年 12 月 10 日正式挂牌成立的国有大型房地产开发企业。 2013 年首开集团在建项目面积 845.8 万平方米,新开工面积 174.4 万平方米,竣工面积 190 万平方米,营业收入 135.01 亿元,归属于上市公司股东的净利润 12.89 亿元

（1）央企类房地产公司

央企是中央企业的简称。按照中国政府的国有资产管理权限划分，中国国有企业分为中央企业（即由中央政府监督管理的国有企业）和地方企业（由地方政府监督管理的国有企业）。房地产领域内的央企类房地产公司就是指：由中央政府直接监管的企业。央企房地产公司资源实力雄厚，在项目开发、土地获取、发展战略等多方面发展模式比较有特色。这类企业有两个明显的特征，一是依托群体特有的国资背景；二是在土地、融资、资源利用等方面占据明显优势。

保利地产、中海地产、中粮地产、华润地产等就是这一群体的典型代表。

（2）华东房地产企业

华东是泛指以上海为中心的长三角地区。这个区域历来是中国经济发展的重心，其房地产市场的发展程度相对较为成熟，区域内具有代表性的房地产企业是：绿城、滨江、仁恒等房地产公司企业，在中高端产品市场树立了良好的口碑；绿地、新城作为大众住宅开发商通过本地化的深耕细作在市场上逐渐形成了领先优势，朗诗地产则将科技与生态完美结合，通过开拓细分市场占据了科技住宅的领先地位。

（3）华南房地产企业

华南地区是中国房地产企业的发源地，且紧邻中国香港地区，多年以来一直以香港地区房地产开发为标杆，借助对香港市场的学习和经验积累，华南地区很快就积聚了众多顶尖开发企业。

深圳万科通过持续不断地学习和坚持"客户需求为导向"的开发战略，迅速成长为全国最大的房地产开发企业，并且在中国住房消费者中树立了清晰的品牌形象；金地则在不断地追随万科的发展过程中成长为中国最优秀的房地产企业之一；而恒大、富力、合生创展、碧桂园、雅居乐则在很早以前就被称作房地产领域的"华南五虎"，这个称谓本身就代表着经营上的成功。

（4）西南房地产企业

以龙湖、金科为代表的西南房地产企业已经成为中国房地产企业族群中技术派的代表。龙湖、金科一直潜心于企业的产品创新和管理创新。经过一个又一个项目的磨砺，龙湖、金科带着人本主义的产品和管理模式逐渐成为中国房地产界又一个层面的学习标杆。

（5）闽商房地产企业

世纪金源、融侨、明发、宝龙等一连串的名字，代表了近年福建房地产开发企业的崛起。二、三线城市的综合体开发、城市化进程中三线区域的造城计划，闽商以其独特的开发模式占据了中国房地产市场的一席之地。

（6）京派房地产企业

SOHO中国、首开、万通等企业背靠首都，拥有绝佳的地理位置和各类资源优势。善于利用多种资源的经营特征使此派系企业有别于其他派系企业。通过在"关系"营销或借助自身背景获得项目，或找到有实力的合作伙伴，在资源整合上借力打力，是京派企业的生存竞争之道。

二 中国地产企业经营哲学的地域基因

中国幅员辽阔、地形复杂，地域不同也形成了不同的发展环境基础、经济发展特征、人文特征等。房地产企业的发展同样打上了区域经济发展的烙印。研究中国地产企业的经营哲学，就要研究企业群的地域发展基因，从这个角度上能看到企业发展的未来方向和战略形成路径。

图0-3 企业群发展基因示意图

资料来源：CRIC，统计年鉴

1. 央企群

特点：视野开阔，实力雄厚

央企房地产公司多扎根于以北京为核心的环渤海区域，这个区域的企业有四个特征：

一，平原文化与草原文化、汉族文化与北方游牧民族文化的融合，管理者多半具有"豪放、大气"的性格特点；

二，过去30年，中国央企的核心能力在于对相关资源的掌握及运用。在资源运用方面占据了得天独厚的优势，实力雄厚、股权明晰；

三，央企是银行贷款扶持的重点企业，享有诸多特殊权限，比如政策照顾、财税减免、信贷扶持，国家优厚的政策资源和市场资源，企业的利润回报也很可观。

四，央企的企业最高管理者大多都具有一定身份背景或曾就职于军队、政府部门，行业经历丰富、视野开阔，在管理和运作企业时表现出明显的果敢和雷厉风行的风格。

近年来以保利为首的央企地产企业逐渐登陆资本市场，通过资本市场融资为企业快速发展提供资金支持。

2. 华东企业群

特点：务实，注重产品、创新

（1）受海派文化和吴越文化的双重影响

长三角地区作为中国经济最发达的区域之一，受海派文化和吴越文化的双重影响。地域文化多样性与价值观的包容性熏陶出各具特色的房企，如绿城、绿地、朗诗、新湖、滨江等。这种多样性文化与包容的价值观也是华东企业注重创新与产品精细化的文化基础。

（2）华东企业家更具敏锐的市场洞察力、风险意识与战略眼光

20世纪90年代初，华东地区涌现出大量的房地产企业，是起步较早的企业群体长三角开放较早，经济发达，市场化程度高，这个区域诞生的企业领导人多半都是白手起家为主，他们在市场的生存竞争中更具敏锐的洞察力、风险意识以及战略眼光。企业领导人一般具有较高的学历背景，行业经验丰富。勤劳、拼命、坚持、有干劲。

（3）经济快速发展、资源丰富和配套齐全加速华东系企业群的发展

2000~2004年成为房地产企业的区域深耕期，企业快速扩张。

2000~2004年期间，在上海和苏州等地房价不断高涨的刺激下，多家浙江房地产企业在上海、苏州和南京等城市走马圈地。

2005~2009年成为华东系房地产企业的全国化扩张期，企业成长规模也经历了历史性考验。

2005年后，很多区域深耕型的华东系企业为了持续经营和发展，开始向华北、西南和华南等受政策影响较小的区域发展，2005～2009年是华东系企业全国化扩张的主要阶段。

上市也是华东地区房地产企业实现快速扩张的助推器。2006年之后，绿城、广宇、众安、

滨江、恒盛等企业纷纷通过上市进行资本市场融资。

3. 华南企业群

特点：得开放之先风，领导者成为地产行业领军人物。

图 0-4 影响珠三角文化的三个因素

珠三角特殊的地理位置使其文化受到三方面因素的影响：一，南迁的中原文化；二，自身本土文化；三，外来的西方文化。三种文化融合，形成华南特有的开放、多元、兼容的文化特征。广东人从多元文化中光汲精髓，人才储备多元，海外投资丰富，也学得很多先进经商文化。

（1）得开放之先风，敢为天下先

珠三角是中国改革开放的前沿。20世纪80年代初期，全国各地富于挑战和拼搏精神的人纷纷来到此地，汇聚起了全国各地的精英。

华南企业家的精神中包含着敢为人先、务实进取、开放兼容等优秀品质。地产业中出现了多位通过自身长期的努力，白手起家的行业领导者。

（2）是中国房地产的拓荒牛

华南系企业大多起步于上世纪90年代。

1991年，万科正式在深圳交易所挂牌上市。香港人彭磷基在广州建造了"中国第一村"祈福新村。

1992年，杨国强在顺德开发碧桂园，当年，陈卓林的雅居乐地产在中山亮相；

1993年，李思廉和张力创办了天力集团（富力集团前身），朱孟依的合生创展在本年开始拿地开发华景新城。1996年，许家印在广州创办恒大集团。

2001年，合生创展在北京西大望路一片工厂仓储区开始建造进京的第一个楼盘——珠江帝景。第二年，富力以近32亿元的地价一举拍得北京广渠门地块，并开发出北京CBD超级大盘——富力城，随后再接连出手在京津拿地开发，北京迅速成为富力的双总部之一。

星河湾、碧桂园、恒大、雅居乐等地产巨头借此开始纵横全国。

4. 西南企业群

特点：追求精致，善于学习

西南自古为"四塞之地"，封闭地形一方面养成了西南地域特有的闲适、安逸的文化，另一方面也激励了西南人民向外开拓、努力改善自身环境的决心和勇气。环境与文化的交融，造就了西南人民安逸中有拼搏，拼搏中追求精致的个性。

（1）白手起家抓住机遇

西南众多企业中的领导人多为土生土长的本地人，他们的领导风格特点鲜明。多数西南房地产企业创始人都是白手起家，不具有相关行业背景，但他们具有开拓、创新、善于学习的精神，也抓住了中国的房改机遇，大胆闯入房地产行业。

（2）向区域外扩张的步伐明显偏慢

老牌西南房地产企业均成立于上世纪90年代，起步时间较早，但是相对于其他区域的企业而言，它们向区域外扩张的步伐明显偏慢。2004年龙湖走出四川盆地、2007年金科开始全国化步伐、2009年协信才开始开发异地项目。

2000年开始的西部大开发，西南区域内部基础设施和生态环境日益得到改善，这进一步推动了西南地区房地产市场的发展。龙湖、金科等企业正是抓住了西部开发尤其是重庆转为直辖市的契机，实现了企业快速的发展。

5. 闽商企业群

特点：重商主义孕育闽商群体

福建独特的地理环境和地理位置，孕育了区域开放、拓展的海洋文化特征。另外，福建地区是中国典型的侨乡，华侨引入大量资金和资源，也让该区域对外交流的力度不断增强。在不断的对外交流中，形成了福建地区重商的区域特征。

（1）闽南的重商主义精神

福建地区盛行重商主义，该区域的企业家群体风格是：开拓进取、谨慎细致，经济头脑与风险意识并存。闽商群体是中国地域划分的企业家群体中最重视同乡人脉关系的群体之一。现为经营道路上相互扶持，崇尚团结协作的精神。有闽商的地方就有闽商团队，加强商会联合、实现共赢早已是闽资企业的共识，许多闽南企业领导人也是闽商商会的重要领导人。

（2）2000年后开始全国扩张

闽系开发商起步于90年代初期和中期的厦门和福州两地。2000年以后闽商逐渐开始全国化的步伐。闽商企业扩张的步伐也相对比较务实，除了北京、上海等一线城市之外，闽商更多地将发展重点聚焦在二三线城市，力图通过中国城市化的快速推动实现企业的快速发展。

至今，宝龙、禹州、中骏等房地产企业纷纷通过上市融资的方式助推企业的快速扩张。

6. 京派企业群

特点：重文化与概念

北京自辽代立为陪都（称南京或燕京）后，金、元、明、清及民国前期皆建都于此，现在仍然是中国首都，全国政治和文化中心。四合院是北京典型民居，四合院体现的不仅仅是建筑形式，还有等级观念、风水文化、思索生活以及北京人对社会的洞察等。这样的文化格局造就京派地产企业重文化和概念的特点。背靠京城，京城企业间的人脉加上部分国有企业对它们的扶持成为京派企业的重要推动力。

（1）最早在地产领域挖到第一桶金

京派的领导中有一部分人是先在南方挖掘到"第一桶金"后，再回到北京发展。20世纪90年代，"万通六雄"（冯仑、王功权、王启富、刘军、易小迪、潘石屹）成立了海南万通。之后这些人都纷纷又成立了自己的企业。京派企业领导的共同特征是：通过营销自己来营销企业。对于普通大众来说，知道任志强先于华远，知道潘石屹才知道了SOHO中国。这也是企业成功的营销策略之一。

（2）较早走出国有体制套路

1992年邓小平的南巡后，京派地产企业就走出原来的国有体制套路，开始摸索私营企业的发展模式。后来华南、闽系等各派系企业进京抢夺市场，给京派企业带来了冲击，同时也带来了思路上的转变。

三 区域企业群发展的3个分析指标

图 0-5 企业群发展能力示意图

与衡量单个企业的发展能力相似，房地产企业群的发展能力按照时间维度受不同因素的影响。土地储备水平、资金实力和盈利能力这三个指标直接决定了房地产企业近期发展速度和规模。

①该区域内企业集中程度。即从业企业数量和规模是否具有市场竞争优势；
②该区域企业集群行业内经验累积、历史经验、资源优势；
③该地域文化基因对上述表象因素所产生的根本决定性影响。

图 0-6 决定地产企业发展速度和规模的三大因素

从长远来说，一个区域房地产企业群的发展根本取决于三点：

① 该区域内企业集中程度。即从业企业数量和规模是否具有市场竞争优势；

② 该区域企业集群行业内经验累积、历史经验、资源优势；

③ 该地域文化基因对上述表象因素所产生的根本决定性影响。

本文下表归纳了影响各地域企业群发展能力的经济型指标评价结果，主要衡量融资偿债能力和盈利运营能力这两大方面。这些因素决定了各地域房地产企业群未来一段时间的发展能力。

表 0-2 企业群发展能力经济性指标

企业地域派别	融资能力	资产负债率	盈利能力	运营能力
央企房地产公司	以银行贷款为主；母公司实力强大，较易获得银行信用；普遍上市	丰富的现金储备 资产负债率较低 偿债能力较强	属于行业中上水平	运营效率较低
华东系	银行贷款为主 资本市场为辅	现金偏紧 资产负债结构稳定	盈利能力普遍高于行业平均水平，受市场波动影响较大	运营效能受行业景气影响
华南系	普遍均已上市 多数在香港挂牌 主要借力资本市场	高流动率 合理的资产负债率	盈利能力具有稳定的增长能力	运营效率卓越
西南房地产企业	现金量处于低位 资金流转速度较慢 仅龙湖上市	龙湖资产负债率相对其他地域平均水平偏高	受益于高端物业，盈利能力突出	管控严格，营运能力较强
闽商	自有资金充足 H股IPO增强融资 侨乡民间资本充裕	流动比率较低，短期偿债能力较弱；资产负债率较低，长期偿债压力小	在行业中属于领先水平	资金运用效率高，成本管控有待加强
京派	背靠地方实力国企 资金充裕	资产负债率适中，偿债能力较强	销售利润率较低	运营能力表现适中

资料来源：CRIC，统计年鉴

表0-3比较了各地域企业群发展能力的基础指标，包括企业集中度、具备的行业经验、发展速度和资源优势，这些基础指标对各地域企业群的长远发展具有更深远的作用和意义。

表 0-3 企业群发展能力基础指标

企业地域派别	企业集中度	行业经验	发展速度	资源优势
央企房地产公司	数量中等 规模较大	抓住机遇，后来者居上	快速崛起	资金雄厚 资源丰富
华东系	数量多 规模均在中等以上	地产开发起步早 行业经验丰富	平稳发展	区域优势
华南系	数量多 规模大	普遍起步较早 经验最为成熟	快速扩张	规模优势
西南房地产企业	数量有限 仍处于成长期	20世纪90年代初成立 行业经验丰富	求精求稳 发展较缓	产品优势
闽商	数量众多 规模偏小	大规模扩张刚刚起步	谨慎扩张	民间资本
京派	数量较多 规模处于成长期	南方取经 深耕京城	稳步发展	京城网络

四 中国地产企业群发展战略

资料来源：CRIC，统计年鉴

图 0-7 企业群发展战略示意图

在一个企业群内，各个企业间的能力、目标、定位、战略都不相同，但对比各地域的企业发展路线，可以发现，不同地域的企业群由于其所处地域的文化基因不同，近年来各地区经济发展水平以及具备的地区性资源优势不同，因而可以发现不同地域派别的企业群在战略上具有一定的共同点和相似性。

表 0-4 企业群发展战略一览表

企业地域派别	战略发展特点	主要发展城市级别	目标发展区域	目标市场定位	产品特色
央企房地产公司	充分利用资源 积极进攻	覆盖一线城市 积极布局二线城市	主要的核心城市	中高端为主 积极参与经适房、限价房开发	注重产品线的建立和完善
华东派	因势利导 多元化战略	一、二线城市为主	华东区域为重心 进军全国	中高端精品住宅 高科技绿色住宅 兼顾中低端需求	营销方式多样化
闽商	重视经济效益 平衡发展与风险	二、三线城市为主	集中在福建 移师北京 关注上海 逐鹿中原	定位高端 重视商业地产	重视商业与住宅的配合

企业地域派别	战略发展特点	主要发展城市级别	目标发展区域	目标市场定位	产品特色
华南系	注重土地储备 低价拿地 周转快速	占据一线 布局二、三线	布局全国	中高端改善性居住产品	以客户需求为导向
西南系	区域深耕 重视利润率	二、三线城市为主	深耕大西南 挺进长三角 拓展环渤海	中高端	以产品见长
京派	重深耕 广撒网	一、二线城市	深耕京津 开拓全国	高端化定位	以宣传见长

资料来源：CRIC，统计年鉴

表 0-4 从战略发展特点、主要发展城市级别、目标发展区域、目标市场定位和产品特色这五个维度描述了各地域企业群的战略发展特点。

1. 央企房地产企业：主力覆盖核心城市中高端

央企房地产企业由于得到政府支持，可以通过非招、拍途径获取部分土地，这种竞争优势是别的房地产企业没有的。所以央企房地产公司采用的战略主要是进攻型，他们在增加土地储备资源方面也非常迅速和大胆。其他派系地产企业在战略拓展上会分主场和客场，也有精耕主场、逐步拓展客场的分步战略，而央企房地产公司起步即着眼于全国市场，在城市布局方面，采取的是一线城市重点布局、重要区域城市积极参与、二三线城市全面发展的格局。

央企企业的优势也非常明显：

① 企业较易获得银行信用，易于融资，可以借助银行借款进行长期融资。

② 在定位上，央企房地产公司借助其雄厚的实力进行品牌建设。

顺应行业发展趋势，主打中高端市场，开发项目主要集中在商品住宅领域，主要从事一线城市和重点二线城市的中、高档住宅开发，也有部分企业同时积极参与经适房和限价房的开发。

③ 在追求快速崛起的同时，也注重产品线的建立和完善。

表 0-5 央企房地产公司全国化概况

主要企业	一线城市布局	全国化城市数量	重要二线城市	未来发展战略
保利	广州、北京、上海	24	重庆、武汉、沈阳	以中心城市为主，逐步辐射二三线城市
中海	北京、上海、深圳、广州	22	长春、成都、苏州	以港澳地区、长三角、珠三角、环渤海、东北、西部为重点的全国性布局
中粮	北京、深圳、广州、上海	12	天津、成都	以深圳为主，进入京沪穗等一线城市，以及天津、成都等有潜力的二线城市
远洋	北京	6	大连、天津	以"环渤海"为核心的发展战略，进军珠江三角洲、长江三角洲
华润	北京、上海、深圳	25	成都、武汉、重庆、沈阳	以环渤海、长三角、珠三角、成渝为重点的全国化布局

表 0-6 央企房地产公司区域进入情况

企业	区域进入模式	主要进入城市
远洋	环渤海、珠三角、长三角	北京、天津、大连、沈阳、中山、杭州
保利	重点城市的三点扩张	北京、上海、广州、重庆、杭州、沈阳、武汉、长沙、长春
华润	一、二线城市为主	北京、上海、深圳、成都、大连
中粮	避开长三角	深圳、广州、厦门、长沙、成都、青岛、北京、上海
中海	以总部为据点逐步扩散	中山、珠海、上海、杭州、北京、天津、大连、重庆、郑州

资料来源：CRIC

2. 华南房地产企业：理性开拓，关注规模与速度

规模和速度是华南系地产企业的最大优势和特点。

① 华南系企业是全国各派系企业中，上市企业最为集中的区域。

有雄厚的资金支持、公开市场对业绩的要求、较早的起步阶段，加上粤商本身所具有的商业敏锐性及冒险拼搏的特质，使得广东多数企业都已在全国四大区域拥有项目。

图 0-8 广东企业特点

② 华南系地产企业注重其服务产品与客户的关联度。

华南系地产企业的项目产品有非常明显的以客户需求为导向的特征，善于解决住的基本需求，又追求提高产品品质，对消费者群体的阶层需求设计不同的产品系列。

③ 华南系地产企业注重土地储备。

华南企业比较务实，未必要争做地王，相反多数华南企业倾向于低价拿地。华南系地产企业尽管也面向中高端市场，但其开发的产品利润率并不属于行业高端，因而控制地价对于这个区域的企业来说也非常关键。

表 0-7 华南系企业概览列表

公司名称	上市时间	市值（亿元）	2010 年上半年销售额（亿元）
万科	1991	1189	355
金地	2001	25.4	54
富力地产	2005	72.2	130
碧桂园	2007	823.3	132
恒大	2009	436	210
雅居乐	2005	87.1	105
合生创展	1997	8.67	

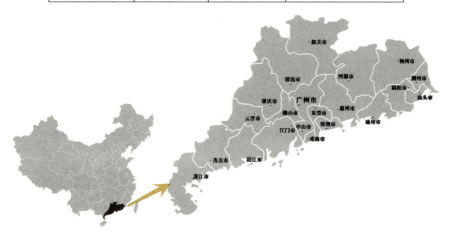

表 0-8 2010 年福布斯中国富翁排行榜华南系入榜领导者

姓名	企业名称	财富额（亿美元）	年龄	世界排名
许家印	恒大集团	40	51	212
杨慧妍	碧桂园	34	28	277
张力	富力地产	18	57	556
朱孟依	合生创展	13	51	773

表 0-9 华南系典型企业上市情况

企业名称	上市时间	上市地点	首发融资额（亿元）
合生创展	1998 年 5 月	香港	7.2
金地	2001 年 4 月	上海	8.5
富力	2005 年 7 月	香港	22.8
雅居乐	2005 年 12 月	香港	36.2

企业名称	上市时间	上市地点	首发融资额（亿元）
碧桂园	2007年4月	香港	148.5
恒大	2009年11月	香港	56.5

表 0-10 华南系典型企业上市后区域扩张情况

企业名称	上市时间	上市前进入城市数	截至2009年底进入城市数
合生创展	1998年5月	1	11
富力	2005年7月	3	11
雅居乐	2005年12月	3	13
碧桂园	2007年4月	9	33

资料来源：CRIC

图 0-9 华南系典型企业市场竞争地位分析

表 0-11 华南系典型企业区域布局战略

企业名称		城市数量	一线城市布局	未来企业发展战略
全国3+X布局	万科	40	北京、上海、广州、深圳	全国3+X布局
	金地	15	北京、上海、广州、深圳	全国3+X布局，现有城市群深耕
	富力	11	北京、广州	全国化布局，重点城市深耕
	恒大	23	广州	巩固全国化战略，发掘潜力城市
区域深耕	雅居乐	13	广州、上海	珠江三角洲区域深耕，布局全国二三线城市
	碧桂园	33	广州	珠江三角洲区域深耕，布局全国二三线城市

企业名称		城市数量	一线城市布局	未来企业发展战略
城市深耕	越秀投资	3	广州	深耕广州，逐步拓展全国
机会型	星河湾	4	北京、上海、广州	机会型

资料来源：CRIC

表 0-12 华南系其余典型企业全国布局轨迹

年份	富力	恒大	雅居乐	碧桂园
2005 年前	广州、北京、天津	广州、佛山	中山、广州、佛山	广州、惠州、长沙、江门、佛山
2005 年后	西安、重庆、陵水、上海、成都、太原、佛山、沈阳、从化	鄂州、成都、武汉、沈阳、天津、南京、启东、重庆、太原、洛阳、西安、贵阳、合肥、长沙、昆明、郑州、清远、包头、石家庄、南昌、海口	河源、惠州、南京、成都、西安、顺德、恩平、上海、重庆、沈阳、陵水、常州	肇庆、天津、满洲里、巢湖、韶关、芜湖、沈阳、张家界、汕尾、泰州、东莞

3. 华东房地产企业：市场发展成熟，营销经验丰富

华东系的地产企业作为地产界的元老，具有丰富的营销经验。

① 长三角地区是所有地产企业都关注的市场，竞争相对激烈。

在残酷的市场环境中，华东系地产企业更善于因势利导，根据自身优势，制定最适合战略的重要性。表现出充分差异化的战略特征，在产品方面不但着力打造中高端市场，更偏重于做精品，同时兼顾中低端需求，部分企业已经逐步进入高科技绿色住宅领域。

② 为规避区域性以及单项业务风险，更善于做多元化经营战略。

华东系地产企业虽然也加入到了全面拓展全国市场的地产大军中，但其业务重心植根于华东地区的企业较多。

4. 闽商房地产企业：重视收益，精耕细作区域高端产品

闽商从精耕福州和厦门市场出发，市场范围逐步拓展至北京和上海，并逐步进军内陆市场。

闽商的最大特点是：

① 重视经济效益，关注企业效益、企业持续发展更甚于发展规模和扩张速度，大多企业都持谨慎的规模化发展战略。

② 闽派企业普遍采用在细分市场上成为领导者的竞争战略。

通过高端定位、产品差别化、个性经营等方式实现行业竞争优势。

③ 闽商注重开发高利润的产品。

高端产品市场和商业地产是闽商力争的目标市场。

5. 西南房地产企业：以产品见长，目标锁定二、三线城市

西南地产企业的战略特色有三个：

① 以产品见长，着眼中高端市场。

深耕大西南，以二、三线城市为主要目标，扩展全国市场。

② 善于学习先进理念发展自身。

地处内陆地区，企业因地制宜地利用地势，注重产品、景观设计，成为了西南房地产企业相较于其他流派企业的最大优点。

③ 是区域深耕型企业。

这个区域的企业都通过差异化重点打造中高端产品，通过专一的定位和严格的成本控制，低价快销，迅速抢占市场，在房地产业占得一席之地。

6. 京派房地产企业：深耕于京津地域，产品属性多样化

京派企业普遍成立时间较长，是全国房地产市场的元老之一，有两个重要特点：

① 在京津地区深耕的时间比其他区域企业长。

企业领导以高调而张扬的作风为企业打响名声。尽管大多数京派企业都做跨区域发展，但依旧深耕京津地区。

② 京派企业产品线没有华南系民营企业清晰有序，但贵在路线独特。

京派地产企业产品类型分布多样化，各产品规模和档次相对偏高。除专业走商办路线的 SOHO 中国外，比如北辰实业专注于以投资物业、零售商业为为主要的利润增长点。

北辰实业产品线战略与富力、新鸿基等企业异曲同工，借助经营性物业稳定企业现金流，通过住宅物业提升企业利润收入，是两条腿走路的运营方式。

万通地产和阳光 100 的产品以住宅物业为主。其中，万通以商品住宅为核心产品，聚焦高端产品，阳光 100 则主攻"新兴白领公寓"与"新兴中产阶层"这一细分市场路线。

华远集团是通过多个不同业态的高端产品借助产品类型的覆盖面和产品档次双维度建立企业品牌形象。

第一章
Chapter One

房地产项目全程策划流程

房地产项目策划在房地产企业的项目操盘中承担着智囊、思想的角色，是企业决策者必须依傍的专业助手。房地产开发项目要顺利地完成操盘，需要经过七个以上的专业环节：市场调研、项目选址、投资研究、规划设计、建筑施工、营销推广、物业服务等。这一系列过程中的任何一环节出现问题，都会影响到项目开发质量和进程。房地产项目策划全程参与到项目的每个环节，能有效运用概念设计及各种策划手段，使开发的商品房适销对路，占领市场。

第一节 房地产项目策划前期可行性研究流程

房地产开发项目的可行性研究是在投资决策之前对拟开发项目进行的全面、系统的调查研究和分析,运用专业技术工具和专业评价方法,得出一系列评价指标植,以最终确定该项目开发是否可行的综合研究。

按照国家有关规定,对于大中型和限额以上的项目及重要的小型项目,必须经有权审批单位委托有资格的咨询评估单位评估论证项目的可行性研究报告才能开发,如果未经这项评估的建设项目,政府职能机构的任何单位都不准审批,更不准开发企业组织建设。

一 可行性研究的三个工作阶段

地产项目的可行性研究是以市场供需为立足点,以资源投入为限度,科学方法为手段,以系列评价指标为结果。

它通常要处理两方面的问题:一,要确定项目在技术上能否实施;二,如何才能取得最佳的效益(主要是经济效益)。

可行性研究工作可分为三个工作阶段:投资机会研究、初步可行性研究、详细可行性研究。

表 1-1 可行性研究的三个工作阶段

工作阶段	主要任务	研究费用	估算的精确度
投资机会研究	对投资项目或投资方向提出建议,即在一定的地区和部门内,以自然资源和市场的调查预测为基础,寻找最有利的投资机会	占总投资的 0.2%~0.8%	±30%
初步可行性研究	在投资机会研究的基础上,进一步对项目建设的可能性与潜在效益进行论证分析	占总投资的 0.25%~1.5%	±20%

工作阶段	主要任务	研究费用	估算的精确度
详细可行性研究	在分析项目在技术上、财务上、经济上的可行性后作出投资与否决策	小型项目约占投资的1.0%~3.0%，大型复杂的工程约占0.2%~1.0%	±10%

可行性研究的7项基本内容

图1-1 可行性研究的基本内容

内容1. 市场分析

市场分析的内容包括三类：宏观因素分析、区域性因素分析、微观市场分析。

图1-2 市场分析的内容

（1）宏观因素分析

房地产开发商在一个国家的某个地区拟进行房地产投资时，首先要考虑的是该国宏观因素：如政治、经济、文化、地理地貌、风俗习惯及宗教信仰，以及这里有无地区冲突或战争发生的可能性。

（2）区域性因素分析

为什么要在项目所在区域进行影响因素分析呢？原因有五个：

① 项目所在国内部地区之间的发展是不平衡的，差异总是不同程度地存在；

② 同一宏观经济因素对区域经济的影响程度不同，有的区域影响大，有的区域影响小；

③ 区域经济发展受宏观经济的影响存在"时滞"现象，即宏观的经济现状往往要经过一段

长时间以后才能对区域经济的发展产生影响，有的地区反应快，有的地区则滞后性较为明显，投资时必须加以考虑；

④ 国家特定地区经济使得某些区域经济或多或少受宏观经济波动的影响，甚至形成于宏观经济趋势相反的逆向走势；

⑤ 我国经济特区、自由贸易区、保税区对国际资本依赖程度相对较低，即使在我国宏观经济调整期间，国内资金紧张的情况下，其国际资本所受影响也较小，这些地区的项目受到冲击也较小。

（3）微观市场分析

对拟投资项目所在地区的房地产微观市场分析可以分成两个部分：

① 对拟投资房地产市场的分析；

② 对与投资项目同类型的物业市场分析。

内容 2. 市场预测

市场预测的包括两个方面：需求预测和供给预测。

表 1-2 市场预测的内容

需求预测	以房地产市场调查的信息、数据和资料为依据，运用科学的方法，对某类物业的市场需求规律和变化趋势进行分析和预测，从而推断出未来市场对该类物业的需求
供给预测	以房地产市场调查的信息资料和数据为依据，运用科学的方法，对某类物业的市场供给规律和变化趋势进行分析，从而预测未来市场上该类物业的供给情况

市场预测的方法通常可以分为时间序列分析法和因果关系分析法。时间序列分析法又可分为移动平均法、指数平滑法等；因果关系分析法可分为线性回归法、非线性回归法、模拟法等。

图 1-3 市场预测的方法

内容 3. 成本测算

在房地产开发项目的可行性研究中，项目的成本测算是重要的一环，它由估价师会同造价工程师完成。成本测算的正确与否，如同对租售市场的预测一样，对项目经济效益有重大影响，但相对而言，成本测算较易把握。

一般来讲，成本构成包括以下四个部分：

图 1-4 成本构成的四个部分

（1）土地成本

综合的地价内容非常广泛，主要包括：土地中标价、拆迁补偿费用、代劳费用、交易契税等，土地成本约占项目开发成本的 35%～40%，并有进一步上升的趋势。

（2）前期规费

主要是指从事房地产开发项目向政府交纳的相关费用，主要包括六项：应交纳的基础设施配套费；教育附加费；人防经费；白蚁费用；地区配套费；以及先征后退的新型墙体材料基金、散装水泥押金等。此项费用缴纳基数主要是按施工图建筑面积，标准按国家有关规定执行。这类前期规费的数量约占开发总成本的 10% 左右，随着政府政策的宽松化调整和精细化管理要求的逐渐提高，这类费用还有降低的趋势。

（3）工程成本

此项费用为开发成本中的"大头"，约占总成本的 40～50%，具体内容包括：

① 勘察、设计、建筑检测、质量检验及景观设计、项目监理等费用；

② 土石方、围墙、传达室、现场办公用房、临时道路、临时用水、临时用电等三通一平费用；

③ 地基工程费用，含地基处理、桩基、基础、支护等内容；

④ 建筑安装工程费用，包括土建、安装、门窗等费用；

⑤ 电梯投资；

⑥ 小区供电、供水、供气费用，室外道路、雨污水系统、消防系统、景观绿化等费用；

⑦ 小区智能化费用，包括门禁系统、防盗报警系统、监控系统，有线电视、电话、宽带系统等费用；

⑧ 小区配套费用（适用于大规模小区建设），包括物业管理用房、幼儿园、学校、社区服务、会所、医保中心等建设费用。

上述所列的各项工程费用需根据项目所在地的具体情况进行分析，没有标准的指标可以套用，应随机应变。

（4）开发间接费用

开发间接费用是指开发商运作该项目所需发生的开支，是在项目分析中必须考虑的成本开支。测算人员必须根据本企业的实际情况，并充分考虑拟投资地块项目的具体情况进行分析取舍。具体明细如下：

表1-3 开发间接费用

开发间接费用	费用明细
资金成本	该费用实际是项目开发的机会成本，在进行项目成本分析时，应按项目全贷款来考虑，因为开发商即使是用自有资金，也还是存在机会成本。具体分析时应采用动态现金流的计算方法
管理费用	包括人员工资、办公费用、办证费用、杂项开支等，此费根据各公司实际的管理水平按比例计算
销售费用	包括广告宣传费用、样板房费用、销售人员工资、销售提成等开支内容，要根据不同的项目内容分析计算
其他不可预见费用	指一些事前不能准确预测的开支，如特殊地质情况、物价上涨、市场压力、工程、风险等费用，通常是按总投资的3%~5%计列，视项目个案而定
销售税费	指房产销售需要缴纳的税费，主要包括营业及附加费、交易服务费、印花税、各项基金、土地增值税，并考虑企业所得税

内容4.财务评价

项目投资方案评价的指标一般分为两类：

图1-5 项目投资方案评价的指标

（1）贴现的动态指标

即考虑了货币时间价值因素的指标，包括净现值、获利指数、动态回收期、内含报酬率等指标。

（2）非贴现的静态指标

即没有考虑货币时间价值因素的指标，如静态回收期、投资利润率等。在房地产开发项目的评价中一般以动态指标为主，以静态指标为辅。

内容 5. 盈亏平衡分析

盈亏平衡分析在财务管理中又称量、本、利分析，是指在一定的市场生产能力条件下，通过分析拟建项目的产出（量）、成本（本）和收益（利）之间的关系，来判断项目优劣及盈利能力的一种方法。

盈亏分析关键是找到盈亏平衡点（Break Even Point）即项目达到盈亏平衡状态利润为零的点。

一般来讲，在项目产出能力一定的前提下，盈亏平衡点越低，项目盈利可能性就越大，经营安全性越好。房地产项目可行性研究中所谓的盈亏平衡分析，是指对特定项目而言，要找出预计销售收入恰好能弥补成本时的销售量，又称保本销售量。

内容 6. 敏感性分析

敏感性分析

是研究某些因素发生变化时，项目经济效益发生的相应变化，并判断这些因素对项目经济目标的影响程度。

敏感性分析的价值有两个：

① 可以使开发商了解因素变动对项目财务评价指标的影响程度；

② 可以使他们对那些较为敏感的因素进行认真和仔细的再研究，以提高项目可行性研究的准确性。

图 1-6 敏感性分析的价值

敏感系数

反应敏感程度的指标是敏感系数，公式如下：

敏感系数＝目标值的变化百分比/参数值变动的百分比

例如：以售价为参数值，以项目的净现金流量现值作为目标值，已知售价增加10%，净现金流量现值增加20%，则售价的敏感系数=20%/10%=2。

敏感系数可正可负。若敏感系数为负，说明目标值的变化与参数值的变化方向相反，敏感系数越大，则说明该参量对目标值越敏感，在可行性研究中对该参量的确定须越谨慎。

内容 7. 风险分析

风险分析又称为概率分析，利用概率值来定量研究各种不同确定因素发生不同幅度变动的概率分布及对方案经济效果的影响，对方案的经济效果指标作出某种概率描述，从而对方案的风险情况作出比较准确的判断。

三 可行性研究的 5 个步骤

项目可行性研究可遵循以下 5 个步骤：

图 1-7 可行性研究的 5 个步骤

步骤 1. 组织准备

进行项目可行性研究首先要组建研究班子，负责可行性研究的构想、经费筹集、制定研究计划方案等。其中，项目研究班子的成员包括了解房地产市场的专家、熟悉房地产开发的工程技术人员、熟悉城市规划及管理的专家，并由熟悉房地产市场、工程技术、经济管理和经营、善于协调工作的专业人员来主持。

步骤 2. 现场调查与资料收集

现场实际调查主要包括投资现场的自然、经济、社会、技术现状的调查，如居民人数、户数及结构现状调查，市政基础设施状况调查，非具名户生产经营状况调查等。收集的资料主要有政府的方针政策，城市规划资料，各类资源资料，有关社会经济发展、交通、地质、气象等方面的技术资料，房地产市场分析的资料等。

步骤3. 开发方案的设计、评价和选择

这一阶段的工作主要是根据项目前期工作的有关成果，结合开发商的现有资源情况和国家政策等，对项目开发方案进行设计、评价、对比优选，确定具体的项目开发方案。当然，选择不同的开发方案，会出现不同的社会经济效益。

步骤4. 详细研究

采用先进的技术经济分析方法，对优选出的项目开发方案进行财务评价、国民经济评价，从而分析项目的可行性。

步骤5. 编写研究报告书

可行性研究报告书是对可行性研究全过程的描述，其内容要与研究内容相同，且全面、翔实。

【范本】 某市某项目可行性研究的报告框架结构

一 项目开发总论

1. 项目简介

（1）项目名称

（2）项目概况

（3）项目开发目标

（4）项目开发单位

（5）项目开发进展情况及进度安排

2. 项目宏观环境分析

（1）某市整体城市环境分析

（2）项目区域发展潜力研判

（3）小结

3. 某市房地产市场研究

（1）房地产宏观政策研究

（2）某市房地产政策分析

（3）2010年某市土地市场分析

（4）商品住宅成交价格与面积走势

（5）某市市场供求关系分析

（6）某市2010年分物业市场综述

（7）2011年房地产市场预判

（8）小结：某市房地产市场环境透视

4. 项目整体定位

（1）综合价值优势

（2）建设构想

（3）整体形象定位

（4）功能组合定位

（5）项目客群定位

5. 项目开发愿景

（1）开发愿景

（2）项目开发计划

6. 项目已投资情况

项目静态财务测算及效益评估

1. 项目开发指标

2. 项目一期总投资估算

（1）项目一期总投资估算

（2）项目一期总投资估算详细说明

3. 项目一期总收益估算

（1）项目一期开发总收益

（2）项目一期收益测算依据

4. 项目一期整体经济效益评估

5. 项目分地块经济效益评估

三 项目动态财务测算及敏感性评估

1. 项目一期开发计划设定

2. 项目一期整体收益的动态测算

3. 项目一期按年现金流测算

4. 项目一期财务敏感度分析

四 可研结论

1. 项目建设的战略意义

2. 整体可研结论

第二节 房地产项目全程策划的工作阶段划分

房地产项目的全程策划是房地产项目开发周期中的重要阶段，需经历全面、详细、深入的技术经济分析论证和评价选择才能确定拟建项目的最佳投资方案。

这一阶段的主要工作有三项：投资环境分析，确定项目投资方向、投资组合，确定项目的总体资金运作方案等。

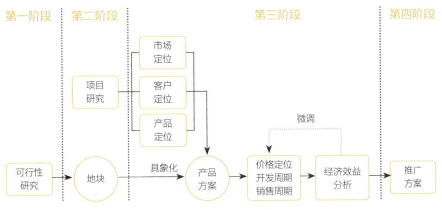

图 1-8 全程策划基本流程

一、三种房地产项目策划基本类型

房地产项目策划有三种类型：第一，已有明确项目的房地产全过程策划；第二，未有明确项目的房地产全过程策划；三，单项策划。

表1-4 房地产项目策划的类型

策划类型	内容
已有明确项目的房地产全过程策划	项目投资策划；项目规划策划；项目开发建设策划；项目营销策划和项目后期策划
未有明确项目的房地产全过程策划	投资开发区位分析与选择、投资开发方向及内容分析与选择、投资规模分析与选择、投资开发合作方式分析与选择、项目融资方式的分析与选择、开发完成后的产品经营方式分析与选择
单项策划	一个具体环节的策划，比如营销策划、融资策划等

1. 已有项目的全程策划流程

已有项目的全程策划可遵循以下流程：

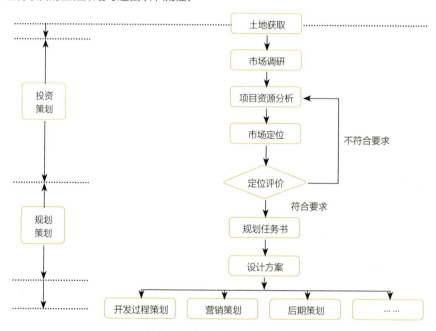

图1-9 已有项目全程策划流程图

2. 项目全程策划与可行性研究的区别

表1-5 项目全程策划与可行性研究的区别

项目	项目策划	项目的可行性研究
内容	总体性、全局性的方案策划	项目在经济、技术上是否可行
研究范围	从项目开始直至物业管理全过程	项目立项之前
地位	整体性的	是策划过程中的一个步骤或一部分
结果	从多个方案中选择科学的、合理的最优方案	仅仅回答是否可行，不一定是最优的
落实	通常必须落实计划、予以实施	并不一定落实到计划，只是一个阶段性工作

3. 房地产项目策划与决策的含义区分

项目策划的过程包括制订方案、选择、调整方案；决策是对方案的优选。项目可行性研究、决策都应是策划工作的具体内容，策划更广泛。

二 房地产项目全程策划的主要内容

房地产项目全程策划主要内容包括以下 13 方面：

1 项目区位分析与选择	2 土地使用权的获取	3 房地产项目市场调查	4 消费者行为心理分析
5 开发内容和规模分析与选择	6 开发时机分析与选择		7 项目融资方式和资金结构的分析与选择
8 房地产项目市场细分	9 房地产项目的产品策划		10 房地产项目的价格策略
11 房地产项目的广告策略	12 房地产项目的销售策略		13 房地产项目物业管理的前期介入

图 1-10 房地产项目全程策划主要内容

1. 项目区位分析与选择

房地产项目开发首要须看地段位置，地段位置指明了一宗房地产的具体空间区位，以及周围环境及相邻地区的自然环境、生态环境、经济文化和社会环境。

按照不同区位内的投资环境要素不同，存在的范围不同的标准，可把影响要素分为宏观、中观、微观区位因素。

表 1-6 区位因素分析

宏观区位因素	国家的投资环境
中观区位因素	区位地经济发展水平、社会购买力水平、自然资源条件、基础设施状况、竞争状况等
微观区位因素	具体场所的自然经济及社会条件，如该地块的基础设施条件、地质、地貌、水文条件、配套设施及环境等

2. 土地使用权的获取

地块的选择须从土地市场、产品市场等方面综合研究后确定。根据企业规模、企业优势、拥有资源等方面的条件来进行土地选择。

3. 房地产项目市场调查

应遵循科学性原则、复合性原则、价值性原则和创造性原则。同时，调查问卷设计应遵循有关原则，注意有关问题，避免走入误区。

4. 消费者行为心理分析

消费者行为心理分析可从以下三个方面进行：心理现象、群体心理和行为方式。

开发商可以针对感觉、知觉、注意、记忆、思维、想象、情绪、态度等方面的心理过程规律，采取相应营销策略。同时还有 7 个方面的外界因素也影响消费者心理：文化传统、社会阶层、参照群体、家庭、流行时尚、消费风俗及生活方式等。这些因素是房地产开发中不可忽视的方面，需要仔细研究。

5. 开发内容和规模分析与选择

房地产项目开发内容和规模的分析与选择，是决定项目形态的主要因素。一般来说，房地产项目需要在符合城市规划的条件下，进行开发使用。选择最合适的用途和最合理的开发规模，是项目能够符合市场要求，符合居住要求的关键所在。

6. 开发时机分析与选择

房地产项目规模大，周期长，投资大，如果在开发时间上选择不当，那对项目的发展极为不利。房地产项目开发时机分析与选择，必须要考虑的一个因素是项目开发完成后的市场前景。在此基础上，再考虑项目的场地和建设时机。这对房地产项目的开发至关重要。

7. 项目融资方式和资金结构的分析与选择

房地产项目融资方式与资金结构的分析与选择，主要是结合项目开发合作方式设计资金结构，确定合作各方在项目资金中所占的份额，并通过分析可能的资金来源和经营方式，对项目所需的短期和长期资金的筹措做出合理的安排。

8. 房地产项目市场细分、目标市场选择与市场定位

营销者必须设计出在目标市场中能够给产品带来最大竞争优势的市场地位，使产品在消费者心目中能占据一个清晰的位置，并且还要设计出为实现这一目标定位的市场营销组合，采取切实的行动把理想的市场地位送达给目标消费者。

9. 房地产项目的产品策划

应把创造适居环境作为根本的规划设计思想。

① 住宅的层次和平面类型选择要注重项目基地特征与居住者属性,同时要将项目的规划设计纳入城市总体环境考虑。

② 户型选择,面积标准和户型比例的确定要一人为本,适应变化。

③ 景观设计要充分利用自然环境,并应具有统一性。

④ 住宅小区规划设计的科技化含量和智能化的应用要适应时代的发展要求。

⑤ 进行方案设计时要注重经济性。

10. 房地产项目的价格策略

影响楼盘定价的因素主要包括七类:成本、市场竞争、产品差异、购房者心理、地产商发展目标以及政策、法律因素。房地产企业应根据自身所处的地位、竞争环境以及房地产业的特点,来确定有效地定价目标。销售过程中,随着供求关系变化和市场竞争加剧,开发商有必要进行价格调整。调价应注意市场反应、时机、顺序、方式、方法和幅度等问题。

图 1-11 影响楼盘定价的因素

11. 房地产项目的广告策略

房地产项目的广告策略包括:广告目标、广告预算、广告公司选择、广告媒介运用、广告主题策划、广告设计策划、广告节奏策划、广告质量评价及效果检验策划等,只有对这些问题事先进行周密的具体的策划,广告策划的构想才显得清晰与完整,具有现实的可行性,再考虑广告策划的新趋势,编造广告策划书,以保证广告活动有条不紊地实施。

12. 房地产项目的销售策略

要明确项目主题的要求、步骤与方法，做好项目 VI 设计。楼盘必须包装，售楼处布置，销售模型制作，样板房的设计、售楼书的制作要有一定的技巧。同时要做好营销计划与销售控制工作。

13. 房地产项目物业管理的前期介入

首先应根据物业档次及其功能定位确定各项服务所应达到的标准，然后房地产开发商应请物业管理专业人员参与规划设计方案的讨论，发表意见，提出建议。同时物业管理前期介入期间应组建物业队伍，制定可行的物业管理方案与制度。最后还要做好接管验收与业主入住阶段的物业管理。

三 房地产项目全程策划七个特性

房地产项目全程策划具有以下七个特征：

图 1-12 房地产项目全程策划七大特性

特征 1. 地域性

房地产项目策划的地域性特征主要体现在项目开发要考虑的三个影响因素：

① 要考虑房地产开发项目的区域经济情况。在我国，由于各区域地理位置、自然环境、经济条件、市场状况很不一样，进行房地产项目策划就要对针对每个区域的实际情况进行具体分析。

② 要考虑房地产开发项目周围的市场情况。从房地产市场来讲，房地产项目策划要重点把握市场的供求情况、市场的发育情况以及市场的消费倾向等。

③ 要考虑房地产项目的区位情况，如房地产项目所在地的自然区位、经济区位。

特征 2. 系统性

房地产项目策划是一个庞大的系统工程，各策划子系统共同组成一个大系统，缺一不可。房地产项目开发从开始到完成经过市场调研、投资研究、规划设计、建筑施工、营销推广、物业服务等 6 个主要阶段，每个阶段又构成策划的子系统，各子系统又由更小的子系统组成。各个子系统各有一定的功能，而整个系统的功能又并非是各个子系统功能的简单相加。系统的结构与功能具有十分密切的联系。

特征 3. 前瞻性

房地产项目策划的理念、创意、手段应着重超前性、预见性。房地产项目完成周期少则二三年，多则三五年，甚至更长，如果没有超前的眼光和预见能力，只投入不产出，那么企业的损失是巨大的。

房地产项目策划的超前眼光和预见能力在各个阶段要求不同和体现不同。

表 1-7 超前眼光和预见能力在房地产项目策划各个阶段的体现

策划阶段	前瞻性的体现
市场调研阶段	要预见到几年后房地产项目开发的市场情况
投资分析阶段	要预知未来开发的成本、售价、资金流量的走向
规划设计阶段	要在小区规划、户型设计、建筑立面等方面预测未来的发展趋势
营销推广阶段	要弄清当时的市场状况，并在销售价格、推广时间、楼盘包装、广告发布等方面要有超前的眼光

特征 4. 市场性

房地产项目策划要适应市场的需求，吻合市场的需要。

① 房地产项目策划自始至终要以市场为主导，顾客需要什么商品房，就建造什么商品房，永远以市场需求为依据。

② 房地产项目策划要随市场的变化而变化，房地产的市场变了，策划的思路、定位都要变。

③ 房地产项目策划要造就市场、创造市场。

特征 5. 创新性

房地产项目策划要追求新意、独创，避免雷同。

房地产项目策划创新表现在两个方面：

首先，要概念新、主题新。

概念、主题是项目的灵魂，是项目发展的指导原则，有概念和主题项目才有了新意，才能使项目有个性，才能使产品具有与众不同的内容和形式。

其次，要方法新、手段新。

策划的方法与手段虽有共性，但运用在不同的场合、不同的地方，其所产生的效果也不一样。要通过不断的策划实践，创造出新的方法和手段。

图 1-13 房地产项目策划创新性的表现

特征 6. 可操作性

房地产项目策划方案的可操作性主要体现在三个方面：

① 在实际市场环境中要有可操作的条件；

② 在具体的实施上要有可操作的方法；

③ 策划方案要易于操作、容易实施。经常有一些策划方案规定了非常理想的策略，但完全脱离了市场的客观条件或超出了发展商的负担能力和实施能力，因而无法落到实处。

特征 7. 多样性

做房地产项目策划要去比较和选择多种不同的方案。每个房地产项目都可以有多种不同的开发方案，我们要对多种方案进行权衡比较，扬长避短，选择最科学、最合理、最具操作性的一种。同时，房地产项目策划方案也非一成不变，应在保持一定稳定性的同时，根据房地产市场环境的变化，不断对策划方案进行调整和变动，以保证策划方案对现实的最佳适应状态。

四 房地产项目全程策划的价值

房地产项目全程策划具有以下价值：

 价值1 使企业决策准确，避免项目运作出现偏差

 价值2 使房地产开发项目增强竞争能力

 价值3 探索解决企业管理问题，增强企业的管理创新能力

 价值4 有效整合房地产项目资源，使之形成优势

图 1-14 房地产项目全程策划的优势

价值 1. 使企业决策准确，避免项目运作出现偏差

房地产项目策划要在对房地产项目市场调研后形成，是策划人不断地面对市场状况和变化而总结出来的智慧结晶。因此，项目的策划方案可以作为房地产企业的参谋，使企业及企业家决策更为准确，避免项目在运作中出现偏差。

价值 2. 使房地产开发项目增强竞争能力

近年来房地产企业重新"洗牌",概念不断创新,开发模式不断突破,竞争越来越激烈。在这种情况下,房地产项目策划就更能发挥它的特长,增强项目的竞争能力,使企业赢得主动地位。

价值 3. 探索解决企业管理问题,增强企业的管理创新能力

房地产企业要赢得市场,重点是管理创新。策划人帮助房地产开发企业管理创新,就是遵循科学的策划程序,从寻求房地产开发项目的问题入手,探索解决管理问题的有效途径。

价值 4. 有效整合房地产项目资源,使之形成优势

要开发好一个房地产项目,需要调动很多资源协调发展,如人力资源、物力资源、社会资源等。这些资源在房地产项目策划参与以前,是分散的、凌乱的,甚至是没有中心的。房地产项目策划理清它们的关系,分析他们的功能,帮助它们整合在一起,围绕中心,形成共同的目标。

【范本】万科地产项目全程策划流程

一 市场调研

1. 前言

本次市场调研的背景、动机、运用手段、目的等;

2. 市场分析

(1)当前市场分析(开发总量、竣工总量、积压总量)

(2)区域市场分析(销售价格、成交情况)

3. 近期房地产的有关政策、法规、金融形势

4. 竞争个案项目调查与分析

5. 消费者分析:

（1）购买者地域分布

（2）购买者动机

（3）功能偏好（外观、面积、地点、格局、建材、公共设施、价格、付款方式）

（4）购买时机、季节性

（5）购买反应（价格、规划、地点等）

（6）购买频度

6. 结论

项目环境调研

1. 地块状况

（1）位置

（2）面积

（3）地形

（4）地貌

（5）性质

2. 地块本身的优劣势

3. 地块周围景观

前后左右，远近景，人文景观，综述

4. 环境污染及社会治安状况

水、空气、噪音、土地、社会治安

5. 地块周围的交通条件

环邻的公共交通条件、地块的直入交通

6. 公共配套设施

菜市场、商店、购物中心、公共汽车站、学校、医院、文体娱乐场所、银行、邮局、酒店

7. 地块地理条件的强弱势分析

SWOT 坐标图、综合分析

三 项目投资分析

1. 投资环境分析

（1）当前经济环境（银行利息、金融政策）

（2）房地产的政策法规

（3）目标城市的房地产供求现状及走势（价格、成本、效益）现实土地价值分析判断（以周边竞争楼盘的售价和租价作为参照）

2. 土地建筑功能选择

3. 现实土地价值分析判断（以周边竞争楼盘的售价和租价作为参照）

4. 土地延展价值分析判断（十种因素）

5. 成本敏感性分析

（1）容积率

（2）资金投入

（3）边际成本利润

6. 投入产出分析

（1）成本与售价模拟表

（2）股东回报率

7. 同类项目成败的市场因素分析

四 营销策划

1. 市场调查

（1）项目特性分析（优劣势判断，在同类物业中的地位排序）

（2）建筑规模与风格

（3）建筑布局和结构（实用率、绿地面积、配套设施、厅房布局、层高、采光通风、管道布线等）

（4）装修和设备（是豪华还是朴素、是进口还是国产、保安、消防、通讯）

（5）功能配置（游泳池、网球场、俱乐部、健身房、学校、菜场、酒家、剧院等）

（6）物业管理（是自己管理还是委托他人管理、收费水平、管理内容等）

（7）发展商背景（实力、以往业绩、信誉、员工素质）

（8）结论和建议（哪些需突出、哪些需弥补、哪些需调整）

2. 目标客户分析

（1）经济背景

经济实力

行业特征——公司（实力、规模、经营管理、模式、承受租金、面积、行业）

家庭（收入消费水平、付款方式、按揭方式）

（2）文化背景：推广方式、媒体选择、创意、表达方式

3. 价格定位

（1）理论价格（达到销售目标）

（2）成交价格

（3）租金价格

（4）价格策略

4. 入市时机、入市姿态

5. 广告策略

（1）广告的阶段性划分

（2）阶段性的广告主题

（3）阶段性的广告创意表现

（4）广告效果监控

6. 媒介策略

（1）媒介选择

（2）软性新闻主题

（3）媒介组合

（4）投放频率

（5）费用估算

7. 推广费用

（1）现场包装（营销中心、示范单位、围板等）

（2）印刷品（销售文件、售楼书等）

（3）媒介投放

五 概念设计

1. 小区的规划布局和空间组织

2. 小区容积率的敏感性分析

3. 小区道路系统布局（人流、车流）

4. 小区公共配套布局安排（学校、会所、购物等）

5. 小区建筑风格的形式及运用示意

6. 小区建筑外立面色彩的确定及示意

7. 小区户型比例的搭配关系

8. 小区经典户型的功能判断及其面积划分

9. 小区环境绿化概念原则

10. 小区环艺小品主题风格确定及示意

六 识别系统

1. 核心部分

（1）名称

（2）标志

（3）标准色

（4）标准字体

2. 运用部分

（1）现场

工地围板

彩旗

挂幅

欢迎牌

（2）营销中心

形象墙

门楣标牌

指示牌

展板规范

胸卡

工作牌

台面标牌

（3）工地办公室

经理办公室

工程部

保安部

财务部

（4）功能标牌

请勿吸烟

防火、防电危险

配电房

火警119

消防通道

监控室

第二章

Chapter Two

宏观指标分析过程

宏观经济条件不但影响房地产开发行业，也影响购房者购买能力和购买决策。房地产行业在一个城市中的总供需关系主要决定价格的高低，房地产行业所遵循一定的周期波动规律也对该行业有着深刻的影响。

第一节 宏观经济分析

就项目而言，宏观经济分析主要分析对象有四个：

① 用地所在区域的城市功能，即在城市结构中的地位；

② 研究区域的功能特征（经济、人文、产业）；

③ 区域认可度（印象、形象、特性）

④ 区域的发展趋势。

在这一层面的分析中，人们对该区域价值的评价非常重要，即区域在人们心中的地位，指人们对某一区域在整个城市历史发展过程中遗留下来的约定俗成的认识，这种认识通常会影响人们对该地区整体概念形成，进而影响人们对该区域价值的评价。

图 2-1 宏观经济分析步骤

宏观经济分析技巧

宏观经济环境的特点就是在不断变化。

宏观经济分析的方法也是不断演变发展的。所以，进行宏观经济分析只不过是一个不断向宏观市场环境的实际状况趋近的过程，也是企业适应市场环境的必要过程。

从专业分析内容来看，与房地产业相关的宏观经济分析一般包括两个方面：总体走势预测以及政策分析。

总体趋势预测分析

一般是定期的分析,企业会定期把对各种宏观经济及地区经济分析成果收集起来,进行研究后,以此作为基础对未来的市场走势做出相应的预测。这类走势分析一般是年底发布,房地产行业内每年岁末年初会有权威的走势分析报告公开发布以供借鉴。

政策分析

一般是从财政、货币、收入、价格、外汇这五大方面进行。

做宏观经济分析重要的方式就在于定期收集归纳分析。

技巧1:常规研究和专题研究相结合

做宏观经济分析,不能指望有一种一成不变的分析程序,也不能指望每一次研究的结果一定预测得精确。

宏观经济分析对于房地产企业来说,既不可能做专业的宏观研究工作,也不能完全没有,而是在尽可能好的研究效果与尽可能少的投入之间,找到必要的平衡。

较好的做法应该是把常规研究和专题研究结合起来,进行定期的分析和不定期的分析。

技巧2:按年或月做定期分析

定期分析是要求企业把对各种宏观经济及地区经济分析成果收集起来,进行研究并把它作为定期进行的程序化工作。主要有以下两点技巧:

① 善于利用研究结论。

在宏观经济分析的研究中要善于利用吸收专业机构的研究成果里对自己有用的结论。

② 善于使用专业机构研究成果。

中国房地产行业内,已经有定期发布研究成果的专业研究机构配合这些定期的成果公布,顾问公司可以进行与自己有关的定期分析。一般来说,全国性宏观经济分析可半年进行一次,而所在城市的地区经济观测,则可一个月进行一次。

一般定期阶段性跟踪不会花费太多的资源和成本。

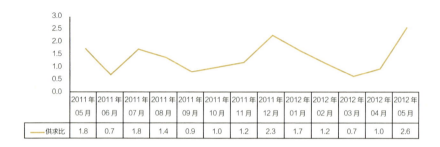

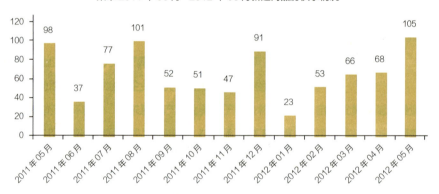

某市2011年05月~2012年05月新建商品房供求情况

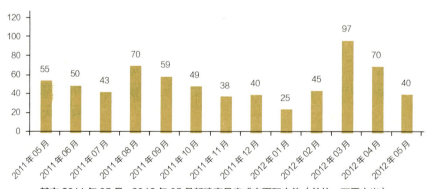

某市2011年05月~2012年05月新建商品房供应面积走势（单位：万平方米）

某市2011年05月~2012年05月新建商品房成交面积走势（单位：万平方米）

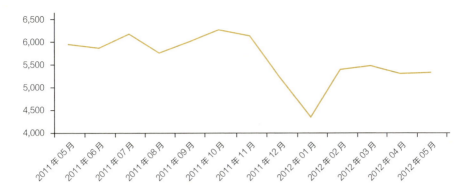

某市 2011年05月~2012年05月商品房成交均价走势（单位：元）

技巧3：重视关注行业内重要事件

宏观经济生活中经常有许多无法解析的重要事件发生。分析这类事件，任何一家房地产企业都要重新学习，因为没有现成的研究成果和经验可直接借用。但是，只依赖某个领域专家的一家之言又不够客观，所以，必须要及时进行不定期的、多方合作的、非程序化的研究。

值得注意的是，程序化定期的研究成果，是做宏观经济分析和房地产市场分析所必需的资源。此类资源既有免费的也有有偿的。借鉴这些成果的表现形式，既可增大研究成果的权威性和可信性，又可增加研究成果的表现力和价值。

 某市房地产6月市场月报的重点资讯

××市出台政策加快城市带建设

为加快推进城市带建设，该市目前出台相关实施意见，明确将推出多项政策，重点扶持商贸服务、休闲旅游、科技服务、现代物流四大业态发展，将其打造成为 东城市经济廊带。

城市带全国招商 时间17日至18日。××市城市带棚户区城中村改造暨产业发展项目推介会，将于6月17日至18日在国际会议展览中心举行。记者11日从相关部门获悉，此次推介会将面向全国招商引资5000亿元。

宏观经济分析的 8 个模块分析

房地产项目策划为什么要做宏观变量分析？

因为，宏观经济变量分析的目的是找到区域经济发展对房地产市场供求变化的趋势影响，能从分析结论中结合项目特征，找到项目合理的入市时机、产品类型等具体策略。宏观经济分析可以分析以下三个指标：经济增长率、国民收入与消费水平、城市化进程。这些宏观经济变量对房地产周期波动都会产生影响。

图 2-2 宏观经济分析指标

国民经济与房地产业之间的相互影响与作用，是通过经济变量、经济参数来完成，并在国民经济周期波动和房地产周期波动过程中实现。对国民经济波动产生作用，又影响房地产波动的宏观经济变量和参数，是影响房地产周期波动的重要因素。

本节所说的宏观经济分析的 8 个模块，是从美国经济学院西蒙·库兹涅茨的《各国的经济增长》一书对各地经济的大量的研究和总结成果中演变而来。

模块 1：宏观经济增长

经济发展水平周期性波动对房地产供求关系会产生较强影响，使得宏观经济周期与房地产波动呈同向发展趋势，但在波动时序上略有区别，房地产周期略早于宏观经济周期。

表 2-1 经济增长与房地产开发的关系

GDP 增长率	小于4%	4%~5%	5%~8%	大于8%	10%~15%
房地产开发情况	萎缩	停滞	稳定发展	高速发展	飞速发展

（1）宏观经济萧条期的特点

一旦政府通过扩张性政策刺激经济，在这一外部因素的冲击下，同时在房地产价格需求弹性和房地产收入需求弹性等房地产特有的产业扩张传导作用下，社会生产资源向房地产业转移，由此导致并推动房地产业率先开始复苏，带动宏观经济步入扩张期。

（2）宏观经济高涨期的特点

在政府通过提高利率、紧缩通货等紧缩性政策冲击下，由投资、消费构成的房地产需求分别在宏观紧缩政策下出现降低，同时又由于受到房地产投机被抑制、房地产泡沫破灭等房地产特有的产业收缩机制的影响，结果使得社会资源率先从过热的房地产领域退出，房地产市场先于宏观经济而进入收缩期。

例如，2007 年底国家实施的更为严厉的金融紧缩政策，使得房地产市场进入了长达半年多的收缩期。

模块 2：人均 GDP

国民收入变动会导致房地产消费需求发生同方向的变动，即收入增加会刺激房地产需求上升，收入下降则导致房地产需求减少。房地产开发随人均 GDP 增长呈现波峰型变化周期。

市场边际价值递减定律以及土地不可复制性所带来的开发用地逐渐减少等原因也是房地产市场理性减缓的因素。

表 2-2 人均 GDP 与房地产开发的关系

800~1000 美元	1000~4000 美元	4000~8000 美元	8000~10000 美元
启动期	快速发展期	稳定发展期	减缓发展期
生存需求	生存、改善需求兼顾	改善需求为主	改善需求为主
起步发展 单纯数量型	快速发展 以数量为主，质量为辅	平稳发展 以质量为主，数量为辅	缓慢发展 以质量为主的综合发展

模块 3：全社会固定投资

通过对房地产开发比重的研究，确定区域房地产开发规模的适度情况，同时可以预计供求市场的变化，对于研究判断项目的开发时机以及产品去化情况均有较高的参考价值。

表 2-3 全社会固定投资与房地产开发的关系

	异常	基本正常	正常运行	基本正常	异常	2008 年	2009 年
房地产开发投资额增幅	<-5%	-5%~5%	5%~15%	15%~25%	>25%	18.9%	-7.8%
	适度投资利于拉动经济增长，而增幅过高，将使供给过量，若无需求匹配，将导致供过于求						
房地产开发投资/GDP	<0.05	0.05~0.1	0.1~0.14	0.14~0.2	>0.2	0.10	0.07
	反映房地产投资规模的基础指标，合理指标为 0.1~0.15						

	异常	基本正常	正常运行	基本正常	异常	2008年	2009年
房地产投资/固定资产投资	<15%	15%~22%	22%~30%	30%~37%	>37%	23.96%	21.30%
	反映投资结构是否合理的基础性指标,发达国家的比例为20%~25%							

模块4：房价收入比的一般模式

该模板指标主要用于区域需求市场购买力的研究,通过收入水平衡量房地产市场价格指数的风险程度,有助于判断所研究的项目的价格定位以及去化表现。

房价收入比 = 全市平均单套面积总价 / 全市平均家庭年收入

表2-4 房价收入比的一般模式

房价收入比	小于4	4~8	9~11	大于12
房价水平反应	房价偏低	房价存在一定的上升潜力	房价平稳,上涨潜力空间不大	房价过高,已超过警戒线

模块5：城市化进程

房地产开发与城市化进程是密切相关的,当城市化处于初级阶段时,房地产会快速发展,而城市化完成后,房地产就会走向缓慢发展,趋于稳定。

表2-5 城市化对房地产开发的影响

不同发展阶段城市化特征				
发展次序	第一阶段	第二阶段	第三阶段	第四阶段
发展阶段	初步城市化	快速发展期	调整发展期	稳定发展期
城市化率*	小于30%	30%~50%	50%~75%	大于75%
城市发展特征	工业生产水平较低,提供的就业机会有限,第三产业发展几乎为零	工业生产具备一定规模,经济实力明显增强,农业人口快速向工业人口转变,城市快速扩张,新区建设成为重点	工业产业成为城市绝对经济支柱,城市经济的乘数效应迅速刺激城市的升级,旧城改造与新城建设完善同步进行	城市经济高度发达,农村人口的绝对数量已经不大,城市发展表现为内部人口的第二、三产业转移
房地产开发特征	发展缓慢,需求明显不足,自住需求有限释放	快速发展,自住需求释放加速,同时带动投资需求的出现。开发重心以数量为主	稳定发展,市场呈现自住与投资需求并重局面,同时开发重心由数量向质量逐渐过渡	缓慢发展,自住需求缓慢释放,开发重心以质量为主

* 城市化率是指市镇人口占总人口（包括农业与非农业）的比率。

模块 6：房价增长类型及特征

房价增长如果属于成本型增长，一般时间较长，且增幅较小；

房价增长如果属于需求型增长，主要是由供求关系引发的，其增长速度会加快；

房价增长如果属于资本型增长，主要是与资金、金融相关的，其增长时间较短，但增长速度很快。

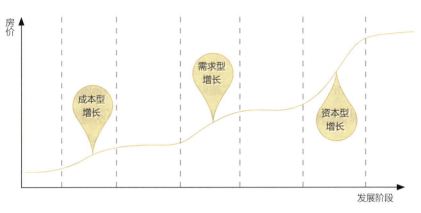

图 2-3 房价增长的三种类型

模块 7：地价与房价的增长关系

土地市场与房地产市场的发展密切相关，一般呈正相关关系，并且呈现出 3 种阶段性特征。

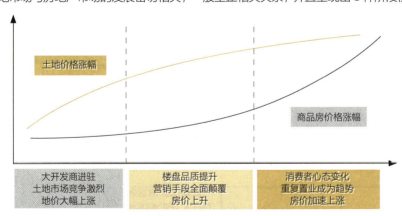

图 2-4 地价与房价的增长关系

模块8：城市新中心区成功开发规律性

城市新中心区的成功开发是有其内在规律性流程，主要体现在：

① 不同城市新中心区的开发历程基本一致；

② 不同城市，开发力度不同，则开发周期不同；

③ 中心区功能的实现前提条件是：要顺应市场，如果政策干预太多，即使物业建设完毕，区域功能也不能完善。

图 2-5 城市新中心区成功开发次序

城市新中心区各产品开发规律有三个：

① 通常新中心前期人气聚集能力较慢，大多依靠高品质楼盘进行板块炒作；

② 随着写字楼政策性导入，住宅人气逐渐提升，写字楼、商业市场逐渐打开；

③ 开发节奏实现的关键是：控制开发项目的入市时间，不能盲目地跟随开发，一旦造成供应过量，将面临滞销风险。

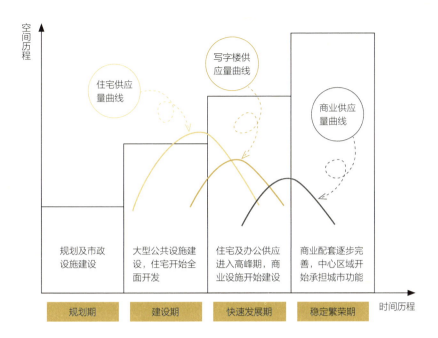

图 2-6 城市新中心区各产品开发规律

城市新中心区各阶段消费人群特征及标志有一定具体表现：

消费人群特征是影响城市新中心区的重要因素，对其有清楚的认知，非常有利于项目的策划开发。

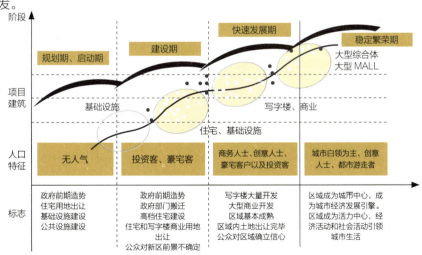

图 2-7 城市新中心区各阶段消费人群特征及标志

第二节 宏观政策分析技巧

房地产市场的特殊之处在于管理者是政府。政府代表国家作为土地的所有者，有权利要求土地的收益，政府有管理房地产市场的责任，这让房地产市场受政策影响极大，也使房地产企业必须重视政策的力量。

关注和分析政策是房地产市场分析的重要工作。虽然对政府政策分析很难归纳出一套方法或操作程式，但借助专业能力解读政府政策还是可以找到技巧。这对开发商操作楼盘有非常重要的指导价值。

技巧1：按类梳理房地产政策

房地产政策就是国家凭借政权制定的房地产市场主体都必须执行的行为准则。是政府在房地产市场中的重要行为内容。政府通过房地产政策把房地产市场的服务和利益分配给社会，把公共基础投资分布在不同的地点，把收益从一部分利益集团手中取出转给另一部分利益集团。

政府对于房地产市场的参与是从多个方面进行的，所以要理解好政策对于房地产市场的影响，首先要对市场政策进行分类梳理。

（1）按照政府职能对房地产政策分类

从政府在房地产业的基本职能来看，房地产政策可以分为两大类：

① 针对于服务的政策。其中，直接服务于市场的,可称之为市场性的政策，直接服务于社会的，是对市场起间接影响作用的，可称之为社会性政策。

这类针对企业法人与消费者间的利益关系，调整对象是平等的经济利益关系，多数情况下是以经济手段为主。政府对他们的管理和调节，也必须遵守市场原则，如土地出让与转让等。

② 多数是发生在管理者和被管理者之间，多采取行政手段的政策。

要求企业和消费者服从的政策，如产权登记、房地产税费制度的制定，关于军队房地产、宗教房地产的政策性规定等。

③ 介于两类政策之间的政策，如安居工程的政策、房改房政策、经济适用房政策，它既体现政府的社会性职能，也体现一定的市场性职能。

（2）按房地产社会性政策分类

房地产的社会性政策可以分为三类：

① 保护性政策，如保护耕地的政策；

② 政治性政策，如关于处理原来去台湾人员房产问题的政策、关于落实华侨私房政策等；

③ 边缘性政策，如关于军队房地产、宗教房地产的政策等。

图 2-8 房地产三种社会性政策

（3）按房地产市场性政策分类

房地产市场性政策按其作用，可以归结为四类：

① 房地产市场进出管理政策；

② 房地产市场交易管理政策；

③ 房地产市场竞争管理政策；

④ 房地产市场收益分配政策。

图 2-9 房地产四种市场性政策

例如：

针对不同的市场部分有公房政策、二手房政策、商品房政策、经济适用房政策；

针对不同的市场主体可以有对中介组织的管理规定、对开发商的管理规定；针对市场客体的政策有关于商品房面积测量的规定、房屋质量的标准规定；针对于不同的市场行为，有物业管理的管理办法、商品房销售管理办法、房地产开发程序的各种规定。

针对房地产市场的不同收益分配问题，有公房出售的收益分配办法、物业管理的收费办法、各种房地产税费的管理办法。

（4）按房地产政策体系梳理房地产政策

房地产市场是一个完整的体系，它由多个部分构成，每个组成部分可以有不同的进出资格标准。每个组成部分有各不相同的交易规则，不同的市场又是由不同的市场主体组成交易的双方，多元的交易主体在纷繁复杂的生产交易活动中形成无数种的收益分配方案。

按政策发展的渊源梳理

从政策发展的渊源来看，由于房地产业是近十多年来发展起来的，其立法是从无到有逐步发展的。最初，房地产政策就起到法律、法规的作用。当政策的作用稳定以后，政策就转化为法律。在法律不断建立和完善的过程中，又不断有政策、法规、规章、办法、条例等作为法律的初级形式或补充解释。所以房地产政策也和其他各种产业的政策相同，可以分为：法律、法规、规章、制度、办法等。

图 2-10 按渊源分类的政策

按房地产政策体系分析

房地产政策的体系是由全部房地产政策、法规共同组成的有机的整体，它反映一个国家或地区房地产经济的发展水平、房地产业及其利益结构的性质、立法者的意志取向。

从政策指向的部位来分析，房地产政策和法律体系又可以分为两类：

① 房地产专门性的政策和法律规范，如现在已出台的《中华人民共和国城市房地产管理法》、《中华人民共和国城镇国有土地使用权出让和转让暂行条例》、《协议出让国有土地使用权最低价确定办法》、《国有土地使用权有偿使用若干财政问题的暂行规定》、《外商投资开发成

片土地管理暂行办法》；

② 相关的规范，如《经济法》、《民法》、《合同法》、《消费者权益保护法》、《社会保障法》。

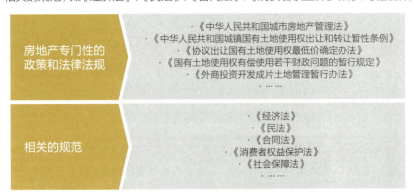

图 2-11 按指向部位分类的政策

另外，需要提醒的是，对房地产政策、法律体系的构想不同，对于政策进行分类的方法也不尽相同。

技巧 2：梳理房地产政策的多元主体

分析房地产政策影响，必须分析影响房地产市场的因素。

影响房地产市场格局、行情的是价值观及利益目标不同的、有时甚至是相互冲突和矛盾的多元主体。这些主体有各自的政策目标，不仅方向各异，有些目标含混而模糊。因此，分析政策影响房地产市场监测和跟踪变得十分困难，也让最终结果难以预测，企业为获得各方面的信息付出的成本也很大。

（1）分析影响供求因素的主体

房地产市场供求关系有两个影响因素，供求双方是内在的影响因素，政策法规及社会是外在影响因素。

由此影响出发，市场的主体可以归纳出四方：

开发商，消费者，政府以及社会各个部门、机构、组织等。

图 2-12 影响供求因素的各主体

（2）分析产业因素

房地产开发是一个综合产业。它涉及三个产业：

① 第一产业

如土地资源、耕地、地下水、油、气等。

② 第二产业

如建筑业、制造业等。

③ 第三产业

房地产业本身是第三产业服务业，它为购房者提供的利益表现为产权及未来的收益。

在这个层面影响房地产市场的因素不仅有来自制造商之间、厂商与消费者之间、消费者与消费者之间的竞争，还有来自政府管理部门，如农业部门、土地部门、产权产籍管理部门、财政税收部门、法律部门、民政部门、环保部门、文物保护部门，以及交通、治安等部门的制约。

（3）房地产政策分析是实际运作应用于时局操控的艺术

不同主体或产业之间由于各自的政策目标和工作方向不同，导致价值观和利益目标不尽相同，甚至还会发生不同程度的矛盾和冲突。

分析信息的考虑点

即便信息充足、政策目标很清晰，分析这些信息本身也不是一件容易之事，它需要考虑三个方面：

① 要看政策目标的表述形式是否与主体原本的真实目标相符；

② 要考虑政策实施的结果如何，是否能够达到目标；

③ 要看是否有保证政策目标的适当手段，是否有执行这种政策的强有力的执行者。

预测宏观信息工作的复杂性

政策影响分析与预测工作几乎是一个无底洞，它不是一个学究式的推理过程，而是在实际运作中对时局操控的一种艺术。宏观分析中，分析具体政策在特定条件下的影响，判断起来不难，真正困难的是对可能政策进行预测。这种预测的复杂性在于三点：

① 要理解政策本身作用原理及实施过程；

② 要把握制定政策程序和将由什么人来制定政策；

③ 预测时不仅要估测出可能结果，还要估测出政策影响可能发生作用的时间。

理解和整理政策的方法

真正进行政策研究的人不在少数，但能够运用政策信息进行预测和决策的却极其有限，大多数市场研究人员所做是收集、整理、筛选信息的工作。

图 2-13 大多数市场研究人员工作内容

要理解和整理这些政策，可以从以下几个方面着手：

政策目标的号召力，影响市场行情的程度，可操作的程度，影响的部位，实施影响的手段及传播影响的途径。

还可以通过罗列常见的政策目标，发现有些目标是极有号召力的：

如满足对服务、基础设施及住房的需求，维持房地产价值和税收，减少污染等。

技巧3：更现实的分析房地产市场政策影响

房地产政策是构成房地产市场环境的主要内容，对房地产政策分析主要是为了以下几点：

① 理解其中的信息内容，判断其影响和作用的部位、程度；

② 根据政策要求采取措施，调整行为，以获取最大限度的市场收益；

③ 避免运营损失。

市场分析人员要进行房地产政策影响分析，需要做到以下要求：

① 跟踪市场政策动向信息，了解最新政策动态及其背景；

② 要认真领会政策信息的内容和含义，并把相关政策联系起来分析，比较其中的差异或进行前后对比，发现其中的变化和联系脉络，由此判断政策目标和意图；

③ 判断政策影响的确切部位，以及对各主体的影响程度；

④ 要尽可能地对政策影响进行定量分析，在数据不全或不可靠的情况下，不应勉强运用数量分析，特别是运用计算机模型，这种做法更适用于学术研究。

⑤ 分析说明政策的后果，特别是对供求关系的影响进行必要的预测。这一点在分析房地产价格走势的时候经常用到。

⑥ 尽可能地进行政策评论，如评论它的缺失之处，这样可以预测政策的未来趋势。

对于政策影响分析这项工作也不可期望过高，在特定的条件下进行的分析不可能做到十全十美，而在政策影响分析中运用大量的定量分析也是不可取的，因为政策问题远没有数学方法要求的那么抽象和精确。

第三节 宏观市场分析

要明确做房地产市场基本面分析的内容与重点，首先要明确市场行情与经济周期之间的关系。我们需要研究经济周期来掌握房地产市场行情波动的规律。因为经济条件变动，能影响到房地产市场供求变化的作用方向以及房地产价格的走势、价格。这与房地产项目的前期策划紧密相关。

一、周期规律是市场行情的本质

经济周期是指经济活动水平的波动。它形成一种有规律的波动，经济扩张接着就是经济收缩。所谓经济周期及其长度决定市场行情的周期及其长度，只是一种趋势。但一定要认识这种趋势，它对于把握市场行情的变动方向十分必要。

从某种意义上说，周期规律是市场行情的本质，而市场行情则是周期规律的现象。分析市场行情变动趋势要与复杂多变的市场影响因素结合起来。

二、房地产周期与宏观经济周期紧密相关

关于经济周期性的理论，马克思的相关著作已有专门阐述。

不论是大规模资本投入（包括房地产的投入）把经济推向繁荣，或者引向衰退，还是由技术创新把经济从衰退引向繁荣之后，再引发下一轮的大规模资本投入（包括房地产的投入），房地产投入的高峰与经济周期是紧密相连的，是经济周期波动不可分割的组成部分。

研究资料表明：不同的国家或地区，房地产业波动的周期长度是不同的。我国内地的房地产市场的周期波动尚未显现出明显的规律性，受调控政策的影响很大。

三 房地产市场基本面分析内容与重点

房地产市场基本面的分析主要是研究该地区房地产产品的市场供应情况，预测市场的需求，确定项目的开发体量。

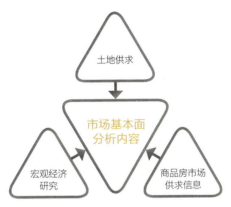

图 2-14 市场基本面分析内容

市场基本面分析包括宏观经济研究、土地供求和商品房市场供求信息。

具体研究内容如下

1. 宏观经济研究
2. 宏观房地产市场研究
3. 房地产建设指标分析
  · 固定资产投资与房地产投资
  · 施工、新开工及竣工面积
4. 土地市场研究
  · 供求及价格
  · 分区土地成交
  · 土地成交价格
  · 本区域土地成交详情（含项目本身）
5. 商品房市场分析（住宅）
  · 商品房存/增量分析（供求分析）
  · 商品房销售额与销售面积
  · 商品房销售价格
  · 市场发展板块及格局分析
  · 成交产品特征
  · 客户构分析
6. 市场未来发展预期

研究重点

市场特点：内外需、市场阶段、供求关系、市场结构（价格、产品、开发商）
客户及成交特点

研究意义

1. 宏、中观经济及房地产整体分析，反映房地产投资及发展环境，预测未来的竞争格局。
2. 通过研究判断区域房地产走势与开发风险，找到项目可能的目标市场，初步确定发展战略。
3. 通过区域房地产供求关系、价格、产品等成效情况分析，对产品的定位策略产生直接影响。

图 2-15 房地产市场基本面分析内容与重点

以城市综合体为例。

城市综合体是当前大型住宅项目的开发模式,分析商品房市场供求信息,不仅局限于住宅项目的数据分析,同时还要兼顾商业部分信息收集,包括酒店、零售商业、写字楼和公寓等商业物业在城市中的供求信息。

图 2-16 城市综合体研究内容

1. 住宅部分分析

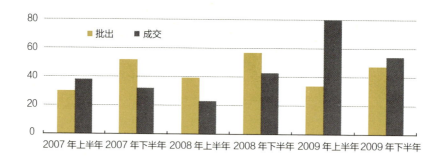

图 2-17 2007~2009 年某市商品住宅批售面积

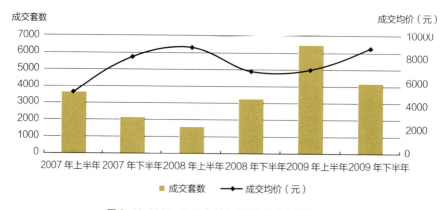

图 2-18 2007~2009 年某市商品住宅成交套数与均价

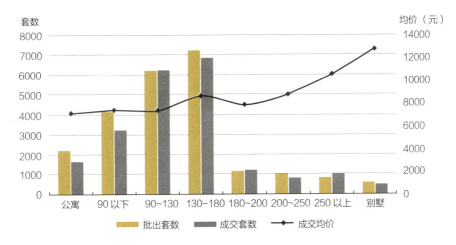

图 2-19 2008~2009 年某市各类住宅产品供需分析

分析：从供应层面看，90~180 ㎡单位是近年主力供应，而 180 ㎡以上的大面积单位供应量少，配合其独有的景观资源，市场能够有效承接，180~200 ㎡单位在近两年更是需求旺盛；

从价格的拉动来看，130~180 ㎡单位价格优于其他中等户型产品，而 200 ㎡以上的单位逐级跃升，在高端产品的高价塑造上可发挥空间大。

2. 酒店部分分析

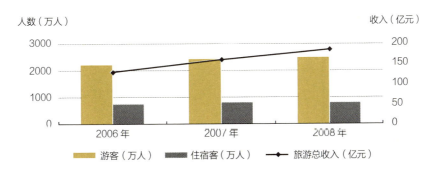

图 2-20 近年某市旅游业发展状况

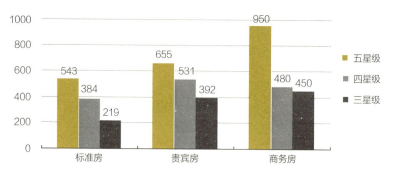

图 2-21 某市各星级客房房价对比（单位：元/晚）

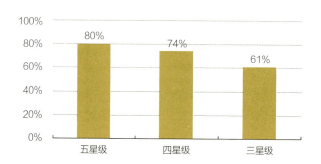

图 2-22 各星级酒店入住率

分析：高星级酒店规模、产品与城市发展不成正比，高端酒店市场处于初级阶段。旅游业、制造业及会展经济带来大量稳定可增长的商旅客源。市场需求旺盛，未来高端酒店仍具可发展空间。

3. 零售商业部分分析

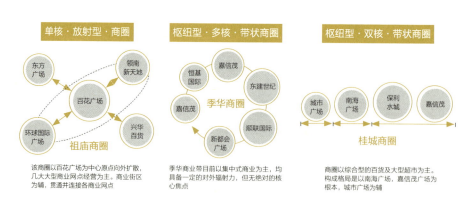

图 2-23 ××市三大传统商圈错位结构分析

分析：三大商圈形成三足鼎立的商业格局，发展尚未饱和。已发展成熟的两个商圈中，内部竞争激烈，商业经营存在压力，而未来的旧城改造、供应放量状况将使得竞争更加惨烈。另一正在发展中的商圈经营稳定，规划超前，其辐射面扩大将会分流部分高端消费客户。未来随着新城区崛起，人口递增，CBD中心商圈将逐步形成，服务于CBD的中高端集中商业体将有更良好发展前景以及市场契机

4. 写字楼发展分析

图 2-24　××市写字楼发展历程

表 2-6　××市写字楼阶段研究

	萌芽阶段	启动阶段	发展阶段	成熟阶段
动因	办公需要	改善环境	追求形象	需求多样化 客户价值多元化
表现形式	住宅改办公	住宅立项 商务办公	纯商务形象	
客户特征	早期 中小企业	成长型中小企业	迅速发展的中小企业为主，也有部分国内大型企业分支机构	各类型企业
产品特征	住宅	早期商务公寓	纯写字楼开始出现	写字楼与商务公寓并存
客户关注点	无	位置、价格 交通、成本	位置、配套 硬件、商务氛围	地段、服务 软环境

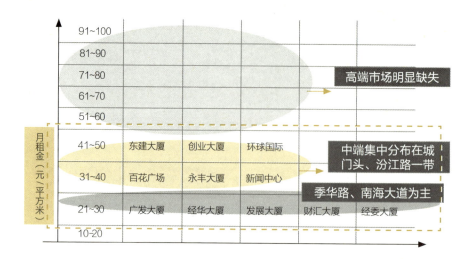

图 2-25 ××市写字楼出租情况

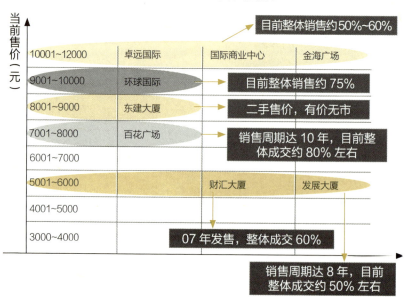

图 2-26 ××市写字楼销售情况

分析：写字楼市场处于发展阶段，商务配套较落后，缺乏甲级高端项目。市场格局围绕地标性建筑及新城区逐渐发展，随着商务市场需求激活，市场逐步向好，但价值体现不会即时释放；写字楼物业商务氛围依附度高，地段价值决定物业形态及价值。

5. 公寓市场分析

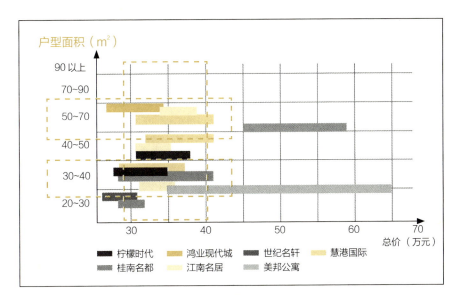

图 2-27 ××市公寓面积总价

表 2-7 ××市公寓整体推售情况

项目名称	推售情况	
柠檬时代	2009年5月开盘推485套	售罄
保利花园	2009年3月推288套	内部消化一栋，另一栋当天剩余几套
威斯广场	2009年1月推270套	剩60多套
慧港国际	2008年1月、3月推出约600套	售罄
金宇明都	2007年10月陆续推540多套	售罄
美邦公寓	2009年9月一次推出整盘120套	即日售罄
桂南名都	2007年5月、10月推691套	剩40多套

表2-8 个案分享

居住性公寓	
地理位置	地处商圈，周边配套完善，离地铁站近
建筑情况	占地面积：4000 ㎡
	总建面积：23000 ㎡
	1~2层：商铺，3~5层：公寓，6~17层：住宅
	总户数：280（其中公寓数：126）
	主力面积：35~70 ㎡
	销售均价：9500元/㎡
投资性公寓	
地理位置	CBD地铁上盖，交通方便，商场购物方便，商务人群集中
建筑情况	占地面积：1500 ㎡
	总建面积：7000 ㎡
	1~3层：商场，4~16层：公寓
现状	2009年9月18日正式开卖120套25~48 ㎡公寓产品，均价12000元/㎡，开卖当日快速售罄

分析：市场上公寓总价集中在30~40万元之间，面积区间集中在30~40 ㎡和50~70 ㎡之间。公寓整体市场接受度高，销售率都比较喜人。项目开盘消化率能达70%以上。在发展模式上来说，居住型公寓有一定的发展前景，但市中心未来供应竞争大，居住型公寓在项目暂不成熟区位并非明智选择。商务型公寓目前市场较为缺乏，存在较大的发展空间，可弥补纯写字楼开发风险，提升档次，宜办公宜居住，高回报。

四 房地产项目区域市场供求分析

在区域市场分析中有四项指标要分析：

图2-28 区域市场分析四项指标

① 区域尺度

区域的交通条件、周边环境条件和配套条件。

② 区域交通条件

可达性、交通方式、时间距离与空间距离、标志性等几个要素。

③ 周边环境条件

主要指周边的地块功能、周边的重要公建或城市公共设施、周边的自然资源及景观环境等。

④ 配套条件

包括生活配套、教育配套、商业配套等方面。

1. 针对目标市场做供求分析

寻找一个目标子市场要做的分析是：

① 根据供给量与需求总量做比较；

② 对需求进行比较和分析；

③ 进行供给与需求结构比较。

不仅把供给档次与需求收入层次进行匹配，还要把供给不同产品特征与需求以及非经济特征（如人口结构、教育程度、心理特质等）进行配比。

所以，完成子市场的进一步定位前要做两件事：研究产品特征和研究消费者偏好。

进行市场细分可以分为两个层次，一个层次是进行经济特征方面的研究，即市场定位。第二个层次是进行非经济特征方面的研究，即产品的特性、消费者的偏好等，即产品定位。

进行市场细分的根本目的是组织需求和供给的匹配关系，对于市场研究来说，这种细分的必要性，还在于它可以使研究的范围缩小，使市场调查的工作更加有效。

2. 进行供求缺口分析

供给量的数据对开发商来说极其重要。进行供给量分析不仅要分析上市的供给量，还要分析准备上市的供给量，不仅要知道供给总量，还要知道供给量的结构。

很多开发商在项目开发前并没有做认真的市场供求分析，原因之一是获得信息十分困难。体现在以下几点：

① 开发商很难找到权威的、系统的、准确的市场信息；

② 政府掌握的大量信息多数是保密的，没有起到指导市场的作用。

在信息导向不完善的当下，有不少策划机构为了及时掌握市场供求信息，做了很多努力，包括：

① 花大量的人力物力用于实地调查；

② 见到新楼盘广告就去实地调研；

③ 沿途见到工地就进去问问。

使用这种原始办法的问题是，主导方费时费力，数据信息还不准确。它只反映市场新开工楼盘情况，或只反映了开始预售楼盘的资料，这当中还有人为力量难以避免的误差。

尽管如此，开发商在进行项目开发前，还是要认真对待供应缺口的市场需求分析及其数据，结合当下市场趋势做出理性的决策。

3. 管道分析师供求分析方法

划定研究范围和类别后可以进行供给量的分析。供给量的分析包括现在供给量分析和潜在供给量分析。

图 2-29 供给量分析内容

关于现在供给量分析

主要是运用市场调查的方法，而潜在供给量分析就要依据政府审批开发项目过程中形成的各种数据资料。要利用这些数据资料，就要按我国房地产管理法的规定了解开发基础程序，如图 2-30 所示。

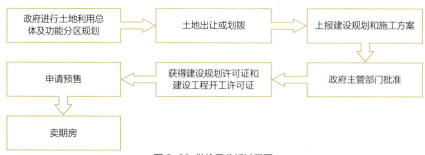

图 2-30 供给量分析过程图

现房和期房都是现在房屋供给量,要对未来时期房屋供给量进行预测,还应了解在预测期将竣工项目的供给数量。预测期将竣工的项目数量、建筑面积可以通过建设工程开工许可证发放部门得到。当然,每天可能都会有新的项目竣工,也会有新的项目申请立项报建,每天也会有新的项目获得建设规划许可证或建设工程开工许可证、商品房预售许可证。因此只有把整个管理过程当做一个流动的过程,把一个个审批环节连接起来看成是一个"管道",分析"管道"中各部分的数据,才能从中获得所需要的信息。

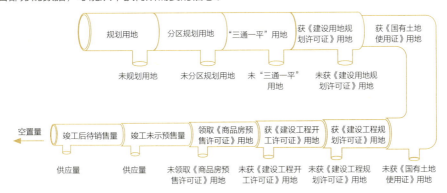

图 2-31 供给量管道分析

从供给量管道图中可以看出,从政府部门应能获得的信息包括:

① 规划用地面积,即政府已做了总体规划的用地面积。

② 分区规划用地面积,即政府做了功能分区规划的用地(如规划住宅用地、商业用地等)面积。

③ 做过三通一平的用地面积,即对详细规划用地进行了三通一平的开发,"生地"变成了"熟地"的面积。

④ 获得《建设用地规划许可证》用地面积,即建设用地单位向政府提交用地申请书和有关建设项目的详细资料,政府批准并获得了《建设用地规划许可证》,有了具体项目用地的确定选址的面积。

⑤ 获得《国有土地使用证》用地面积,即获得土地使用权的用地面积。

⑥ 获得《建设工程规划许可证》用地面积,即做了详细规划的用地面积,即为了进行项目的开发做了较为详细的平面布局规划(包括容积率的确定、建筑物的摆放布置、道路及出入口的方向等),设计方案获得批准的面积。

⑦ 获得《建设工程开工许可证》用地面积,即建设单位向政府提交了项目的进一步详细资料(包括概算、预算、施工图等),并得到政府的《建设工程开工许可证》的用地面积。

⑧ 领取《商品房预售许可证》用地的面积,即按国家规定,建设单位获得了规划许可证和开工许可证,向国家交付了全部土地使用权出让金,在项目地块完成了 25% 的投资,并获得《商

品房预售许可证》的用地面积。

⑨ 竣工前未预售量，即由于实行预售制度，使一部分商品房以期房的形式上市成交，在项目竣工前尚未售出的面积。

⑩ 竣工后待销售量，即要在竣工后继续销售的面积，未售出的部分为空置量。

4. 靠实地调查获得供给量数据

在政府数据资料不能公开，无法用于市场研究的情况下，很多公司只能依靠实地的市场调查来进行供给量的统计和结构分析工作。

实地调查是任何一个房地产市场分析工作人员必做的基本工作。借助这些基础数据，分析人员才能对一个地区的房地产市场的供给量进行总量和结构分析。不同公司有不同的格式的市场调查表，但是其基本内容是相似的。

表 2-9 住宅类项目调查

物业编号：□□，□□，□□-□□□　　　　　　物业类型：

基本资料	物业名称		详细位置		
	发展商		销售电话		
	投资商		发售日期		
	代理商		竣工日期		
	建筑设计公司		入伙日期		
	占地面积		工程进度		
	建筑面积		可售面积		
	容积率		建筑密度		绿化率	
规划设计	总套数		平面类型[1]、数量		朝向情况	
	建筑形态[2]、数量		建筑风格			
	功能划分	居住（　　㎡）配套公建（　　㎡）非配套公建（　　㎡）			
	物业配套				
	车位数量		车位价格			
	户型统计（以 10 ㎡为间隔段统计，如 60 ㎡、70 ㎡段户型分别多少套）				
	户型结构	面积范围(㎡)	套数	套数比例	备注
	规划、户型评价				

环境	交通部分					
	内外配套					
综合评价	环境特色		量化评价 （满分值为1）		定位精确度	
	景观设计特点				产品指数	
	推广方面				推广指数	
	其他				市场接受指数	
	阶段推广主题					
	项目核心价值					

销售动态	首次面市时间：			开盘时间：		
	最低价		最高价		平均价	楼层差 朝向差
	销售折扣：			现推单位：		
	销售率：	%（至 年 月）		优惠、促销、活动		
	月均销售套数：			畅、滞销原因：		
	客户群情况³：					
	备注：	工程进度：至 年 月建至				

① 一梯二户　栋、一梯四户　栋等。
② 别墅　栋；多层（　层）　栋；小高层（　层）　栋；中高层（　层）　栋；高层（　层）　栋。
③ 年龄、职业、哪里人、占多少比例，什么动机、占多少比例等。

归档："楼盘档案"　　　　　　　填表时间：

关于楼盘的信息不够地方填写可写在调查表的后面。

五 地块研究是前期综合分析关键之一

通过对地块进行研究,可以得到初步的研究成果,可以获得对项目可能的发展方向的认识。

图 2-32 地块研究初步成果

1. 土地研究的要点与方法

土地研究主要包括各项土地指标的研究,如容积率、绿化率等,还有土地所在区域的环境分析、土地所在区域的配套和区域规划这几方面。

图 2-33 土地研究内容与方法

2. 区域规划是土地研究的重点内容

区域规划是土地研究的一个重要内容,通过研究区域规划,策划人员能够发现,项目所在区域具备何种发展潜力,对项目定位有非常好的帮助。

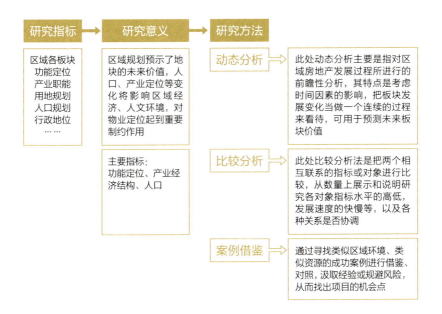

图 2-34 区域规划研究框架

在实际操盘中，策划人员通常会围绕项目所在区域的区域价值进行分析，并且会由区域价值而推导出项目产品的塑造方向。

表 2-10 区域价值平台决定了项目打造的方向

区域特征	区域发展阶段	基于区域价值平台的营销
陌生区域，认知度低	区域"婴儿"期	"告诉别人她会长得很美" 重新定义区域价值，提升形象
区域发展迅速，拥有一定区域价值	区域"少年"期	"告诉别人她美得与众不同" 基于区域价值，重新定义产品
区域高成熟度，区域价值已被充分认可	区域"成年"期	"告诉别人她是完美的" 利用成熟区域价值，项目全方位打造，将细节放大

3. 挖掘区域价值的 4 种方法

挖掘区域价值是策划中的一个核心环节，因此，掌握正确的区域价值挖掘方法是非常重要的。

实际操盘中，区域价值的挖掘方法主要有四种：资源禀赋分析法、案例类比法、价值嫁接法和城市功能解析法。

图 2-35 挖掘区域价值的四种方法

4. 地块自然条件的分析

房地产项目的分析，离不开对项目所在地点自然条件的分析。项目地点的自然条件有时形成对项目开发的限制，有时也会给项目带来独有的优势。项目地点的自然条件包括以下几个方面。

地点物理条件

① 地块的面积

② 地块的形状

③ 地块的高度、深度、角度

地表的自然状况

① 地貌（坡度和地形）

② 地表土质和景观

③ 地基状况

④ 水文地质状况

⑤ 植被状况

配套设施的物理特性

① 建筑物的布置

② 建筑物的质量

③ 配套设施空间布局

④ 构筑物的设计（如遮蔽式的通道、道口……）

⑤ 构筑物内的通行模式（平面布局、通道、朝向……）

便利性配套

① 安全性设施

② 停车场的特色（空场的大小、停车场与建筑物的相对位置、入口、通道等）

5. 土地选择的要点

土地选择共有三种方式：土地决定客群，客群决定土地，通过比较客户群体价值对候选土地进行选择。

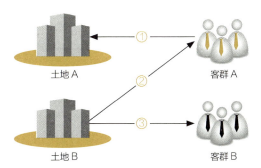

① 根据目标客群特性对土地进行选择
② 在候选的土地类型中，选择具有最大客群价值的土地
③ 根据现有土地类型对客群进行选择

图 2-36 土地选择与客群之间的关系

最理想的情况是，针对目标客群的土地偏好对地块进行选择。

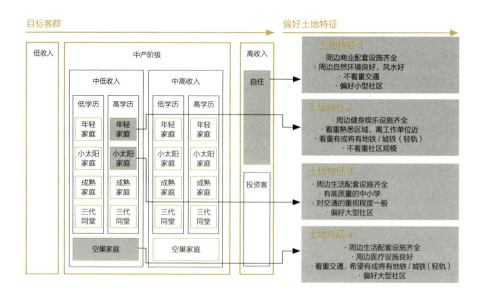

图 2-37 不同客户群体对土地特征有明显的偏好取向

在条件许可的情况下，应该在候选地块中选择更有价值客群偏好的土地进行开发。

图 2-38 不同类型土地构成的客群价值

首先要系统分析特点、定义并归类土地类型。

图 2-39 土地类型精细描述模型

在明确土地类型的基础上，对于不同客群匹配度，客群定位工具能够根据特定的土地类型，选择适合的目标消费群体。

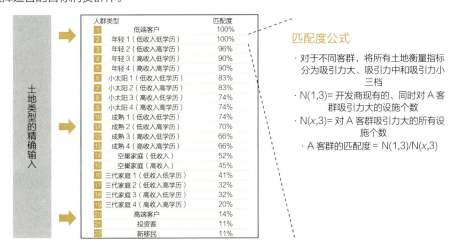

图 2-40 土地类型的精确输入

可以通过加强融资与项目收购能力，有效提升土地选择与土地获取的能力。

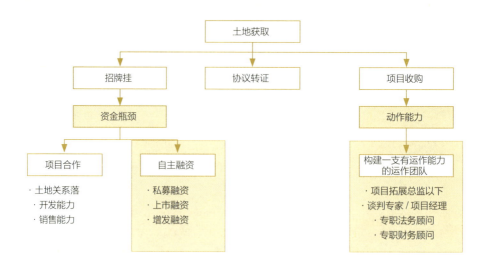

图 2-41 多手段获取土地资源

第四节 房地产行业宏观分析常用表格

在进行宏观分析时,会经常使用到一些表格,这些表格对策划人很有帮助,可拿来即用。

表 2-11　20××~20×× 年 ×× 市房地产运行状况统计表

面积单位:万平方米;金额单位:亿元

	20×× 年	20×× 年	增长
全市房屋成交登记面积			
全市房屋成交登记金额			
全市预售商品房成交登记面积			
全市预售商品房成交登记金额			
全市二手房屋成交登记面积			
全市二手房屋成交登记金额			

表 2-12　20××~20×× 年 ×× 市各区预售商品房成交情况统计表

单位:万平方米

	20×× 年			20×× 年		
	面积	售出率	同比	面积	售出率	同比
批准预售						
预售登记						

表 2-13 20××~20×× 年各种类型房屋成交面积对比表

单位：万平方米

		20×× 年			20×× 年		
		成交面积	比重	同比	成交面积	比重	同比
房屋合计	合计						
	预售						
	二手						
住宅	合计						
	预售						
	二手						
商铺	合计						
	预售						
	二手						
办公楼	合计						
	预售						
	二手						

表 2-14 19××~20×× 年 ×× 市各区历年房屋成交面积统计表

单位：万平方米

	19××	19××	19××	19××	19××	20××	20××	20××	20××	20××	20××
总量											
比重											
预售											
比重											
二手											
比重											

第三章
Chapter Three

常规市场调研的做法

市场调研是企业获取、分析、评估市场信息的重要工具与手段。市场调研要保证到手分析的数据是及时的且符合当下市场的。

市场调研主要解决项目需求的问题，为以后识别市场、定义市场、参与市场和制定策略提供相关数据和参考依据。

市场信息复杂且随着政策而多变，所需要的调研手法和调研数量也要多种、多次。

第一节 市场调研常规步骤

进行地产策划市场调研前,策划人有两个重要工作,一是针对特定项目做地产调研设计;二是制定调研执行流程。

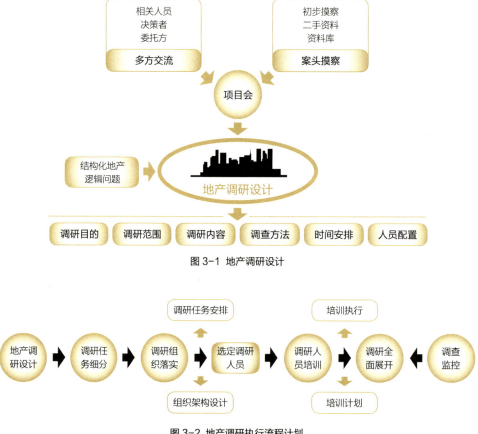

图 3-1 地产调研设计

图 3-2 地产调研执行流程计划

将地产决策问题具化为调研问题

图 3-3 调研、决策实操流程简图

如何使地产调研的结果能服务于决策并产生价值？

这需要调研前运用上述"探索性研究"，将决策问题准确地转化为市场调研问题。

如上图所示，通常情况下，决策引起调研，在项目实际运作中存在各类项目决策问题，需要运用调研摸清实际情况，先有决策问题，才有调研问题，地产调研最终目的是为地产决策提供相关依据。

图 3-4 决策问题与调研问题的相关性

比如，某楼盘经过前阶段火爆销售后，二期推售时销售业绩呈现不断下降的现象。决策者想解决如何改善楼盘销售情况的问题。

这个调研可供选择的行动路线包括三个：

① 改进现有的产品；

② 改变市场营销体系中的某些环节；

③ 改变某些细分市场等。

假定决策者和调研者都同意项目开发运营问题是由不适当的市场细分引起的，一致希望通过市场调查对这个问题做进一步准确论证，那此时的地产调查研究问题就转变为确认和评价一组备选细分市场的问题。

又如，如何确定项目户型配比问题，此时决策问题是"项目户型配比应该是怎么样的比例"，则调研问题就该是：本项目是什么样的项目？本项目目标客户户型需求如何？竞争楼盘的户型及销售情况是怎么样的？

如图3-5所示:

图 3-5 项目户型配比的决策问题与调研问题的转换（局部示例）

地产调研目的体系设计

当将决策问题转化为调研问题，确定了地产调研问题后，就需要根据调研问题明确地产调研目的。

（1）明确地产调研目的

明确调研目的可以避免在具体地产调查时出现偏题现象。

一般来说，地产调研的目的分为以下五种：

① 识别市场机会，根据变迁的市场机会作出调整；

② 分析市场潜力，制定有针对性的各种计划；

③ 判断产品盈利状况，找到富有成长性、潜在高盈利的产品形式；

④ 评价产品满意度，改善关键点提升竞争优势；

⑤ 评价决策效果，及时作出后续调整。

（2）建立地产调研目的体系

当决策问题转化为调研问题之后，接下来就需要细化调研问题，建立地产调研目的体系。通过目的体系将调研问题落到实处。

房地产调研目的将决定着调查内容、调研规模及地域范围、调查的方式和方法。

图 3-6 房地产调研目的决定的对象

在这里之所以提出目的"体系",是因为在实际调研中通常需要将一个调研目标分解成多个调研目的,即一个大的调研目的可细化成为多个贴近实情、便于操作、相互支持的调研目的。

图 3-7 决策问题与调研问题的相关性

不一定所有调研目的的体系都是上图所示的"三级"体系,具体级数按实际情况而定。

通过调研目的的体系,形成清晰的调研目的架构,有利于将该调研目的落到实处,明确调研任务,从而制定出与调查目的"一一对应"的调查内容。

说案 ××市房地产开放调研报告体系

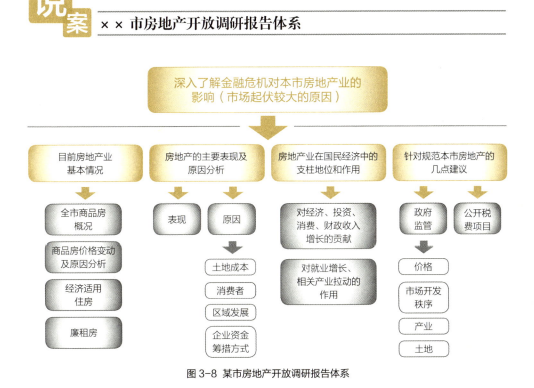

图 3-8 某市房地产开放调研报告体系

三 地产策划中的5个调研注意事项

地产策划调研需要掌握的技巧主要是准确把握主题,运用正确的思维抓住灵魂,提供决策支持。

图 3-9 地产策划中的 5 个调研注意事项

事项1: 确定调研主题

调研的第一步就是如何将决策问题转化为调研问题。

明确调研的目标是什么,转换的准确程度是建立在对决策主题深入理解的基础上。在楼盘的实际运作中会遇到相关决策,但又缺乏决策依据,此时就需要借助调研了解地产策划,有助于调研者更好地了解、准确把握决策问题及调研问题。

事项2: 灵活使用调查技巧

了解楼盘实际运作过程及策划手段,有利于调查者把握楼盘调查中的许多实战技巧。比如可以在楼盘价格调查中运用楼盘的定价方法来调查等。将策划手段运用于实际调查中,将会提升调研效率。

事项3: 策划人员的专业积累

在正式调研开始前,可以根据房地产企业在内部和外部所掌握的有关资料进行先行初步分析,这有利于把握调研整体过程以及准确识别调研关键点。

调研分析对象是数据,但其前提是分析者需具备了解房地产行业内在规律的专业能力,比如实用率对租金的转换,是基于实用率会对价格会产生重要影响的行业规律。这些知识只有具备楼盘实操经验和数据分析思维的策划人士才会运用自如。

事项 4：准确提炼调研灵魂

调研灵魂即是指经过调查分析后得到的调研结论及建议。没有调研结论和建议，调研报告就缺少了调研灵魂，成为泛泛而谈的简单数据堆砌。准确提炼调研灵魂要使用策划的思维模型。

事项 5：提供决策支持

调查初期将决策问题转化为调研问题，决策阶段则要将调研分析及结论运用到决策上。

地产调研的目的是为楼盘策划及决策提供依据，以尽可能地避免决策上的失误。在此基础上，调研还应进行未来市场走势预测，指导企业推出符合市场的产品，可以避免盲目开发而造成产品积压。

四 确定地产调研地域范围的 2 种方法

行业实战调研中，经常发现无论是高档豪宅还是中低档的小盘，经常会将调研范围圈定全市，似乎房地产调研就是针对全市而展开的。这样的理解有些片面，虽然房地产市场的地域性相当强，但不同楼盘特性、不同目的的调研，调研地域范围不同，在进行调研前首先要界定清楚调研的地域范围。

调研目的决定着调研的特性及调研内容，而调研特性决定着调研的区域覆盖范围，除此以外，通常情况下楼盘调研区域范围界定还受到产品特性及客户特性制约。

方法 1. 指出影响项目辐射半径的因素

"项目辐射半径"简而言之，就是指某个具体项目的影响范围，它可以是某个特定区域，也可能是某个城市，或一个更大的区域。

研究"项目辐射半径"的价值在于帮助开发商弄清楚潜在客户区域，有针对性地开展营销推广活动，同时还可以先界定竞争对手或竞争项目。

项目辐射半径主要受以下四个因素影响：

图 3-10 影响项目辐射半径的产品特性

因素1：项目知名度

项目知名度与项目辐射半径呈正比关系。一般在同类项目中，项目知名程度越高，项目辐射半径就越大；无论是高档别墅项目，还是低档经济适用房，项目知名度与广告投入力度、推广方式等有一定的关系。这也是为什么一个楼盘通常首期购买客户是以项目所处周边区域的客户为主，而后期单位的购买客户地域覆盖范围不断扩大的原因。

因素2：项目规模

项目规模与项目辐射半径同样呈正比关系，项目规模越大，项目的辐射半径也越大。

首先，大型楼盘需要较大的市场消费容量得以支撑和消化；

其次，大盘具备大量的推广费用以提升项目的知名度；

第三，大盘的市场关注度、影响力较大，市场覆盖地域范围也较广，潜在的目标客户地域涉及面也较大。

所以一般对大盘调研区域覆盖面通常都是全市性的甚至是跨区域调研。

G市某项目《项目可行性研究报告（某期）节选》

项目打造

利用该区域的区位和资源优势，在地区内发展高端休闲度假旅游产业，建立旅游服务中心和功能核心，打造该地区一流的温泉养生、游乐度假、商务休闲及生态人居的综合型旅游新城。

规划功能板块

旅游、居住、文化、办公、教育、医疗。

目标客户

初期客户来源以本地及邻近地区的高级客户为主，长期客户定位为附近省份以及全国其他地区高收入人士。

调研范围

全国—本省—本市。

中小型楼盘由于体量小，市场消费者量小，所涉及的目标客户区域也有限，所以一般中小型楼盘的调研多为区域调研。

N 市某项目《住宅项目可行性研究报告》节选

建筑规模：12~7F、2~11F、2~12F

工程概况：项目占地 90.9 亩（60600 ㎡），总建筑面积 109000 ㎡，包含住宅、高层住宅、多层住宅、商铺在内

规划用途：居住、商业

建设单位：上海某房地产公司

目标客户：本市居民，部分本省其他地市居民，置业多以自住为主

调研范围：本市

因素 3：项目交通网络

项目交通便利程度也会影响项目辐射半径，无论是低端项目还是高端项目。

项目交通网络主要是指"交通便利性"及"交通成本开支"两方面。便利的交通条件有利于缩短客户往返的时间，这对于近郊或远郊楼盘显得尤为重要；例如某项目处于远郊，往返市区的交通路网沿线布满了收费站，这无疑提高了客户的交通成本，从而制约了本项目对市区客户的吸引力。

相对而言，低端项目辐射半径受交通制约程度会更大，高端项目相对而言受交通制约的程度会稍小一些，或者说不会过于敏感。

因素 4：项目档次及属性

一般而言，项目档次越高，辐射程度会越高，有些项目辐射范围往往是跨区域的。对于豪宅市场，一个规模不大的楼盘，由于其客户群均位于消费群的金字塔顶端，覆盖地域范围也会很广。所以，高档楼盘市场调研地域覆盖范围也较大。

比如，经济适用房一般不会形成跨区域（指不同城市之间）购买力，但高端别墅项目往往需要进行跨区域、甚至跨国界调研。

图 3-11 影响项目辐射半径的产品特性

G 市某大型房地产项目客户特征调研

前期客户来源：

主要来源以当地及省地州客户为主力；次要来源以本地域所处的大区域客户为主。

前期客户特征：

家庭、企业白领、中高层管理人员、政府官员、文教人员、公务员、大型国有企业高层人士、跨国集团企业高层等。

长期客户来源：

主要来源以当地及省地州客户为主力；次要来源以本地域所处的大区域客户为主，次要客户多来自邻近省份，辅助来源则是全国其他地区。

长期客户特征：

主要特征是家庭团体、政府官员、大型国有企业高层人士、跨国集团企业高层等，次要特征是公务员、文教人员、企业金领等，最后的辅助特征则是普通观光、休闲度假的游客。

2. 影响项目辐射半径的客户因素

图 3-12 影响项目辐射半径的客户特性

因素 1：客户收入水平

潜在客户群体的收入水平是最重要的影响因素。不同收入水平群体或者说不同收入等级的群体基本上不太可能选择同一个项目。

相对而言，客户收入水平越高，购房半径会越大，这与项目特性中的档次越高、其辐射半径越大相对应。

因素 2：客户生活自由度

客户自由度是指项目潜在客户对每天 24 小时的自主支配程度，不同职业、不同职位、不同单位性质的群体在"生活自由度"方面存在较大的差异：

从职业方面看："自由职业者"（如记者、艺术家、私营企业主等）应该是自由度最高的群体；

从职位来看：普通员工的自由度要小于高级管理人员；

从公司 / 单位属性来看：机关 / 国有企业 / 事业单位的自由度相对比较低，而私营企业相对自由度比较高；

自由度在某种意义上决定了该群体的选择范围。比如"朝九晚五的普通单位工作人员"与"自由支配时间的私营企业主"在选择地产项目的考虑范围会存在一定差异，一般来讲，自由度大的群体，其购房半径相对比较大。

因素 3：客户通勤能力

"客户通勤能力"主要是指客户从居住地点往返工作地点的能力，这里涉及两个方面的问题：

从宏观影响因素上讲，某个城市的总体通勤能力取决于该城市的交通网络发达程度，交通网络越发达的城市，一般消费者购房半径越大，城市郊区化发展程度越大的城市，该城市的客户购房半径也越大。如北京、上海、深圳、广州等发达城市的客户通常比中小城市的客户购房半径要大得多。

从微观影响因素上讲，取决于消费者采用何种交通方式（与收入水平以及交通成本的承受能力有关），是私家车、摩托车、还是地铁或是城铁，或者公交车、自行车。拥有私家车群体的购房半径明显大于没有私车的群体。

因素 4：客户工作地点

工作地点对于客户购房半径存在较大影响，尤其是当项目潜在客户对于目前这份工作的依赖程度比较高、工作单位近几年搬迁的可能性比较小时，消费者的购房半径往往围绕目前工作地点而展开。

图 3-13 客户购房半径与客户工作生活中心关系简图

工作地点对消费者购房半径的影响与以下因素有关：

① 对工作的依赖程度。对工作的依赖程度越高，工作地点对购房半径的影响越大；

② 办公场所搬迁概率。办公场所搬迁的概率越大（固定的可能性越小），工作地点对购房半径的影响越小。

界定调研的地域范围需要做多方面的分析，对于常见的项目前期调研，其调研的地域范围通常与该项目的潜在客户覆盖的市场范围相近，即项目的目标交易市场；而对于专项调研或楼盘实际营销操作中的日常调研，则需要视具体调研实情而定。

每个项目的辐射半径都会不同，确定该项目的辐射半径需要做大量的市场调研以确保画出正确的辐射半径。

五 确定地产调研地域范围的方法

在通常情况下，房地产调研应遵循三个基本法则：

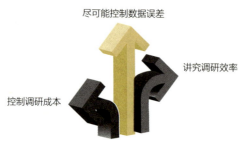

图 3-14 地产策划的三大法则

法则 1. 控制调研成本

目前国内房地产行业，一般开发商做调研不太可能投入大量财力物力，如果在调查中非要追求数据达到小数点后几位的准确率，必然需要在物力财力上的大量甚至翻倍支持，但事实证明这种做法执行起来不太可能。

法则 2. 讲究调研效率

地产调研作为项目运作的一部分，存在时间限制，其调研结果必须在某个时间段内完成才有用，因为决策在等着调研数据。在有限时间范围内，开发商不可能耗费大量的时间去追求数据的精准。因此，调研者最要讲究三点，一是工作效率；二是对调研目标的准确把握；三是讲究商业运作时效性。如果为了追求数据的精准而延误了决策时间，带来的结果很有可能不是数据准确与否的问题，而是项目决策错失良机的问题，这样的后果远比数据是否准确到小数点后第几位严重得多。

法则 3. 尽可能控制数据误差

对决策来说，刻意地追求数据的绝对精确没有任何意义，如果得到非常准确的数据就能使决策万无一失，世界上就不会有"决策失误"这个词了。事实证明，决策错误屡有发生，即使面对相同数据，公、婆也会各说其理。

市场调研是为决策提供信息依据，决策信息化需要通过调研尽可能减少决策失误，调查得到的信息和数据只要控制在一定误差范围内，同样能准确反映出事实。

数据当然越精确越好，但调研有很多调查壁垒，还会碰到许多额外障碍，得到精准的调查数据很难，在这种情况下，就要暂且把绝对精确的地产数据搁置一旁无需去刻意追求数据的物理精确，而要尽可能地去控制数据误差。

◎ 刻意地追求数据的绝对精确没有任何意义

◎ 调查得到的信息和数据只要控制在一定误差范围内，同样能准确反映出事实

◎ 无需去刻意追求数据的物理精确，而要尽可能地去控制数据误差

图 3-15 刻意追求绝对精确数据没有任何意义的体现

关于对误差的控制该如何把握，可以从以下三个方面入手

（1）控制价格误差

鉴于市场竞争原因，许多楼盘价格表不对外公开发放，除通过内部关系等非常规调查方法外（但调研人员不可能认识每个楼盘的内部人士），很难通过常规调研方法来得到精准项目均价，所以，这种情况下只能通过各方面考证尽量控制调研误差。

比如，该项目实际均价为 4600 元/㎡，通过调研得到的均价为 4550 元/㎡，这类误差不影响决策者判断该项目的价位水平。

（2）控制销售状况误差

常规调研方法还很难了解到楼盘准确销售率。而且销售率是动态的，即使当时了解到准确销售数据，但随着楼盘的再次售出、退订还会产生数据偏差。

在现实楼盘销售率调查中，也没有任何意义去刻意追求销售率精确到个位数。借助房地产所特有的相关调研技巧，在相关各方面进行综合的推断测试，只要能把握到该楼盘的销售是很差、较差、一般还是很好，或者能确定大致销售率区间，即已达到楼盘销售率调查的目的，同时也能为决策提供依据。

（3）控制市场趋势预测误差

比如根据前几年整体市场房地产销售价格走势，进行前瞻性预测，推测明年楼市的销售均价，这类问题往往取决于多个变量，这些变量的值通常又是未知状态。因此，任何记忆中的数字都有可能是错误的，在这方面关键是做到保持预测方向的正确性和精度的合理性，只要保持正确的方向，把握合适的精度，最终是能做出有切实意义的结论。

某项目市场调研范例（局部示例）节选

××市别墅开发用地近2800亩，平均每个项目占地面积在10万平方米左右。以综合容积率0.5计算，则近两年至三年内××市别墅市场供应量达93.33万平方米。如果别墅单位平均面积为220平方米，别墅项目共有4200套，平均销售三分之一，市场尚存在61.6万平方米、2800套、市值15.4亿的别墅供应量在三年内上市。但目前××市没有实现年平均成交1000套别墅的市场交易记录和市场消化量。

据相关调查表明，未来两年内，有35.5%的本市人具有购房意向，这其中更有高达70.3%的人将购买商品房。在这群有购买意向的人群中，家庭年收入达到并超过8万元的又占了4.18%左右。按照××市常住人口116万、每个家庭3~4人来计算，则约有3000个年收入在8万元以上的家庭在未来两年内有购买商品房的意向。按照国际上房价与收入比6:1的标准，这部分家庭就拥有购买总价在50万/套左右的别墅的能力。

分析：上述数据并不一定十分准确，但经过专业人士行业素质和内部规律把握分析，同样得出了具有参考意义的结论作为决策依据。由此可见，只要将误差率控制在小于等于5%的范围内，同样能够很清晰地反映出实际情况，再控制下适当的误差就不会影响相关决策。

六 地产策划调研常用的四类调研方法

确定调查内容后,接下来需要确定具体调查方法,即需要通过什么方式获得事实和信息。不同的调研内容需要不同的调研方法。值得提醒的是,在地产调研领域,受房地产行业特殊性的影响,许多传统调查方法并不非常适用于地产调研。在许多情况下,某个地产调查内容需要多种调研方法来解决。

尤其对于存在调研难度的地产调查内容,用单一的一种调查方法较难确认数据准确性的地产调查,此时更需要多种调研途径交叉使用做调查,再利用综合比较控制调研误差。

比如要调查某个楼盘的均价,就可采用以下多种调查方法:

表 3-1 调查楼盘均价的三种办法

调查方法	具体做法
实地调查法	去楼盘现场调研该楼盘的均价
电话访问法	致电售楼部询问销售人员
其他途径	通过人际关系(如朋友等)了解该楼盘的均价

将以上多种方法综合使用,最终可以确定该楼盘的均价。

还有一种特殊情况,就是调研可那些能会缺少可供参考数据的物业,调研者很难得到相关可参考的数据及信息,此时常规的调研分析方法不可取。特殊问题需要特殊对待,要解决这个问题,办法就是采用类比分析法,即寻求一个曾经与该市场类似的另一个市场与该市场作比较来预测发展现状和未来发展情况。

某个调研内容可采用多种调查方法,但也许其中一种或几种相对简易且最有实效。所以在寻求调查方法时应当多提出几种方法,然后对各种方法加以评估,选择性价比最高的方案。

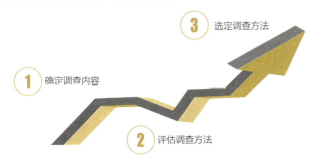

图 3-16 地产调研方法的选择流程

方法 1. 案头调查

利用企业内部和外部现有的各种信息、情报资料及简单的初步摸查，对调查内容进行资料的搜集、整理并予以详细分析的方法，称为案头调查，也称为间接调查法。

在调研前通过收集二手资料及手头上已有的相关资料，比如网络、资料库等，对该次调查有个定性的认识和判断。

案头调查调研方法的特点是：

① 有助于发现问题，并能为市场调查提供重要的参考依据。

案头调查为实际调查提供大量经验数据和背景资料，有利于制定清晰而行之有效的调研计划。对于所掌握的资料，对已有资料不必再进行调查，把实际调查结果用在刀刃上，大大提高了调研的工作效率。

② 常用于房地产调研前期筹备阶段。

这种调研方法在调查初期只作为获得对该次调查有个初步认识而采用的主要方法之一。

案头调查中的一个经典例子是，中国互联网和互联网化市场卓越的信息产品、服务及解决方案提供商易观国际基于自己对电信市场，特别是移动通信市场的多年积累，通过案头调研，结合对大量业界专业人士的探访，完成了关于 WiFi 的技术发展现状、国外运营商 WiFi 发展现状、国内 WiFi 发展所面临的问题和趋势、WiFi 和几种流行的宽带接入技术的对比、国内外主要 WiFi 厂商研发市场情况的报告，对 WiFi 业务的发展前景进行了深入分析，对于不同应用市场的商机给出了一些前瞻性的猜测和建议。

方法 2. 实地调查

受房地产地域性、不动产物性的影响，实地调查是房地产调研中掌握第一手资料最常用、最重要的调研方法。

图 3-17 实地调查对象内容

实地调查的对象包括：考察待开发的地块、调查该区位的衣食住行、项目的开发条件调查、踩盘、街区功能的调查、街区铺面租金调查情况等，很多情况都要用到实地调查。

实地调查一般分作 4 个步骤：

第一步：做好计划，较复杂的实地调查就需要以文字方式做出计划；相对简单的实地调查只需在心里打个草稿即可，明确实地调查的流程；

第二步：准备好实地调查所需要的相关工具；

第三步：展开实地调查；

第四步：资料的整理及分析。

图 3-18 实地调查流程

《××楼盘市场调研》（实地调研部分）节选

调查的方法

（1）实地调查：

通过踩盘的形式到楼盘实地调研，从实地调研中了解楼盘周边环境、居民商业、交通状况，以及整个楼盘的建筑类型、价格以及销售情况。

楼盘信息

楼盘一：××××

（1）项目位置：XXXX

（2）周边环境：

以生态园为闲情依托，紧系会展、三大广场的国际魅力；大型农贸市场、汽车维修服务站，让生活便利无限。

在调查过程中要注意"多看"、"多问"、"多听"、"多记录"、"多思考"：

多看——即观察能力。透过现象看本质、要注意到很多不易察觉的相关细节、别遗漏掉重要信息；

多问——不了解或存在疑虑的地方要多问。如果不方便直接问，就要注意提问技巧，问题提得隐藏些，但最终要得到你想要的答案。

多听——多倾听。比如在踩盘时多倾听销售人员与其他客户的洽谈，再比如去异地调查多倾听当地居民的谈话等。

多记录——好记性不如烂笔头。在实地调查后很可能会遗忘掉许多信息。所以在实地调查时记得带上笔和纸，尽量做到即时记录，然后回到公司后再作整理。

多思考——在实地调查时可能有些信息会出乎原先调查的意料。此时就需要针对此情况及时做出调查调整。

图 3-19 实地考察的技巧

方法 3. 徒步踏察

徒步踏察是实地调查中的一种方法，实地调查有可能开车去调查，或使用其他交通工具代步，但徒步踏察的要求是：只允许以步行的方式踏察。虽然比较辛苦，却行之有效，徒步踏察是房地产调查中常用的方法之一。

为什么要以步行的方式进行调查？

一，很多地产调查信息只有在你步行时候才会真实感受得到。比如某超市离本项目的距离，如果开车你会觉得非常近，几分钟就到了，但如果步行过去，就会发现到底是远还是近。

二，许多调查内容只有采用徒步踏察，才会调查到更详细的信息。此方法在项目地块调查、地块周边调查、某街区调查等调查内容中会得到广泛的应用。

《市场调研计划书》(部分节选)

调研内容

(一)踏街

注:踏街范围为项目辐射区域 5 千米内

1. 购买当地地图,如没有地图,手绘出整个城市地图
2. 徒步走完整个城市,熟悉城市的每一个角落
3. 绿化状况:公园、行道树、街心绿化
4. 道路状况:主干道(车道数量、人车流量、机动车道)、道路总条数、主要形态
5. 交通状况:公交线路、出租车情况、三轮载人车情况
6. 配套:大中型商店、超市、邮局、银行、影院、娱乐场所
7. 公共设施位置
8. 竞争个案位置及基本情况
9. 走访市局单位:主要为房管局、建设局、招商局、税务局、工商局

表 3-2 踏街记录表

踏街区域	北靠_____路,南临_____路 东依_____路,西至_____路
区域地图	北 ↑ ← → 东 ↓
区域环境/区域印象	道路状况:东西向主干道 / 南北向主干道,共计道路数量,主要形态 交通状况: 配套:

本区域共计在建个案_____个,新建成个案_____个

方法 4. 问卷调查

在其他行业及专业调研机构中,问卷调查是相当重要的调查方法之一。

在房地产领域,问卷调查虽然也得到较广泛的应用,但由于客户的特殊性,在具体操作上与其他行业问卷调查方法和形式上存在较大差异。

(1)问卷调查的 4 个注意事项

① 问卷设计应符合消费者心理;

② 问卷以简短为佳,以不超过 30 个问题为宜;

③ 问题排序必须按普通人的思考顺序，由简单到复杂，由表面直觉到深层思考；

④ 关于受访者本身的问题，不宜放在问卷开头，如教育程度、经济收入、家中耐用消费品数量等。

（2）6个提问技巧

① 如果是调查楼盘在整个市场中的地位，为避免影响受访者反应，开始询问时应尽量不让受访者知道所要调查的楼盘名称；

② 注意提出问题的语气，把握措辞程度，避免提可能令被访者感到难堪、禁忌和敏感的问题；

③ 使用提示方式回答，要注意提示顺序，在不同问卷中作合理顺序变换以保证回答的客观性；

④ 为使回答尽量客观，问题提法也应讲究客观，避免概括笼统；

⑤ 不用模棱两可、含混不清的问句，更避免用受访者不易理解、晦涩艰深的句子以及因各人理解差异而选用意义不同的问句；

⑥ 用间接询问法进行某些不宜直接询问的问题。

《房地产市场调查问卷》（部分节选）

您好！

为了更好地了解我市居民购房的真实意向，我们正在进行一项全市民住房状况及需求的市场调研。您的意见对我们有很大帮助，希望您在百忙之中抽出一点时间协助我们完成这项调查，我们会对您的回答予以保密。

对您的帮助与支持表示感谢！

（1）您购房的主要目的是【 】

A. 日常居住　　　　B. 第二居所

C. 投资　　　　　　D. 其他

……

（6）您希望的装修标准：【 】

A. 毛坯房　　　　　B. 全部精装

C. 豪华装修　　　　D. 其他

……

（详见本章第三节）

（3）销售现场问卷调查

即在项目销售现场对来访客户或成交客户展开的问卷调查。

现实中，这样的好时机往往被许多楼盘所忽略。有些楼盘销售现场即使做了问卷调查，但执行这些问卷调查通常是现场销售人员，问卷与促进楼盘销售没有直接挂钩，使现场问卷调查没有受到足够重视，包括许多销售人员对问卷调查的执行只是草率应付，没落到实处，因为这与他们（销售人员）的销售佣金无直接关系。

市场营销的重要环节就是把握目标客户，而楼盘销售现场是接触了解目标潜在客户的最佳场所。一个楼盘通过广告推广、现场包装等途径吸引了许多潜在客户来现场，购房客户由原来的模糊、难以接触而变得清晰、触手可及，此时，通过问卷调查了解潜在客户远比街头随机拦截客户准确得多，而且也易于操作。

销售现场的问卷调查，一定要注意对调查过程的执行进行控制，销售部需要建立相应的制度以确保现场调查问卷得以认真贯彻，同时也让销售人员清楚现场问卷调查对楼盘销售的重要性。问卷调查所针对的客户主要可分为来访客户和成交客户两类。

《房地产项目来访客户需求调查问卷》

访谈时间　　年　　月　　日

一、基本情况

1. 背景资料：

客户姓名　　　性别　　年龄　　家庭结构

电话　　　　　现居住地

工作单位　　　　　　企业性质

客户性格　　　　　　车辆

……

（详见本章第三节）

七、地产调研常用的分析方法

地产调研常用的方法主要有：板块分析、区位分析、交叉分析、个案分析和类比分析等五种方法。

图 3-20 地产调研五种常用分析方法

1. 板块分析法

市场竞争不单是楼盘间的竞争，也是板块间的竞争。

板块分析经常应用于股市分析，在房地产行业的应用也相当广泛，是地产调研的重要分析方法。

（1）板块分析原理

房地产具有极强的地域性特征，一般情况下，同一区位的楼盘在户型组合、销售价格、目标客户等特性上都较为接近（当然也有特殊情况），通过对各板块的分析及比较，掌握各板块市场特征及各板块间的竞争态势。

（2）板块分析在楼盘策划上的应用

市场竞争不单是楼盘间的竞争，也是板块间的竞争。如果楼盘所在区位是市场"强势"板块，那么与其他"弱势"板块楼盘相比，强势板块楼盘更容易获得客户关注及认同，比如广州华南板块等。

板块原理在楼盘策划方面也有普遍应用。楼盘策划方面经常应用到"区位炒作"的推广方式，借提升楼盘所处区位的市场影响力及市场美誉度来带动楼盘的销售，甚至同一区位的各个楼盘联合起来一起炒作做旺本板块，使本板块与其他同类板块相比获得更强的竞争优势，成为市场的强势板块。

（3）影响板块划分的主要因素

板块划分首先跟调研所界定的"地域范围"相对应，在已确定的调研地域范围内进行板块划分。并不是所有调研都一定要进行板块划分，要依据调研地域范围大小而定。对于一些小项目，如果其调研范围就在周边区域,没必要再针对本区域做板块划分,只需对本板块分析即可。

板块分析前首先要"界定"板块,即调研地域范围内的区域市场可以分成几大板块,确定每个板块所涉及的地域范围。影响板块划分的主要因素有3点:

图 3-21 影响板块划分的主要因素

因素 1:城市路网结构

城市路网像一条条分割线将城市划分为零零散散的一块一块,完善的路网结构方便居民居住生活,影响片区发展。

如广州天河北板块与粤垦路板块,两个板块相互紧邻,按距离来说两个板块应该属同一板块。但事实上两大板块存在相当大的差异,其中的一个原因就是两大板块间横跨着一条铁路线,再加上粤垦路的道路状况一般,在一定程度上阻隔了天河北对粤垦路的辐射。

此类现象全国各地比比皆是。类似的还有,南宁东葛板块与东葛北板块,两个板块中间同样横跨着一条铁路线,使得东葛北的民主路延长线一带经常堵车,交通条件较差,多年来的影响使东葛北虽然近在咫尺,但区域发展情况较差。只要翻阅南宁城区地图,就会明显看出铁路以南、以西一片繁华景象,铁路以北、以东则较为萧条。

因素 2:市民心理认知

市民通常会对城市某个区域存在传统的心理认知,这些认知都会影响着客户购买决策。比如,通常外来群体倾向于在新城区购房置业,因为他们不太习惯老城区的地域传统氛围;又如随着城市的发展,许多城中村纳入了城市的范畴,如广州的员村、石牌等。

因素 3:区位特征

地产的楼盘区域性较强,处在同一地域范围内的各楼盘,都会存在相似的区位特征,客户群体接近、楼盘价位相似。比如广州的珠江新城板块,天河公园一带的天河公园板块等。

以上仅是板块划分的主要参考因素,划分板块需要个人具备对市场的综合把握,要非常熟悉区域行业市场。

（4）板块命名方法

调研中确定具体板块名称不会有硬性规定，调研者设计的板块命名主要是为更清楚地指明本板块范围，清晰明白即可。调研中的板块命名与楼盘策划的板块命名存在较大差别，两者目的不同，楼盘策划上的板块命名是为了提升本板块形象。

通常情况下，房地产调研中的板块命名可根据如下规律来命名：

① 按主干道名称来命名

如滨江东板块、机场路板块、宝岗大道板块等。

② 按景观名称命名

如白云山板块、天河公园板块、东湖板块等。

③ 按板块所处区位地名来命名

如员村板块、天河北板块、华南板块、东圃板块等。

（5）板块分析指标

按照统一的标准，提炼出各楼盘的具体指标，归纳在一起进行综合分析，从而清晰地推导出本板块的楼市规律，把握本板块楼盘综合特征。

一般板块分析指标可分为以下几类：

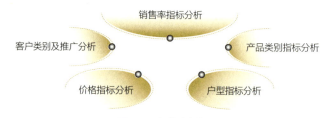

图 3-22 板块分析指标

住宅市场板块分析——某板块某项目

（1）某市主要供应区，大盘云集

（2）总体概况：

表 3-3 项目总体概况

总规模	占地 205.4 万平方米，总建 380 万平方米
容积率	1.85
物业类型	小高层、高层

开盘时间	一期 2007 年 7 月 1 日
交楼时间	一期 2009 年
主力户型	120~140 ㎡，80~90 ㎡
价格	5502 元 / ㎡
梯户比	二梯四户
配套	大型购物中心、五星级酒店、学校、医院、风情商业街、写字楼
总户数	20000
车位比	1:0.61
开发商	XXXXXXX

（3）规划大规模商业中心配套设施，但尚未起步

配套：五星级酒店、写字楼、集中商业、学校、生态公园

（4）引入国际学校，对项目销售形成极大拉动

（5）优势与不足

- 品牌开发商大盘云集，形成板块联动
- 高规格大配套，形成城市级休闲商住配套体系
- 开发已成规模，渐已成为该市市民的置业所首选
- 便捷的交通体系，轻轨和未来的高铁车站
- 政务和商务规划，拥有该市行政中心，未来的大规模商业规划

- 大盘密布，竞争白热化
- 配套体系雷同，缺乏差异化亮点
- 商业配套滞后，未形成较为成熟的区域级别商圈
- 办公配套缺乏，目前某新区只是一个供人居住的"卧城"

图 3-23 某板块优劣势分析

项目的市区客源将面临某新区板块楼盘的全面竞争，项目须在产品和配套方面寻求创新和差异化设计，才可具有吸引市区客户的竞争力。

2. 区位分析法

房地产受极强的地域性影响，楼盘开发通常受到楼盘所在区位相关情况的制约。区位分析包括纵向的"区位发展前景预测"及横向的"区位居住条件分析"。

（1）区位发展前期预测

区位发展分析着重于项目所处区位的前景预测，一个楼盘的成败与该楼盘所处区位的发展前景息息相关，良好的区位发展前景将会大大提高本区域的市场竞争力，从而影响楼盘的升值潜力及楼盘竞争力。

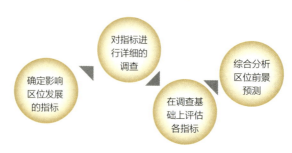

图 3-24 区位发展前景预测操作流程

这里的区位前景预测一般主要是定性上的分析，列出影响本区位发展的各项指标及变量，对各影响指标加以深入的调查分析，然后再综合评估各指标，预测本区位的发展前景。

（2）区位居住条件分析

区位居住条件分析着重于项目所处区位的"衣食住行"分析，楼盘不是"空中楼阁"，虽然一个楼盘的"衣食住行"在某些方面可通过楼盘内的打造来解决，但一个楼盘的居住条件更多的是依赖于楼盘所处区位的各项居住条件。

（3）区位居住条件分析模块

图 3-25 区位居住条件分析的五个内容

① 交通条件

楼盘所处位置的路网结构、路况、交通设施条件及业主入住后的交通成本分析。

② 就业条件

本区位及周边的就业情况分析、就业性质分析、主要就业人群分析以及本项目与就业中心的距离。

③ 居住环境

主要包括地块内的自然环境、地块周边的自然环境、人文环境（包括周边建筑群、历史习俗、当地主要居住人口结构及特性等）。

④ 商业条件

项目所处区域的商业配套设施、居民的生活配套设施。

⑤ 街区功能

城市片区规划中的主导功能，是居住区、工业区还是商业区等。

上海浦东新区川沙镇东海岸区位案例分析——某项目

一、区位发展前期预测

（1）川沙板块介绍

川沙镇位于浦东新区东南，行政区域面积139.83平方公里，规划人口约35万人，设7个社区，下辖65个村、38个居委会，常住人口31.8万，流动人口常年保持25万。镇区配套设施齐全，有各类学校30多所，宾馆8家，医院10家，金融机构30多家，公交线路48条。

（2）产业介绍

形成了一批以房地产、生物制药、彩印包装、工艺玩具为主的亿元企业群。未来产业导向是发展低能耗、无污染、技术密集型，以航空运输为资源配置手段，面向国内外两个市场的临空产业。随着地区面积的扩大和国际空港二期工程的实施，使航空运输服务和拓展城市功能的第三产业蕴含了巨大的市场。

（3）交通介绍

川沙新镇水陆空交通配套，运价结构合理，距离浦东机场6公里，市、区级几条快速干道纵横穿插腹地，直接和沪杭、沪宁高速公路连接。

（4）未来发展

迪斯尼将坐落于浦东新区川沙新镇，占地116公顷，首期建设3.9平方公里，预计2015年开园，届时将会有更多的人到川沙旅游，带动川沙的经济和商业发展。川沙将从过去的单一的生活区向商业娱乐多功能社区转变。随着交通的便利，川沙与浦东浦西将更有联动性。

二、区位居住分析

（1）区位介绍

位于浦东新区川沙镇新城区川沙路、翔川路口。

（2）项目周边

配套设施缺乏，项目对面有一个连锁旅馆，周边没有大型社区，零三年的居住区档次低，居民消费能力低。

(3) 周边交通

多辆公交车直达浦东、浦西，到达陆家嘴时间为一个小时，但是公交车末班车时间较早。项目离地铁二号线只有150米距离，步行3分钟可以到达，到达陆家嘴时间为25分钟。

(4) 写字楼

川沙地区唯一的甲级写字楼共两栋，都为14层高，标准层面积为1400㎡，不可分割，出租率目前达到60%，多为外贸公司，租金为1.7元㎡／月。

3. 交叉分析法

"南海项目居住条件分析"即使用了交叉分析方法。把项目特征、项目周边较差居住形象、项目所处区域的交通特征、项目离佛山及广州的距离、近邻竞争楼盘情况等多个变量综合在一起进行交叉分析，从而发现其中的矛盾及问题点。如下图所示：

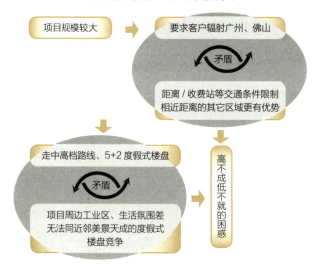

图 3-26 南海某项目市场调研结果的交叉分析

交叉分析是统计分析中的一种分析方法，通过变量的多重交叉、综合分析得到一个全面的结果。在房地产分析中，交叉分析经常应用于综合性的分析评述。

影响一个问题的因素是多方面的，单一指标的分析通常不能充分说明全貌，必须经过相关性分析，才能比较全面地反映某类实态。

比如：根据交叉分析，35~45岁这个年龄段是再次购房人群中的主力，这个年龄段是事业趋于成熟的时期，年轻时购置的过渡型居室（或房改公房）已到了更新换代的阶段，该年龄组中再次购房者占这个年龄组全部被访者的36.84%，同时占到全部再次购房者的41.18%。这批在事业、家庭、心理等方面都比较成熟的阶层的需求特点,值得开发商特别关注。

以上就是通过交叉分析,挖掘出"年龄"、"再次购房者比例"两个变量之间的关系,得出35~45岁年龄段是再次购房人群的主力这一结论。

需要注意的是,在交叉分析中,所选定的各变量间通常存在内在的客观相关性。如果各个变量相互独立、互不相干,那么进行交叉分析也不会有什么分析结果,如果主观地找出各个变量之间的联系规律,通常会产生错误的分析结论。

4. 个案分析法

市场是一个竞争的市场,如何在楼盘实际操作上获得竞争上的优势,首先必然需要做到知彼知己,而"知彼"的最常用方法就是通过踩盘、个案分析的方法洞悉竞争对手。个案分析法是把握竞争楼盘的主要分析方法。

个案分析法在房地产行业应用相当普及,也是任何一个初入行者都会接触到的房地产基础分析方法。

个案分析与楼盘调查表有区别,楼盘调查表只是楼盘基础数据而已,个案分析通常要融合楼盘各方面情况进行深入分析。在个案分析中通常需注意以下几类重点个案分析方法。

(1)典型个案分析

每个区域只要有商品房开发就会有"明星楼盘"存在。明星楼盘作为区域市场的代表性项目,具有强大的区域市场影响力。这类楼盘能清晰地反映出当地房地产市场的发展程度和当地楼盘开发销售水平,反映出"明星"之所以成为"明星"的许多可借鉴之处。

所以,在个案分析中,对区域典型楼盘分析是重中之重,需做全方位综合详细分析。

在楼盘个案分析中,也可以将各类楼盘划分为"热销、滞销、销售一般"三类个案进行分析。

图 3-27 楼盘个案分析类别

依楼盘市场反应及销售情况,在各类楼盘中找到众多可参考意义的分析价值,以一个热销楼盘做个案,可以调研的问题是:

① 该类楼盘的热销原因是什么；

② 有什么共同的热销特点；

③ 有什么值得总结、思考、借鉴的地方；

④ 滞销个案，为什么会产生滞销。

以上这些分析会挖掘出许多的"前车之鉴"，再结合市场变化将会对本项目提出相关的极具价值的参考建议。

一般个案分析——大上海商贸城

表 3-4 大上海商贸城项目概况

区位	贵阳市云岩新添大道南段 302 号	所属商圈	大营坡
占地面积	100 000 ㎡	建筑面积	470 000 ㎡
容积率	3.50	绿化率	35%
开盘时间	2012 年 10 月 20 日项目已开盘	项目特色	豪华居住区，宜居生态地产，投资地产
楼层状况	25~30 层	总户数	1470 户
物业类别	商住	价格	最低价 5 000 元/㎡
车位	1∶1	装修情况	公共部分精装修
建筑类别	塔楼	户型面积	一期房源 106~157 ㎡
开发商	贵州××房地产开发有限公司	物业公司	贵州××房地产开发有限公司
交通状况	现有公交：251 路、252 路、253 路、51 路、69 路、234 路、222 路、17 路、25 路、33 路、93 路冒沙站下车即可到达		
项目配套	周边配套：菜场、银行、医院、会所、娱乐中心；内部配套：网球场、篮球场、游泳池、社区医院、健身中心、幼儿园、山体公园等		
建材装修	结构：框剪；外墙：石砖；内墙：瓷粉；水电：入户		

（2）潜在个案分析

即拟开发或正在开发的未售楼盘。

通过评判潜在个案的综合情况，判断潜在个案是否属本项目的竞争对手范畴，如果是，掌握潜在竞争对手及后续货量供应情况，预判本项目将会面临的市场竞争态势。

（3）潜在个案分析着重点

① 地块概况分析

地块位置、占地面积（在无法知道的情况下可目测）、地貌特征等；

② 总体规划分析

该项目的开发设计单位、项目总体规划情况（如果还未规划，不妨结合地块情况作综合预判）。

③开发推售计划分析

重点了解该项目的推售时间、工程进度情况。

④其他说明

比如开发单位征地情况等其他方面的说明。

潜在个案分析——某市某片区 A 项目

（1）项目概况

位于某市老城区某片区，地处该市一条重要河流的下游流域的起点，且河流贯穿片区而过，景观十分优越；北接温泉旅游带，具备丰富且稀缺的温泉旅游资源。区域体量庞大，整体占地面积约为 9.53 平方公里，其中可建设用地接近 5600 亩，是该市中心城区内弥足珍贵的发展建设用地。

（2）项目开发单位

某开发商。

（3）项目总体规划

开发商拟利用项目区位和资源优势打造该地区一流的集温泉养生、娱乐度假、商务休闲和高尚人居等多元化功能为一体的综合型休闲度假旅游地产项目。项目建成后，将成为集世界旅游引擎、综合型宜居新城和标志性生态廊道于一体的城市副中心，将是该市实现城市功能空间再造和城市形象升级的重大标志性引擎项目。

（4）项目进度

2010 年 10 月启动原始地形测量工作，目前工作已完成 80%。

2011 年 2 月 5 日，正式开始该片区博物馆区域和回迁区学校的场平工作，目前已基本完成。

2011 年 2 月 9 日，召开该片区建设会议，安排部署节后阶段重点工作任务。

2011 年 2 月 10 日，博物馆总承包单位进场，基础施工开始。

2011 年 2 月 10 日，召开了该片区项目土石方场平、市政道路建设、景观整治工作会，全面启动了该片区的场平、道路、景观建设工作。

2011 年 2 月 11 日，开发商代表现场检查指导该片区项目建设工作，明确了近期的建设任务和目标。

（5）销售保障

以新闻、软文、公关活动、线上媒体等组成系统的营销体系；

政府部分、事业单位、大企业、大商家都是合作团购单位资源；

政府、公信传媒、专业传媒强强联手，把项目推向全国；

最强的专业团队合作。

5. 类比分析法

什么叫旁征博引？拓开视野、古今中外，引用已发生的事实来论证、诠释某方面的观点，这就是类比分析法。

两个或多个对象之间在某些方面存在相似或相同点，以其中一类为参照物，推导出另一类某些可参考的特性，或者论证某方面的观点或问题。

（1）不同市场的类比分析

事物通常会存在许多相似或相同之处，存在内在的发展规律，将已发生的类似对象与未发生的对象进行类比分析，可以起到举一反三的效果，以避免走不必要的弯路，提供决策上的事实支持。

（2）同类楼盘的类比分析

在某些特定情况下，许多楼盘存在某方面的相似性、可比性及参考性。同类楼盘的类比分析同样经常应用于楼盘策划方面。

比如广州南海的一个项目，该项目的外部条件与东莞某项目极为相似，都属工业区。在外部环境缺乏支持的情况下，东莞项目走高档别墅路线，开发大量的别墅产品，与东莞黄旗山板块的众多别墅相竞争，结果销售止步不前。市场证明开发高档别墅项目，地块周边的先天条件起着关键的作用。

通过将南海项目与东莞某项目的类比分析，在相似的地块情况及市场竞争情况下，借东莞该项目的实际情况及市场反应分析，将对南海项目的发展决策起到一定的参考价值。

同类楼盘对比分析

表 3-5 同类楼盘对比分析

楼盘名称	岳麓欧城	水木天成
开发商	湖南宏凌房地产开发有限公司	怀化市海富房地产开发有限公司
占地面积	500 亩	50 亩
楼盘地址	怀化市锦溪南路湖天公园旁	怀化市鹤鸣洲广场南侧
绿化率	38%	35%
建筑类型	5+1、6+1 花园洋房、高层	多层、小高层、高层
物业类型	普通住宅	普通住宅

八 召开地产调研项目会

当初步沟通、搜集到手头资料已完成，调研者对本次调研已有大致了解后，接下来召开调研项目会。

地产调研项目会的形式通常由本次调研的负责人主持统筹，负责人在举行调研项目会前，首先要明确自己对本次调研的理解及初步的定性设想，完成前期的初步探索性研究，并初步确定参与本期调研的主要人员。

地产调研项目会的实质，就是在调研前探索性研究基础上的"再论证"、"再细化"及"再调整"的过程，它是地产调研集思广益、思维激撞、尽可能地减少调研方向偏差、提高员工分析能力、获得客户对本期调研认同的有效途径，通过调研会，调研实施过程中描述的问题能够得到进一步细化。召开地产调研项目会有三种人要参加：

1. 调研负责人

通常由调研部门的领导人或调研项目经理负责此项工作，主持及统筹本期地产调研项目会。

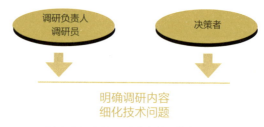

图 3-28 项目调研会参与人员的主要职责

2. 地产调研人员

这里的地产调研人员通常是指公司内的地产调研人员，并有可能参与本期调研的实战操作。让地产调研人员参加的目的有四个：

① 达到一起参与讨论、集思广益的目的；
② 大家一起来决定，融入调研人员的有关建议，提高地产调研人员的工作积极性；
③ 让调研人员更好地理解调研课题，便于他们在随后调查中的实战执行；
④ 有利于提高调研人员的分析能力及对问题的把握能力。

3. 决策者

如果条件许可，最好邀请决策者一起参加讨论。这里的决策者可能是你的客户，也可能是策划部门相关人员。通常他们对本期调研问题的理解会较全面透彻，会可能提出许多很好的建议，预先将本期调研的大致思路让决策者知道，减少"二次调研"现象。

让决策者参加的另一个重要作用是融入他们的部分考虑及设想，使他们觉得自己一起参与而产生对本期调研的认同感。这样当你在最后提报，更有利于得到他们的认可。

九、用地产逻辑问题树解决调研问题

在多数情况下，影响问题的因素是多方面的，一个复杂的问题通常可分解成一组简单的、易操作的、可单独解决的子问题，子问题又可进一步细分，最终可形成结构化思考的地产逻辑问题树，它能帮助我们分析问题的症结所在。

在地产调研项目会上，可以在前期探索性研究的基础上，运用结构地产逻辑问题树建立本期调研问题的分析架构，加以充分的结构性分析论证，并最终确定本期具体的调查内容及调查方法。

通过逻辑问题树，所有相关问题和子问题都以一种看得见的方式展示出来，形成清晰的"分析路线图"。地产结构化逻辑问题树，能最大程度避免考虑不够周全的现象，确保决策的正确性。

在这些子问题中，有些问题很容易加以论证，有些问题模糊不清需要进一步调查才能证实或证伪，可以根据此问题树罗列出所有要完成的调研任务。我们在此仅举两个调研问题来说明。

问题 1. 调查问题分析

在项目规划设计阶段，经常会碰到如何确定项目户型配比的决策问题。比如，本项目的户型该由哪些户型构成？各户型的建筑面积应为多少？各户型所占的比例多少合适？

应该积极拿起结构化逻辑问题树的武器，将此"决策"问题转化为"调研"问题，去寻找如何确定本项目户型配比的市场决策依据。

以下是"局部"实例说明，当然可以在此基础上继续细分下去，比如下图的"各目标客户的户型需求"环节。

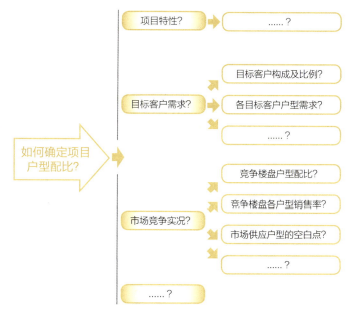

图 3-29 项目户型配比的结构化逻辑问题树（局部示范）

图 3-30 各目标客户户型需求结构化逻辑问题树

如上所示,以此类推,对各影响因素进行层层推进,每一次推进时多问一下"为什么"与"是怎么样的"。

逻辑问题树能清晰地构建"项目户型配比"调研线路图,找出影响问题、制约问题的节点,根据逻辑问题树的研究和分析要求罗列出所有要完成的调查任务。比如,根据上述的户型配比结构化逻辑问题树,这样可以列出以下需要完成的调查任务:

问题 2. 调查任务分配

调查任务 1:项目特性

调查项目所处的位置、周边状况,分析本项目适合做什么样的产品,是高档、中档还是低档,项目在市场中所处的位置是什么?

调查任务 2:目标客户需求

调查本项目的客户构成,他们在项目总客户群中所占的比例是多少?

……

各类目标客户对户型的需求是怎么样的?

户型面积需求

◆客户购房动机

◆客户家庭结构

◆客户经济能力

……

户型间隔需求

……

户型总价需求

……

户型装修需求

……

调查任务 3：市场竞争实况

◆竞争楼盘的户型配比

◆竞争楼盘的户型总价

◆竞争楼盘的各户型销售率

◆竞争楼盘的户型装修

◆竞争楼盘的户型供应空白点

调查任务 4：……

列出上述调查任务后，就可以确定各项调查任务的调查途径和调查方式，在做好相关调查准备后，具体的市场调查就可以展开了。

思路决定出路，思维的过程是一个可控的过程，在调研前充分利用结构化地产逻辑问题树构建解决问题的分析框架吧！

> ### 决策树 (decision tree)
>
> 决策树一般都是自上而下地生成的。每个决策或事件（即自然状态）都可能引出两个或多个事件，导致不同的结果，把这种决策分支画成图形很像一棵树的枝干，故称决策树。决策树就是将决策过程各个阶段之间的结构绘制成一张箭线图，我们可以用下图来表示。
>
>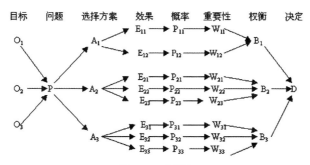
>
> 图 3-31 决策树
>
> 选择分割的方法有好几种，但是目的都是一致的：对目标类尝试进行最佳的分割。
>
> 从根到叶子节点都有一条路径，这条路径就是一条"规则"。
>
> 决策树可以是二叉的，也可以是多叉的。
>
> 对每个节点的衡量：
>
> （1）通过该节点的记录数
>
> （2）如果是叶子节点的话，分类的路径
>
> （3）对叶子节点正确分类的比例
>
> 有些规则的效果可以比其他的一些规则要好。

踩盘调研方法与技巧

实地调查（俗称踩盘）是房地产调研中最常用的方法，也是了解楼盘的最常用方法之一。它是初入行者接触房地产知识的第一课，它不只是调研人员的工作职责，还是任何致力于成为地产资深人士的人即时了解房地产市场的最为具体、最为直接的途径。

但目前市场竞争日趋激烈，楼盘运作日趋成熟，由于存在商业机密等方面的信息壁垒，通过踩盘获得楼盘资料的难度也越来越大，需要运用许多调查技巧才能了解到项目的真实情况。虽然有许多非"常规"了解竞争楼盘的方式，比如通过金钱上的交易或认识该楼盘的内部人士、去当地房产局查询等方法，但这不是通常意义上的踩盘方法，也缺乏实践上的普及意义。

1. 踩盘的两种形式

踩盘一般有以下两种形式：

形式1：定期踩盘

为什么要安排"定期踩盘"？这不仅是筹建地产资料库的信息需要，也是从业人员即时把握市场的需要。因为市场就是我们的"上帝"，市场是我们的生存基础。

专人负责每周末定期统一安排相关人员（调研人员或相关部门人员）进行踩盘。在安排前可通过报纸广告预先查阅本周展销楼盘，确定需要了解的项目，然后再统一安排分派到各工作人员进行踩盘，避免由于没有统一安排导致各个人员重复踩盘的情况。

形式2：专项踩盘

由于某项调查需要了解特定的项目而进行相关的专项踩盘，此类踩盘主要针对某项特定工作需要而展开，调查后的原始资料经处理后同样可以在资料库归档。

2. 踩盘的五种技巧

项目基本情况如占地面积、总体规划、交楼时间、物业管理费等方面的楼盘信息都相当容易调查到，只要查看项目宣传资料或现场直接咨询销售人员即可。但其他方面，如销售均价、销售率等由于涉及楼盘的商业机密，一般很难得到实践意义上的精确数据，在这方面就需要相关的踩盘技巧。

图 3-32 踩盘买家角色扮演注意事项

3. 踩盘时如何扮演买家角色

一个优秀地产销售人员能一眼辨认出踩盘者真正身份,因此,踩盘者如何隐藏身份、扮演好买家的角色对踩盘结果起着重要的作用。实际踩盘时应注意以下 5 点:

（1）少用专业术语

容积率、建筑密度、实用率等专业术语如果出口成章,接待你的销售人员马上会起疑心,虽然现在的买家都比以前成熟许多,但还没成熟到这种地步。

（2）别全副武装

踩盘时适当穿得休闲一点,购房者当然有购房者的样子,别西装衬衫领带公文包,一看就像房地产行业内的工作人员,虽然真实的买家也有这样的穿着,但毕竟是少数。

（3）少用客套话

适当表现得"傲慢"一点,不是你求销售人员,要清楚你是客户,你是来购房的,销售人员当然要以客为尊。

（4）适当明知故问

别以为自己是专业人士比销售人员知道更多的房地产情况而在销售人员面前夸夸其谈,要适当明知故问,对于一些敏感的问题就需要旁敲侧击,问得有技巧些。

（5）把握谈话主动权

不是和销售人员聊天,而是有目标地去洽谈,要记住你的谈话动机是什么,主要想了解什么,要让销售人员跟着你的洽谈思维走,有利于得到你想了解的各方面情况。

4. 楼盘销售均价考证

许多城市的楼盘价格表在日趋激中烈竞争、操盘手法日显成熟的情况下,销售价格已经成为敏感的商业要素之一。虽然咨询现场销售人员,会问到"销售均价",但并不表明这是准确的销售均价，为了有利于销售，一般销售人员在销售均价的统一口径上往往与实际销售均价有所偏差。

图 3-33 楼盘销售均价调研流程

这并不是说销售人员回答的均价毫无根据、胡说八道，销售人员回答的均价也许会与真实价格有点出入，但不至于非常离谱，比如把 8000 元/㎡ 的实际均价说成 2000 元/㎡，这种可能性也是相当小的。所以通常销售人员回答的均价可以作为我们楼盘价格调查的判断参考依据之一。

在此基础上，不妨通过各方面途径加以进一步的考证，比如通过可靠的人脉关系打听。如果没有内部关系，也可以在销售现场通过某些调研技巧加以进一步考证判断，最常用的方法即是通过"各单位定价规律"来论证，此时就需要运用策划的头脑来思考调研。

除此之外，也可以在踩盘回公司后致电该楼盘的销售现场，通过电话复核销售均价，进行多方面考证。

5. 如何调查楼盘户型配比

楼盘户型配比是指各户型在总货量中所占的比例。在日常调查中，户型比例要达到科学意义上的精确同样存在一定难度，需要多方调查并经过详细统计后才能得到该楼盘的最终大致户型比例。楼盘户型配比调查有三类调查任务：

图 3-34 户型比例包括"户型间隔比例"和"户型面积比例"

任务 1. 户型间隔配比调查

①调查每幢楼宇各标准层的户型结构,比如是"工字型"结构的一梯四户,每层两房、三房单位各 2 套或者三房单位 3 套、二房单位 1 套等,也有许多楼宇顶层采用复式户型设计。当然并不一定一幢楼宇各层的户型结构一样,这需要调研者在调查中细心全面收集该楼宇的全部户型资料。

②调查各幢楼宇的楼层,一般楼宇的开发类别分为多层、小高层、高层或者三者之间的相互组合,楼层的差异也影响了各户型的供应货量。

在此基础上再进行具体的整理统计,计算出各户型的具体套数及所占百分比。

任务 2. 户型面积配比调查

这里的户型面积是指建筑面积。户型面积比例是在户型间隔比例基础上的进一步细分。一般在规划项目户型定位时,基于满足不同客户的需求,相同户型间隔并不一定其建筑面积也一样,比如三房二厅,有 90~100 ㎡的小三房,也有 100~110 ㎡、110~120 ㎡、120~130 ㎡等面积区间。调查户型面积比例就需要获得该楼盘户型的所有建筑面积资料。

任务 3. 本期推售单位及总货量的户型配比分析

许多刚入行的调查人员通常将本期在售单位作为该楼盘户型配比。比如某个楼盘本次推出小户型单位,但并不表明该楼盘的所有货量都是小户型,也许小户型只占该楼盘总货量的很小比例,如果拿本次推出的小户型间隔比例来反映整个楼盘的户型间隔,明显缺乏代表性。

对于大中型楼盘,就需要在把握该楼盘本期推售单位的基础上进一步了解该楼盘的"已售"及"未推"单位的户型配比。此时就需要了解该楼盘其他货量的户型,可以通过目测现场总体规划模型的建筑单体特征或者跟销售人员的洽谈,估测该项目的总体户型配比。

6. 调查楼盘销售状况的三项分析

许多初入行者认为根据销售现场的销控表就可以了解销售情况,但做过房地产策划的人士都很清楚销控表上的真实性多少都会有些水分。

一般情况下,楼盘的现场销控表有两个作用:一是做楼盘销控,第二是制造热销气氛。

图 3-35 楼盘现场销控表的两大作用

调查楼盘销售，如果直接咨询销售人员，在没有作过具体统计的情况下，可能很多销售人员只知道大致销售情况，未必知道具体销售率的百分比是多少。而且即使楼盘卖得不怎么样，销售人员一般也不太可能据实相告。

通过常规调查很难得到楼盘准确销售率，而且去刻意追求非常准确的销售率也没有任何实际意义。原因就是，楼盘销售一直处于动态变化中，而非静止状态。即使调查时花了九牛二虎之力，最后得到了非常准确的楼盘销售率数据，回到公司时该楼盘又售出好多套或者退订了好多套，等整理完资料撰写好调研报告并向客户演示时，可能该楼盘的销售率已大有变化。

所以，在任何地产调研报告上或个案分析上，凡出现精准的销售率百分比数据都是相当不现实、也不是负责的做法。楼盘销售率只能使用"大约"来表述，并且注意，注明相应截止时间。

项目1. 总体销售率分析

从严格意义上说，项目总体销售情况要依据"套数销售率"、"面积销售率"、"金额销售率"三个不同指标来分别统计。不同统计指标得到的楼盘销售率是不同的，通过不同指标统计得到的结果可清晰反映出该楼盘实际销售情况。通常情况下的实际调查中，如果按此要求去调查，许多调研人员都会难以执行，所以在实际调查操作中，只能尽可能获得该方面综合"评估"数据。

图3-36 项目总体销售情况三大统计指标

由于住宅各单位的价格、面积差异不是很大，所以，按不同指标统计得到销售率的差异不大；但商铺销售价格会存在相当大的差异，从而使销售率的统计结果也存在较大的差异。

项目2. 户型销售率分析

每类户型分别代表着一个楼盘的不同类别产品，每个户型的销售情况反映出该楼盘的实际需求情况。通过各户型销售率分类统计，可明显看出哪一类户型是滞销户型，哪一类是畅销户型。

项目3. 楼盘销售率综合判断技巧

在调查楼盘销售情况时，可以通过以下有关"调查技巧"进一步综合判断。

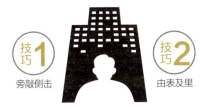

图 3-37 调查楼盘销售情况时的调查技巧

技巧 1：旁敲侧击

实地踩盘时，不妨多挑选几套单位咨询销售人员，如果此单位已售，一般销售人员都会告知你，这样多试几套后即可初步估算到该楼盘大致销售情况。

技巧 2：由表及里

一个项目销售好坏将会非常明显地影响该项目的后续策划推广，所以从该项目的后续推售节奏及策划具体操作上即可初步推断出该项目的实际销售情况。

比如该项目一开盘就售罄，那么该项目肯定会不久推出全新单位或者停歇一段时间；如果该项目开盘销售很差，那么该项目接下来的问题就是如何进一步消化该批单位，这是两个完全不同的推售节奏，这个节奏由表及里地反映出该楼盘的销售情况。

7. 资料整理

好记性不如烂笔头，踩盘后需要在第一时间内整理踩盘资料，有时甚至有必要在走出售楼部后就在楼盘资料上或白纸上做相关的记录，众多楼盘数据需要以文本的形式加以整理记录及统计。

8. 楼盘调查表

踩盘后需填写"楼盘调查表"，按调查表的格式录入楼盘各项具体内容及数据。（具体楼盘调查表及填写说明详见后面楼盘实战表格）

9. 个案分析

楼盘调查表着重于对楼盘各项数据信息的收集，而个案分析是基于楼盘调查表及本次踩盘基础上的分析研究，结合市场实情、竞争项目及楼盘本身作全面的综合分析。

目标客户策划调研的三个要求

项目的客户是谁？他们的需求是什么？

市场中永远存在"有房卖不掉、想买买不到"的矛盾，这源于开发企业是建好楼盘找客户，而不是选择好目标市场后再做产品。

随着社会需求呈现出多层次分布的特点，企业必须根据区域、人口、心理、行为等因素进行市场细分，依照自身的实力及项目的具体情况，选择某一特定的目标市场，量化你的目标客户，不要想着一网打尽，为满足或引导这个市场的需求而有针对性地进行设计、建造、营销。

要求1. 掌握目标客户调研途径

对于这方面的研究，通常很难达到非常精确的地步，但可以通过各方面调查研究，同样能为项目目标市场的决策提供参考。

图3-38 目标客户研究四大途径

（1）同类楼盘成交客户调研

在售同类可参考楼盘可为本项目做很好的"市场试验"。

了解同类楼盘成交客户的常用方法有三种："行内座谈"、"踩盘打探"、"现场观察"。

行内座谈主要是借助行内人士的关系，咨询相关行内人员了解该楼盘的客户情况；

踩盘打探主要通过踩盘旁敲侧击地向销售人员了解情况；

现场观察主要在该楼盘客户积聚较多的时候进行，比如该楼盘的开盘日、业主联谊活动等时候去现场通过观察的方式进行调查。

（2）区域人口及就业统计

并不是说有多少人口就有多少市场需求量，两者没有对等关系。但可以说，如果没有足够人口数量基础的支持，则市场需求量则无从谈起。撒哈拉沙漠深处的楼盘，周边方圆百里无人烟，相信这样的楼盘一般情况下肯定稳亏不赚，除非有特殊用途。

这里所说的区域人口是指目标市场的区域人口，这些数据可以通过各城市消费年鉴或城调队的有关调查数据进行分析统计，了解目标市场人口数量、居住情况、就业情况、家庭收入、家庭结构等基本资料。

图 3-39 区域人口分析统计内容

（3）区域市场变化

也许前阶段同类在售楼盘的主力目标客户是A，但到了现阶段可能该类产品的主力目标客户是B。在这方面需要灵活调整关注。市场会发生变化，目标客户也会随之变化。

比如，前面案例提到某市小户型产品刚面市时，客户基本上以年轻一代及投资人士为主，但随着小户型的供应急增，消化了大批年轻客户，此时的小户型目标客户群体就发生了变化，年轻一族的市场容量越来越有限，而众多喜欢投资的中小型企业却成为小户型产品的新增主力客户。小户型目标客户随着市场的变化而发生明显的变化。

（4）利用行业经验评估

房地产的需求特征明显，项目目标客户通常可以借用行业经验进行进一步论证。

大多数情况下，一个低档楼盘不太可能是针对富豪阶层。同样，月收入千元左右的工薪阶层也不太可能去买豪华别墅，一个常年居住生活在外省的客户也不太可能来本省购房，当然也许有个别特例，但这只是个别特例而已，欠缺普遍意义。

受不动产区域性消费影响，通常情况下，一个楼盘的50%～70%购买者来自于当地区域（只有商铺、高档楼盘、度假式楼盘、新开发区域或旅游区域楼盘的外来客户所占比例会大一些）。

国内大部分小型城市，城区人口数量较少，城市化进程速度相当快。大部分情况下，这类城市的市内楼盘目标客户通常以下辖乡镇或市外的客户为主，下辖乡镇的客户主要由于城市化的带动，市外的客户通常是由于当地特殊的地理位置影响（如东莞的樟木头、常平等楼盘，香港客户也占较大比例等）。

要求 2. 掌握目标客户构成

通常情况下，一个项目不太可能针对单一的目标客户，即使规模较小的项目也不可能由同一批客户消化所有房子。目标客户的细分只能说明三个问题：项目的主力客户在哪，目标客户由哪些客户构成以及目标客户在所有客户中所占大约比例是多少。

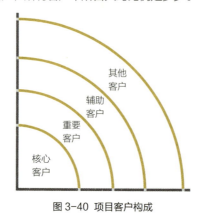

图 3-40 项目客户构成

核心客户是项目最重要、所占比例最大的目标客户，通常项目的相关决策以核心客户为中心而制定。

重要客户在重要程度上次于核心客户，该类客户在项目客户构成中也占较大的比重。

辅助客户：该类客户占较小的比例。

其他客户：其他不可预计的客户。

客户的构成情况，将对项目产品类别配比、户型的配比提供相当重要的决策价值。

要求 3. 研究目标客户特性

这里的客户特性研究主要针对楼盘主力客户，通过研究目标客户的综合特征，为项目规划提供相关依据。

图 3-41 目标客户特性研究模型

（1）熟悉客户生活区域特征

受不动产影响，通常情况下，客户置业具有较强的地域性特性。

比如许多土生土长的当地居民，尤其是一些老年人士，多年来习惯于在本区域生活，通常倾向于在原居住区域置业，具有极强的置业地域情结。

又比如一些工作相对稳定的普通工薪阶层，大部分都以其工作区域为中心，按其可接受的距离为半径考虑置业区域。

（2）客户年龄特征

通常可以将客户按年龄分成25岁以下、26~35岁、36~45岁、46~55岁和55岁以上五个年龄组。在国内一般购房客户集中26~50岁左右，年轻客户通常以首次置业为主，以满足居住需求而购房，而中年客户通常是二次或多次置业为主，他们购买主要为了提升居住质量或投资等。

（3）客户文化程度

物以类聚、人以群分，不同文化程度的客户对居住的要求也不同。

可将客户学历划分为高中以下、大专、本科、本科以上四类。一般而言，不同文化程度的客户具有不同的价值观念及审美需求，比如对于许多低学历暴发户型客户而言，他们更讲究"显"富、讲究居住的身份象征等；而对于高学历客户，他们更讲究居住的品位格调，讲究楼盘的内涵价值，注重楼盘文化含量。

（4）客户职业特征

可将客户职业划分为机关/国有企业干部、外资/合资企业管理人员、私营企业工作人员、个体经营者、工人/一般职工、专业人员/技术人员/教师、退休人员等几大类。职业不同影响着客户的家庭收入、生活习惯、生活自由度等，从而影响到客户对楼盘的选择。

（5）客户家庭特征

购买行为与家庭生命周期存在一定的关系，不同家庭对住宅需求不同，即使是同一个家庭，处于不同发展阶段对住宅也有不同要求。比如，在升学或者就业、甚至结婚后的一段时间内人们一般会选择在城市中心居住；当孩子出生以后，才会产生更大面积住宅的需求等。

（6）客户收入特征

也许高收入者会购买中低价的商品房，但对于中低收入者来说，大部分不太可能购买高价房，客户家庭收入与客户的楼盘选择直接相关，对高价位房的需求与较高收入水平家庭的经济承受能力密切相关。客户收入特征反映出该客户购房的经济承受能力，与其选择的面积、户型、楼盘类型等存在较大的关系。

（7）常用交通工具

交通工具反映出客户的通勤能力。客户采用何种交通方式（与收入水平以及交通成本的承受能力有关），是私家车、摩托车、地铁、或者是公交车？而要吸引大众客户去城郊置业，必然要解决客户居住地与工作地的往返交通问题。拥有私家车群体购房半径明显大于没有私家车的消费群体，发达城市由于便利的交通路况及交通设施，其购房半径通常大于普通城市。

大连某项目客户需求研究（节选）——客群特征认知

一、大连本地原住民特征

（1）便利城市配套

虽然依赖便利的城市配套，但居住上更偏好安静的居住氛围，看重周边人群的素质，常年积累的生活习惯与培养的社交环境使他们更不希望轻易变动居住地点，不愿远离自己的社交区域。

注重居住氛围与周边人群的素质，希望邻居构成相对简单、和自己同是本地居民、生活背景和社会阶层大致相同。

（2）南山板块仍然是最好的居住地

大连本地人对南山板块的高档居住区形象有十分稳固的心理认知，在区域价值认同上，与外人存在较大差距。

（3）价格预期偏于保守

本地居民基本都经历了私属宅邸、单位分房以及商品房初期极低的销售价格的时期，而在房地产市场快速发展过程中，每年价格快速攀升几乎超出了他们能够想象的范围，对商品房价格判断落后于真实市场发生的变化。

二、城市移民

（1）在大连生活较长时间，对大连比较了解

（2）没有固有的城市区域认知基础

对城市发展有一定了解，但对区域认知是建立在城市快速发展的基础之上的，容易发现新兴区域的价值并乐于融入其中，会把区位价值纳入购房的考虑要素中。

（3）从事的行业多样

外来移民中的高端客户积累财富的行业主要为房地产业、贸易、货运、服务、投资等类型，因业务需要经常来往于多个城市之间，见识广较易接纳新事物。

（4）价格预期比较符合市场变化

（5）消费方式相对领先

意图通过消费证明自身成功的同时增强了对未来发展的信心，在消费方式方面逐步形成了这个城市的意见领袖，不仅在房地产业，在其他高档生活用品、服饰、汽车、饮食方面亦如此。

（6）大连经济洼地的形成会带动更多外地移民的进入，促进了这部分客群规模的持续增长

三、外地客户

（1）来源主要集中在东北地区

在东北三省中，东北十市经济相对活跃，高收入人群财富积累的速度也明显高于其他东北城市，因此，在东北客户构成中来自于东北十市的客户更多。

（2）经济实力普遍超过同一社区中的其他人群

在多数高档住宅项目中，购房采取一次性付款的群体主要以东北地区客户为主，且北方人群消费行为相对保守、置业目的较强。

（3）客群规模成长性有较好的预期

振兴东北是国家经济发展中重要举措，大连城市产业经营战略制定意味着未来经济发展将会有比较高的预期，因此，这部分客群成长性预期比较乐观。

四、客户需求研究

图3-42 目标客户需求研究模式

（1）客户置业动机

客户购房目的一般都有五类：居住、度假、投资、改善居住条件、满足居住需求。这些目的会影响到项目的产品决策定位。

客户置业存在多种目的，但肯定有一个是客户置业的主要动机。不同置业动机对楼盘要求各不相同：

① 首次置业客户

以满足居住为目的的客户，他们一般强调楼盘居住的好用实用，强调楼盘适中的价格等，在满足此条件的基础上追求居住的舒适、品位。

② 二次或多次置业客户

他们一般都现有住房，购房目的是为了提升居住质量。

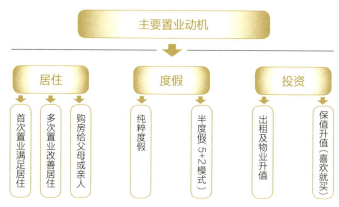

图3-43 购房客户的主要购房动机解构

某项目在莞置业客户驱动因素分类研究

在莞置业的客户中，驱动因素可划分为个人决策和企业决策的纯居住目的、纯投资目的、度假目的。

（1）居住型客户关注点分析

购买原因：环境＞景观＞发展前景＞产品

不购买原因：生活配套＞同类物业竞争＞区域认同度

（2）投资型客户关注点分析：

购买原因：升值潜力＞景观＞环境＞品牌

不购买原因：未来发展前景＞投资风险

（2）客户生活方式

客户倾向于选择什么样的生活方式取决于客户的价值观念。有些客户喜欢选择市中心，享受市中心的繁华和便利；有些客户喜欢在近郊置业享受清新的空气；有些客户喜欢健康动感的现代生活；有些客户喜欢清静、返璞归真的田园风光……不同类别的客户群一般会有不同的生活喜好，楼盘的打造要迎合或者引导目标客户的生活方式。

（3）户型及总价需求

在户型面积方面，对于同一个楼盘来说，如果面积越大，所针对的客户群层次就越高，因为面积越大，单位总价越高，对客户的经济承受能力要求也越高。所以，在制定楼盘户型面积时，需要考虑目标客户的经济承受能力，考虑客户的总价接受范围。

在户型间隔方面，年轻人群体和老年人群体需求又不一样。一般年轻人更喜欢时尚而富有创新的户型，比如跃式设计等；老年人对跃式设计显然不易接受，因为跃式设计都有台阶，这会给老年人居住生活带来不便，还存在一定的危险性。

（4）装修标准需求

是做毛坯房、做简单装修、做豪华装修还是装修套餐（多类装修标准供客户选择）？这几点装修标准都需视客户需要而定。

通常对于经济能力有限的客户，倾向于选择带装修的物业，因为可以将装修费用打入楼价按揭，减轻经济压力。而对于高收入群体，钱对他们来说不是问题，他们更讲究住得有品位，装修有格调，更倾向自己来装修，购房时通常会选择毛坯房。

（5）生活配套需求

社区内需要规划哪些生活配套呢？

除了日常生活配套外，不同客户群体对其他生活配套需求也大不一样。如果楼盘是针对购买用来办公的小企业，那么他们需要商务服务中心等配套；如果楼盘针对社会上流阶层，那么就有必要规划高档次的配套设施。有些配套设施可能连客户自己都没意识到，但却存在这方面的潜在需求，此时就要充分挖掘客户的配套需求，了解客户的生活习惯。

（6）建筑风格要求

建筑风格除了要契合楼盘整体形象、与项目所处位置周边环境相融合外，还要迎合客户的审美情趣。对于年轻客户，通常喜欢简约明快、动感活力的建筑风格；对于上流阶层，则需要建筑立面体现出尊贵象征或独特的品位。

某项目客户需求研究

大连某项目客户需求研究中,表现出了必须满足客户需求的产品特征和客户存在的不确定的产品需求。

一、必须满足客户需求的产品特征

（1）占有城市优良资源

（2）项目具有较高的知名度

（3）建筑品质能经受时间的磨砺

（4）高品质的物业服务

二、客户存在的不确定的产品需求

（1）低密度产品形式

（2）户型上对居室数量的需求主要集中在三居、四居，在户型面积的需求上则受市场引导性较大

（3）装修标准的要求上，客户不能形成倾向性意见，在深访的客户中多偏好清水交房，在调研问卷中约40%客户选择普通精装修或菜单式精装修

（4）先进的设备配置，例如分户式中央空调、地板采暖、直饮水、中央吸尘等

十三 用客户调研构建项目价值体系的步骤

一个地产项目打造什么样的产品核心价值来迎合或引导客户？

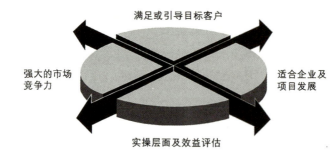

图3-44 项目核心价值体系构建图

步骤1. 发展方案研发

经过前面对客户的深入分析后,此时就应该充分发挥创造性的策划思维,进行项目研发的构思。构思不是凭空猜想,而是根据潜在客户的信息,结合考虑市场及项目本身,发挥人的想象力,提出初步设想的线索,构建产品设想方案。

项目研发通常采取以下两大策略:

(1)"迎合市场"的研发策略

适合于房地产发展初期、竞争环境相对不激烈的市场情况,由于各楼盘间争夺同一批客户的竞争关系较弱,客户选择面窄,项目研发主要考虑满足、迎合潜在目标客户的需求即可。

(2)"引导市场"的研发策略

在此阶段,楼盘供应量急剧上升,楼盘间的竞争相当激烈,众多楼盘争夺同一批客户。项目研发如果单纯地达到满足客户的需求还不够的,可能许多楼盘都基本上能满足到客户的需求,比如三房二厅单位,可能项目近邻有好多个楼盘都有三房二厅,而且间隔设计得都很合理,楼盘素质不相上下,客户的选择面广了,此时的客户不是货比三家,而是货比三十家,面对这种情况,谁能在众多楼盘中得到客户的青睐呢?

此时就需要项目的"创新",无论是居住理念、生活模式还是产品细部的创新,只要这些创新能激发出潜在客户的"潜在"需求,能够超越市场表现,能够"聚焦",从不同的角度来表达领先市场的价值需求,能够比竞争对手获得更高的"楼盘性价比"。

比如,面对年轻一族,某项目将打造"动感健康生活馆"的生活模式,在园林上引入亚热带的动感园林;在建筑立面上采用简约的线条、亮丽的色彩,在产品户型上导入了"跃式"的户型设计;针对年轻一族平时快节奏的工作生活特点,社区内特设"生活服务中心",提供洗衣、熨衣、钟点工、送货上门等服务;针对年轻一族好动、好运动的生活方式,社区会所做成"康体俱乐部",不但为业主提供休闲运动的场所,而且满足年轻人群聚的交往需求等。

确定客户特征后的产品销售策略制定

上文节选的某项目客户需求研究在明确了客群特征后,针对大连当地三个人群彰显、从众、尚未成熟的居住观念制定相应策略。

（1）彰显型需求

特点：将居所作为展示自身社会地位的载体，并向外界表明所从属阶层的生活态度

策略：确定三类客户所追求的居所应具备的核心价值

①占有城市优良资源

②项目具有较高的知名度

③建筑品质能经受时间的磨砺

④高品质的物业服务

（2）从众心理型需求

特点：彰显客户身份地位的具体体现，也是本项目实现客群放大的机会

策略：

①顺势——基于市场现状较高的对海景高层住宅的价值认知，先期推出具有极高景观价值的高层产品。

②造势——通过项目整体高品质形象的打造及对低密度产品的价值挖掘，引导客户逐步认可低密度产品。

（3）尚未成熟的居住观念型需求

使本项目有机会通过营造新型高品质生活方式而实现产品溢价

本项目是目前唯一一个由高档酒店、商业、住宅组成的综合性项目，因此各物业共同形成的新型的高品质生活方式，将有机会实现项目的产品溢价。

步骤2. 方案论证筛选

条条大路通罗马，策划一个楼盘有各类不同的发展方案，好多个方案都能使这个楼盘取得成功，把各种因素加以综合考虑，在"特定的市场"、"特定的时间"、"特定的项目"、"特定的企业"内，只有一个方案最适合本项目、本企业。此时就要对各个"方案构思"进行论证筛选，并在此过程中不断地完善提升。论证的点有两个：

论证1：产品方案构思是否适合本项目

图 3-45 检验产品方案是否合适的方法

产品方案是不是迎合了企业发展的中远期战略？项目发展战略要符合企业的发展战略，项目是企业发展战略的重要部分。

（1）决定采纳产品方案要从项目定位出发

比如，项目是为企业快速回笼资金，则项目方案的执行方案方向一定要符合资金回笼的需要。

因为企业发展战略就是想通过本项目运作，快速回笼资金，然后将重点放在下一个项目。此时，项目战略思想就为"快"字，速战速决，快速通过市场。利润当然需要，但为了达到"快"可以适当舍弃部分利润。

而拟定立意树品牌、追求项目利润的最大化的方案显然不适合这个项目，与企业发展战略相违背，还有可能导致以小（项目发展）失大（企业发展）的局面。

对企业的决策者来说，此时应该站在企业发展的高度上决策本项目的发展方向，作为本项目产品方案策划者，就应该充分了解企业的发展需求，了解企业的综合情况，迎合企业发展的战略要求。

（2）决定采纳产品方案要从发挥项目最大优势出发

产品方案是不是符合项目特点，是否能充分发挥出项目的优势也是采纳一个方案的重要原因。

每个项目都有其特点及优势，可能这个项目具有临江的江景优势，那个项目具有位处市中心的完善生活配套优势等。

进行项目方案构思时已对本项目进行详细的调研，选择的方案要最大程度整合项目资源。此时是论证反思的过程，项目方案应符合项目的特点及优势，如果本项目的核心价值体系与项目的优势及特点相违背，那么这如同将裙子穿在男人身上，显然不伦不类。

另外，对于大规模的项目，还要分析本方案是否适合本项目的后续发展及延伸。

论证2：产品核心价值在实际操作中能获得竞争优势

论证产品的市场竞争优势要做三项评估。

项目1. 市场竞争评估

市场是竞争的市场，项目成功很大程度上是由项目竞争力所决定。此时就要结合市场、结合竞争对手，反思评估方案的竞争力。

图 3-46 项目核心价值体系的市场评估模型

项目 2. 实操层面评估

在市场竞争评估的基础上，还要评估方案在操作层面上的可行性及执行上的便利性，因为简捷的操作是将产品核心价值表现出来，产生市场竞争力的重要保证。

如果方案在产品表现、市场推广等方面的操作执行上存在很大难度，那么即使方案本身看起来极具竞争力，但在执行后，方案可能产生的市场效果也会大打折扣。所以，此时还需要在方案执行层面评估该方案的可操作性。

项目 3. 经济效益评估

经济效益是衡量该方案是否具备竞争力的重要保证，此时需要对该方案进行经济效益的初步评估，评估出这样的方案在实际执行时是否会大大增加项目的成本投入。

第二节　市场调研分析的分析对象

地产市场调研是开发商为了及时作出正确投资决策和营销决策而收集整理房地产市场信息资料并做出研究分析，最后得出结论的工作。其输出结果以决策所需信息或决策依据的形式呈现。

地产市场调研有三个主要作用：

① 有助于企业发现新的市场机会，及时确定企业发展方向；

② 有助于企业在开发新项目时抢占市场份额；

③ 有助于企业决策者作出正确判断，做出有利于企业发展的决策，并在管理企业的过程中通过自我改善来不断提升自身的竞争力。

图 3-47　地产市场调研的三个主要作用

财务分析是以财务报告资料及其他相关资料为依据，采用一系列专门的分析技术和方法，对企业等经济组织过去和现在有关筹资活动、投资活动、经营活动、分配活动的盈利能力、营运能力、偿债能力和增长能力状况等进行分析与评价的经济管理活动。

它为企业的投资者、债权人、经营者及其他关心企业的组织或个人了解企业过去、评价企业现状、预测企业未来，并做出正确决策提供准确的信息或依据。

图 3-48 财务分析的主要价值

财务分析的主体,包括权益投资人、债权人、经理人员、政府机构和其他与企业有利益关系的人士。他们出于不同目的使用财务报表,需要不同的信息,采用不同的分析程序。

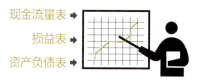

图 3-49 财务分析的主体

财务分析需要花费较多精力进行具体分析,其中财务报告资料包括现金流量表、损益表、资产负债表。

图 3-50 财务分析报告资料

现金流量表

是企业的生命线,因此企业在初创或业务扩张时,对流动资金需要有预先周详的计划和项目进行中的严格控制。

损益表

反映的是企业的盈利状况,它是企业在一段时间运作后的经营结果。

资产负债表

反映在某一时刻的企业状况,投资者可以用资产负债表中的数据得到的比率来衡量企业的经营状况以及可能的投资回报率。

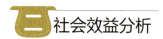 社会效益分析

项目社会效益分析是以国家各项社会政策为基础,对项目实现国家和地方社会发展目标所

作贡献和产生影响及其与社会相互适应性所作的系统分析评估。

项目社会效益分析可以促进在投资决策中全面衡量项目的财务、经济和社会效益，减轻项目对社会的不利影响，防止社会风险，促使项目与社会相互适应和协调发展，达到项目的持续发展和充分发挥投资效益，提高项目成功率。

项目社会效益分析的对象包括：农业、林业项目、水利项目、社会事业项目、能源、交通及大中型工业项目、老少边贫地区项目。

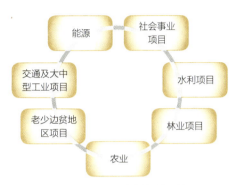

图 3-51 项目社会效益分析对象

项目社会效益分析的内容有两项：

①项目社会效益和影响分析

例如：对社会环境影响指标、对自然与生态环境影响指标、对自然资源的影响指标、对社会经济影响指标。

②项目与社会相互适应性分析

项目与社会相互适应性分析首先注重其宏观性和长远性，而且兼具多目标分析与行业特征明显的特点。由于所涉及的间接效益和外部效益通常较多，有些非物质影响只能进行文字描述，所以外部效益的多角度和定量分析难度大也是其中一个显著特点。

三 生态效益分析

生态效益是指人们在生产中依据生态平衡规律，使自然界的生物系统对人类的生产、生活条件和环境条件产生的有益影响和有利效果，它关系到人类生存发展的根本利益和长远利益。

生态效益评价内容从生态效益的经济效果可以分为：环境收益、环境损失、环境费用。

图 3-52 生态效益评价内容

① 环境收益

由于项目的实施使环境损失减少，则项目实施前后环境损失的差值为该项目的收益。

② 环境损失

指引起的不利变化所致损失。

③ 环境费用

指为消除项目所造成的不良环境影响所必需的消耗，通常包括环境工程投资、环保工程运行费用及其他环境保护费用。

四 风险经济分析

对工程建设项目投资决策或企业生产经营决策可能造成失误和带来的经济损失所进行的估计，是技术经济分析的方法之一。

进行风险经济分析，有助于确定有关因素的变化对决策的影响程度和投资方案或生产经营方案对某一特定因素变动的敏感性，了解在给定条件下的风险对这些因素的敏感程度，有助于正确地作出决策。

风险分析是找出行动方案的不确定性（主观上无法控制）因素，分析其环境状况和对方案的敏感程度；估计有关数据，包括行动方案的费用，在不同情况下得到的收益以及不确定性因素各种机遇的概率，计算各种风险情况下的经济效果；作出正确判断等。

进行风险分析时需要考虑的因素很多，而且情况多变，主要有以下四个因素：

① 技术经济分析中采用的数据来源和精确程度。

② 企业类型及其稳定性，如采矿企业因地质条件的变化通常要承担较大的风险。

③ 企业的厂房和设备的类型。如有些建筑物和设备有较明确的经济寿命和转卖价值，有的经济寿命不明确，也无多大转卖价值。这时对前一类企业投资的风险就小于后一类企业。

④ 分析阶段的长短。如投资回收期的延长将会增大投资的风险等。

案例 《某市某片区土地一级开发可行性研究报告》（节选）

一、财务分析

图 3-53 某市某片区财务分析指标

二、社会效益分析

在推动经济增长和城市化进程方面，片区在该省旅游业的集散地和重要的企业总部基地的功能，将创造出约 15000 个高端就业机会，加速该地区旅游和现代服务业集约化、高级化发展。

在建设期间，片区的开发将为各级政府创造土地出让收益、营业税、土地增值税和企业所得税。片区建设完成后，旅游服务业、商业等项目的经营还会为政府带来长期税收。

在构建和谐社会方面，片区开发对农户的征地、拆迁安置问题的解决方案，充分利用国家及省市相关优惠政策，找到了一种既符合政策法规、又能够为被拆迁农户所接受的方案，将从根本上切实解决农民失地后的居住以及生活出路问题。为片区内农户办理养老、医疗以及失业保险（"三金"）的试点做法，将使被拆迁农户获得稳定的生活保障。

在环保和生态建设方面，片区不但在规划上充分考虑了对森林生态系统的保护和利用，对本城某河进行综合治理，而且其高标准的设计和建设将为利用多种节约资源、降低排放的创新理念创造空间。

三、生态效益分析

本次规划中首先强调保护片区原有的森林生态系统，并在片区中部规划了数条联系森林核心板块和沿河的生态恢复廊道，以保持城市绿环系统的连续性及片区绿地系统的连接性和覆盖密度，从结构上保证了生态系统效率的提高。

政府开展的"三年变清工程"让河流有了较大的改观。本项目河流截污沟工程的建设将使该河"天变蓝、水变清、岸变绿、景变美"。

本项目的开发，将有效分流城市人口，降低中心区的城市发展压力。随着生活配套设施的完善，居民的生活质量也将得到改善。

四、风险经济分析

本项目是在土地出让前，对土地进行整理投资开发的过程，因此，主要风险为建设成本风险。但因为本项目已与政府签订了补偿开发成本的合作协议，所以，本项目风险较低。

第三节 房地产常规调研常用表格

一、商业市场调研模板

表 3-6 集中商业踩盘记录表（在售）

集中商业踩盘记录表（在售）					
一、项目基本情况	1，项目基本信息	踩盘日期		二、项目营销情况	1，销售线	整体定位	
		所处板块				卖点提炼	
		项目名称				销售报价	
		行政区划				销售策略	
		地理位置				销售情况	
		销售电话			2，招商线	是否有招商或自持的部分	
	2，开发企业及合作公司	开发商					
		投资组合				招商方式	
		策划/租售代理					
		广告整合				招商策略	
		物业管理					
		按揭银行			3，推广线	历史和当下的媒介计划	
	3.项目总体规划	占地面积（㎡）					
		总建筑面积（㎡）				历史和当下的广告表现	
		容积率					
		总体规划				历史和当下的活动计划及活动效果评估	
		物业类型					
		商业体量（㎡）			4，案场线	展示条件（历史和当下）	
		居住户数（户）					
		车位（个）				销售物料（历史和当下）	
		交通体系					
	4，产品信息	规模（㎡）				销售动线（前后台衔接）	
		单层面积（㎡）					
		配套（电梯或停车位）				销售团队组织架构及管理制度	
		楼层					
		业态定位				销售团队的素质（销售技巧及销售说辞）	
		周边租金水平/售价					
		周边出租率				历史和当下的投资和经营比例	
		立面风格					
		立面材质				历史和当下的老带新比例	

集中商业踩盘记录表（在售）					
一、项目基本情况	4，产品信息	出入口设计特征		二、项目营销情况	5，客户线	不同时期的客户诉求点分析	
		外立面面宽				不同时期的客户问题反馈	
		外立面进深					
		沿街商铺数量			6，营销体系研究	组织架构研究	
		广场面积				工作流程研究	
		内部装修风格				与代理公司的合作情况（模式、取费标准、效果等）	
		内部装修材质					
		室内层高					
		动线宽度					
		内部散铺面积区间					

表 3-7 商铺踩盘记录表（在售）

商铺踩盘记录表					
一、项目基本情况	1，项目基本信息	踩盘日期		二、项目营销情况	1，销售线	整体销售卖点提炼	
		所处板块				当前销售产品卖点提炼	
		项目名称				当前销售策略	
		行政区划				当批次推货情况（含推货结构及价格）	
		地理位置				当批次成交情况（含成交结构及价格）	
		销售电话				历史上的推货批次（含推货结构及价格）	
						历史上的成交情况（含成交结构及价格）	
						历史上的销售策略	
	2，开发企业及合作公司	开发商			2，招商线	是否有招商或自持的部分	
		投资组合				招商方式	
		策划/租售代理				招商策略	
		广告整合					
		物业管理					
		按揭银行					
	3.项目总体规划	占地面积（㎡）			3，推广线	历史和当下的媒介计划	
		总建筑面积（㎡）				历史和当下的广告表现	
		容积率				历史和当下的活动计划及活动效果评估	
		总体规划					
		物业类型					

商铺踩盘记录表					
一、项目基本情况	3.项目总体规划	商业体量（㎡）		二、项目营销情况	展示条件（历史和当下）	
		居住户数（户）			销售物料（历史和当下）	
		车位（个）				
		交通体系				
	4，产品信息	商铺楼层			4，案场线	销售动线（前后台衔接）	
		单间面积类型				销售团队组织架构及管理制度	
		主力面积区间及比例					
		立面材质				销售团队的素质（销售技巧及销售说辞）	
		面宽					
		进深			5，客户线	历史和当下的投资和自用比例	
		层高				历史和当下的老带新比例	
		周边租金水平				不同时期的客户诉求点分析	
		周边出租率					
		主要消费群体				不同时期的客户问题反馈	
		物业管理内容					
		物业管理费用（元/㎡）			6，营销体系研究	组织架构研究	
						工作流程研究	

表 3-8 集中商业调研（已成熟）

集中商业调研（已成熟）		
基本情况	名称	
	地点	
	类型	
	规模	
	单层面积	
	配套（电梯或停车位）	
	楼层	
	业态分布	
	租金水平/售价	
	档次	
	出租率	
	主要消费群体	
设计情况	立面风格	
	立面材质	
	出入口设计特征	
	外立面面宽	
	外立面进深	
	沿街商铺数量	
	广场面积	
	内部装修风格	
	内部装修材质	
	室内层高	
	动线宽度	
	内部散铺面积区间	

表 3-9 商业街调研（已成熟）

商业街调研（已成熟）	
所处商圈	
名称	
商铺楼层	
单间面积类型	
主力面积区间及比例	
立面材质	
面宽	
进深	
层高	
经营业态	
档次	
租金水平	
出租率	
主要消费群体	
评价	

二、写字楼市场调研模板

表 3-10 写字楼踩盘记录表

写字楼踩盘记录表						
一、项目基本情况	1. 项目基本信息	踩盘日期		二、项目配套情况	1. 酒店	酒店品牌及档次	
		所处区位				房价	
		项目名称				房间数	
		行政区划				商务配套	
		地理位置				开房率	
		销售电话				产品亮点	
	2. 开发企业及合作公司	开发商			2. 公寓	管理公司	
		投资组合				体量	
		设计商（园林、规划、产品等）				交房标准	
		策划/租售代理				运营方式	
		广告整合				运营策略	
		物业管理				产品亮点	
		按揭银行			3. 商业	管理公司	
	3. 项目总体规划	占地面积（㎡）				占地面积	
		总建筑面积（㎡）				建筑面积	
		容积率				设计规格	
		总体规划				业态分布	
		建筑高度（总层数）				经营状况	
		建筑密度（%）				运营方式	
		绿化率（%）				运营策略	
		外部交通与主入口方式				产品亮点	

一、项目基本情况	3. 项目总体规划	人车分流的方式		三、项目营销情况	1. 销售线	租售方式	
		景观设计				当前售价和租金	
		配套布局				基本租期和免租期	
	4. 产品信息	楼宇结构				开盘日期	
		外立面				入伙日期	
		用材特点				整体租售卖点提炼	
		大堂功能布置				当前租售产品卖点提炼	
		大堂参数				当前租售策略	
		大堂装潢标准				当批次推货结构及价格或租金（含推货结构及价格或租金）	
		标准层面积				当批次成交情况（含成交结构及价格或租金）	
		标准层划分情况				历史上的推货批次（含推货结构及价格或租金）	
		层高				历史上的成交情况（含成交结构及价格或租金）	
		会议室情况				历史上的租售策略	
		员工餐厅情况			2. 推广线	历史和当下的媒介计划	
		避难层				历史和当下的广告表现	
		设备用房				历史和当下的活动计划及活动效果评估	
		电梯数量（考虑高低区核心筒的变化）			3. 案场线	展示条件（历史和当下）	
		电梯品牌及标准				销售物料（历史和当下）	
		电梯速度				销售动线（前后台衔接）	
		交房标准				销售团队组织架构及管理制度	
		空调品牌				销售团队的素质（销售技巧及销售说辞）	
		通讯设施			4. 客户线	主要行业	
		消防设施				代表企业	
		智能化设施				入住率	
		车位分区				历史和当下的投资和自主比例	
		车位数量				历史和当下的老带新比例	
		车位面积				不同时期的客户诉求点分析	
		车位租金或售价				不同时期的客户问题反馈	
		停车管理系统			5. 营销体系研究	组织架构研究	
		地下设备用房布局				工作流程研究	
		物业管理内容				与代理公司的合作情况（模式、取费标准、效果等）	
		物业管理费用（元/m²）					

三 住宅市场调研模板

表 3-11 住宅踩盘记录表

住宅踩盘记录表							
一、项目基本情况	1. 项目基本信息	踩盘日期		二、项目营销情况	1. 销售线	项目整体销售卖点提炼	
		所处板块					
		项目名称				当前销售产品卖点提炼	
		行政区划					
		地理位置				当前销售策略	
		销售电话					
	2. 开发企业及合作公司	开发商				当批次推货结构及价格（含推货结构及价格）	
		投资组合					
		设计商（园林、规划、产品等）					
						当批次成交情况（含成交结构及价格）	
		策划/租售代理					
		广告整合				历史上的推货批次（含推货结构及价格）	
		物业管理					
		按揭银行					
	3. 项目总体规划	占地面积（㎡）				历史上的成交情况（含成交结构及价格）	
		总建筑面积（㎡）					
		容积率				历史上的销售策略	
		总体规划			2. 推广线	历史和当下的媒介计划	
		组团名称（没有组团名，就写期数）				历史和当下的广告表现	
						历史和当下的活动计划及活动效果评估	
		物业类型			3. 案场线	展示条件（历史和当下）	
		建筑类型				销售物料（历史和当下）	
		建筑密度（%）				销售动线（前后台衔接）	
		建筑高度（米）				销售团队组织架构及管理制度	
		绿化率（%）				销售团队的素质（销售技巧及销售说辞）	
		居住户数（户）			4. 客户线	历史和当下的投资和自主比例	
		车位（个）					
		外部交通与主入口方式				历史和当下的刚需和改善比例	
		人车分流的方式					
		景观体系规划				历史和当下的老带新比例	
		配套体系布局					
	4. 项目自身配套	商业				不同时期的客户诉求点分析	
		学校					
		医院				不同时期的客户问题反馈	
		会所					

住宅踩盘记录表							
一、项目基本情况	4.项目自身配套	运动休闲场所		二、项目营销情况	5.营销体系研究	1.组织架构研究	
		交通					
		物业管理内容					
		物业管理费用（元/㎡）					
		生态智能化设施					
	5.项目周边配套	商业				2.工作流程研究	
		学校					
		医院					
		运动休闲场所					
		交通					
	6.产品信息	楼宇结构					
		外立面					
		用材特点					
		梯户比					
		户型配比					
		主力户型及面积					
		户型设计特点					

四 调查问卷模板

房地产市场房地产客户调查问卷

一、受访客户背景资料

背景资料（以下为甄别部分，我司完全保密，不作任何商业用途！）

01.您的性别：

男（ ）；女（ ）

02.请问您的职业是？

私营企业主（ ）；机关事业单位干部（ ）；企业管理人员（ ）；经理/领导（ ）；

教师（ ）；公务员（ ）；贸易（ ）；证券（ ）；高科技（ ）；其他（ ）

03.请问您的最高学历是？

博士及其以上（ ）；硕士（ ）；大学本科（ ）；大专（ ）；大专以下（ ）

04.请问您的家庭结构是？

单身（ ）；两口之家（ ）；二代同堂（ ）；三代同堂（ ）；三代以上（ ）

05.请问您的家庭人口总数是？

1~2 人（　）；3 人（　）；4 人（　）；5 人（　）；5 人以上（　）

06. 您目前的居住条件是？

出租房（　）；自购商品房（　）；经济适用房（　）；单位福利分房（　）

07. 您目前的住房房型是？

两房（　）；三房（　）；四房（　）；复式（　）；别墅（　）

08. 您目前住房的面积有多大？

60 平方米以下（　）；60~80 平方米（　）；80~100 平方米（　）；100~130 平方米（　）；
130~150 平方米（　）；150~170 平方米（　）；170 平方米以上（　）

09. 您目前的家庭月总收入是？

1000~2000 元（　）；2001~3000 元（　）；3001~4000 元（　）；
4001~5000 元（　）；5001~10000 元（　）；10000 元以上（　）

10. 请问您的日常交通工具是？

私车（　）；单位配车（　）；出租车（　）；公交车（　）；其他（　）

11. 您目前居住在沈阳的哪个区？

沈河区（　）；和平区（　）；皇姑区（　）；大东区（　）；东陵区（　）；浑南开发区（　）；
沈北开发区（　）；于洪区（　）；苏家屯区（　）；其他（　）

12. 您一般是通过什么途径与渠道获得房地产方面的信息？

报纸（　）；户外广告/路牌（　）；电视（　）；电台（　）；网络（　）；
展览会（　）；朋友/亲人传播（　）；杂志（　）；其他（　）

13. 您常在哪些媒介中收看房产信息及广告？（限选两项）

《辽宁日报》（　）；《辽沈晚报》（　）；沈阳电视台（　）；辽宁电视台（　）；
《沈阳广播电台》（　）；其他（　）

二、购房计划

14. 您知道五里河商圈吗？

了解（　）；较了解（　）；一般（　）；较不了解（　）；不了解（　）；

15. 提及"五里河商圈"，您第一感觉是什么？（限选三项）

发展潜力（　）；亲和（　）；朝气蓬勃（　）；创新（　）；希望（　）；承续文化（　）；
精明（　）；权威（　）；值得信赖（　）；未来新市区（　）

16. 提及"高品质住宅"，您第一感觉是什么？（限选三项）

高尚体面的物业（　）；.舒服的住宅（　）；社区生态景观（　）；人文化物业服务（　）；智

能化信息化（　）；新都市情结（　）；物有所值（　）；其他（　）

17. 您打算在什么区域购房？

城中（　）；城东（　）；.城西（　）；城南（　）；城北（　）；开发区（　）；郊县（　）；其他（　）

18. 您购房优先考虑的因素？请排序

区位（　）；价格（　）；户型（　）；交通（　）；楼型（　）；建筑质量（　）；品牌（　）；区内配套（　）；区外配套（　）；区内景观（　）；区外人文及自然环境（　）；物业管理（　）

19. 您计划在几年内购房：

半年（　）；1年（　）；2年（　）；3~5年（　）；5年（　）

20. 您计划购买的住房类型是？

超高层（30层以上）（　）；高层（15层以上）（　）；小高层（9~15层）（　）；多层（　）；联排别墅（　）；独体别墅（　）；其他（　）

21. 您计划购买多大面积的住房？

30~50平方米（　）；50~70平方米（　）；70~90平方米（　）；90~120平方米（　）；120~150平方米（　）；150平方米以上（　）

22. 您计划购买几室的住房

1房1厅（　）；2房（　）；3房（　）；4房（　）；复式及其他（　）

23. 您能接受的房屋单价是？

3000元以下/平方米（　）；3001~4000元/平方米（　）；4001~5000元/平方米（　）；5001~6000元/平方米（　）；6001~7000元/平方米（　）；7001~8000元以上/平方米（　）；8001~9000元/平方米（　）；9000元以上/平方米（　）

24. 您理想的房屋总价（单位：万元/套）

30万元以下/套（　）；30~35万元/套（　）；35~40万元/套（　）；40~45万元/套（　）；45~50万元/套（　）；50~55万元/套（　）；55~60万元/套（　）；60万元以上/套（　）

25. 您购房的总预算是多少？

10万~20万（　）；20万~30万（　）；30万~40万（　）；40万~50万（　）；50万~60万（　）；60万~70万（　）；70万以上（　）

26. 您想选择的付款方式是？

一次付清（　）；分期付款（　）；按揭（　）

27. 您能够承担的月供金额是多少？

1000元以下（　）；1000~1500元（　）；1500~2000元（　）；2000~2500元（　）；

2500~3000 元（ ）；3000 元以上（ ）

28. 购买商品房时，哪一位家庭成员的意见对您最重要？

配偶（ ）；父母（ ）； 兄弟姐妹（ ）； 子女（ ）； 其他（ ）

29. 购买商品房时，除了家庭成员的意见外，还会征求其他哪些人员的意见？（多选）

同事（ ）； 有买房经验的朋友（ ）； 在房地产行业工作的朋友（ ）

30. 您认为未来两年沈阳市的房价将如何变化？

跌（ ）； 不变（ ）； 升（ ）

三、功能设计要求

31. 您喜欢哪一种颜色的住宅外墙？

白色（ ）； 蓝色（ ）； 绿色（ ）； 红色（ ）； 紫色（ ）； 砖红色（ ）； 米兰色（ ）； 黄色（ ）； 金黄色（ ）； 其他（ ）

32. 您喜欢哪一种外墙装修材料？

马赛克（ ）； 玻璃幕墙（ ）； 涂料（ ）； 面砖（ ）； 大理石（ ）； 花岗岩（ ）； 其他（ ）

33. 您喜欢哪一种建筑？

板式（ ）； 蝶式（ ）； 点式（ ）； 其他（ ）

34. 在以下建筑风格中，凭您的感觉，请选择一种您较喜欢的风格。

欧陆古典式（ ）； 现代简洁式（ ）； 现代欧式风格（ ）； 其他（ ）

35. 您喜欢何种住宅停车位的使用方式？

租用（ ）； 购买（ ）； 其他（ ）

36. 在同等面积下，您认为下列哪一种交房标准比较好？

房间少但面积大，用户可自由间隔（ ）； 房间数量多，已间隔好（ ）； 除卫生间及厨房位置固定外，其他均可自由间隔（ ）

37. 相对而言，购房时您会

先考虑满足住宅客厅的窗户朝向（ ）； 先考虑满足主卧室的窗户朝向（ ）； 必须同时满足（ ）； 其他（ ）

38. 你喜欢哪一种房屋结构：

平面（ ）； 跃式（ ）； 复式（ ）； 其他（ ）

39. 您认为生活阳台（主阳台）连接客厅好还是连接主卧室较好？

客厅（ ）； 主卧室（ ）

40. 您认为厨房与工作（服务）阳台连接起来有必要吗？

必要（　）；不必要（　）

41. 厅（包括客厅和餐厅）和主卧室的面积比较，您较喜欢

厅大主卧室小（　）；厅小主卧室大（　）；两者面积差不多（　）；无所谓（　）

42. 您喜欢多大面积的客厅？

10~15平方米（　）；16~20平方米（　）；21~25平方米（　）；

26~30平方米（　）；30平方米以上（　）

43. 您喜欢多大面积的卧室？

8~10平方米（　）；11~15平方米（　）；15~20平方米（　）；20平方米以上（　）

44. 您认为工作（服务）阳台是否需要封闭起来？

需要（　）；可封可不封（　）；不需要（　）

45. 在面积够用的情况下，

您喜欢有多少个阳台？0个（　）；1个（　）；2个（　）；3个（　）；其他（　）

您喜欢有多少个洗手间？0个（　）；1个（　）；2个（　）；3个（　）；其他（　）

46. 您喜欢何种形式的窗户？

转角窗（　）；外凸窗（　）；落地窗（　）；平推窗（　）；其他（　）

47. 住宅的这些功能对您而言的必要性如何？

玄关：不必要（　）；可有可无（　）；必要（　）；非常必要（　）

小孩卧室：不必要（　）；可有可无（　）；必要（　）；非常必要（　）

老人卧室：不必要（　）；可有可无（　）；必要（　）；非常必要（　）

保姆房：不必要（　）；可有可无（　）；必要（　）；非常必要（　）

书房：不必要（　）；可有可无（　）；必要（　）；非常必要（　）

储藏室：不必要（　）；可有可无（　）；必要（　）；非常必要（　）

生活阳台：不必要（　）；可有可无（　）；必要（　）；非常必要（　）

工作阳台：不必要（　）；可有可无（　）；必要（　）；非常必要（　）

落地窗：不必要（　）；可有可无（　）；必要（　）；非常必要（　）

飘窗台：不必要（　）；可有可无（　）；必要（　）；非常必要（　）

暗壁橱：不必要（　）；可有可无（　）；必要（　）；非常必要（　）

2个卫生间：不必要（　）；可有可无（　）；必要（　）；非常必要（　）

娱乐室：不必要（　）；可有可无（　）；必要（　）；非常必要（　）

48. 您希望物业管理提供哪些服务？

表 3-12 物业管理服务

基本服务内容	请打"√"选择三项	特殊服务内容	请打"√"选择三项	其他要求
A. 清洁卫生		A. 衣服洗熨		
B. 家政服务		B. 提供学童专车		
C. 治安消防		C. 代管儿童伙食		
D. 公用设施维修保养		D. 照看宠物、洗汽车		
E. 家电维修		E. 临时看护老弱病残		
		F. 代聘家教、保姆、钟点工		

49. 您对以下景观配置比较感兴趣的有哪些？（限选五项）

活动器械（ ）；城市雕塑（ ）；装饰街灯（ ）；喷泉（ ）；瀑布（ ）；水池（ ）；花坛（ ）；坐椅（ ）；地面铺装（ ）；凉亭（ ）；草地（ ）；大树（ ）；特色路灯（ ）；背景音乐（ ）；儿童乐园（ ）；其他（ ）；

50. 您期望的房屋交付标准？

毛坯房（ ）；厨卫装修（ ）；全装修（ ）

四、片区认知

51. 您知道"三好街板块"这个地方吗？

知道（ ）；不知道（ ）；说不清（ ）

52. 您对"三好街"这个地方的喜欢程度？

喜欢（ ）；一般（ ）；不喜欢（ ）

53. 您希望位于三好街的住宅小区内应有以下哪些配套设施？

超市（ ）；菜场（ ）；银行（ ）；邮局（ ）；幼儿园（ ）；羽毛球场（ ）；游泳池（ ）；乒乓球室（ ）；网球场（ ）；棋牌室（ ）；阅览室（ ）；商业步行街（ ）；电影院（ ）；美食广场（ ）；业主食堂（ ）；室外健身设施（ ）；室外儿童游乐设施（ ）

五、休闲活动和生活形态

餐饮消费

54. 请问过去的四个星期里面，您有没有去过快餐店吃东西或买外卖呢？

有（ ）；没有（ ）

55. 请问过去的四个星期里面有没有到过餐厅/饮馆等地方吃饭呢？

有（ ）；没有（ ）

信用消费

56. 请问您购买了以下哪种保险呢？（多选）

没有购买（ ）；汽车保险（ ）；人寿保险（ ）；医疗保险（ ）；养老保险（ ）；房屋保险（ ）；其他保险请列出（ ）；

57. 你在以下哪些银行有银行账户呢？（多选）

中国银行（ ）；交通银行（ ）；中国工商银行（ ）；中国农业银行（ ）；中国建设银行（ ）；招商银行（ ）；其他请列出（ ）；

58. 您是否拥有信用卡呢？（单选）

有（ ）；没有（ ）

59. 如果有：你的信用卡属于以下哪一种呢？（多选）

金穗卡（ ）；龙卡（ ）；长城卡（ ）；牡丹卡（ ）；VISACARD（ ）；太平洋卡（ ）；招行一卡通（ ）；其他请列出（ ）

60. 您通常多久会使用一次信用卡，用卡购物或其他服务呢？（单选）

每周一次或以上（ ）；每月2~3次（ ）；每月一次（ ）；每年2~3次（ ）；很少（ ）；没有（ ）

投资活动

61. 在今后一两年，你是否投资？

股票（ ）；债券（ ）；外币（ ）；房地产（ ）；彩票（ ）

体育活动

62. 请问您通常会参加或喜欢观看以下哪些运动/活动呢？（多选）

游泳（ ）；骑自行车（ ）；健身/健美操（ ）；跳舞（ ）；溜冰（ ）；篮球（ ）；羽毛球（ ）；足球（ ）；网球（ ）；乒乓球（ ）；高尔夫球（ ）；台球（ ）；钓鱼（ ）；跑步（ ）；登山（ ）；保龄球（ ）；其他请列出（ ）

63. 通常情况下您会参加以下哪些休闲活动呢？（多选）

打球/玩电子游戏（ ）；打麻将（ ）；下棋（ ）；打扑克（ ）；游乐场（ ）；去公园（ ）；逛街/购物（ ）；看电影（ ）；看歌舞剧/戏剧/话剧（ ）；看电视/看录像/影碟（ ）；唱卡拉OK（ ）；听音乐（ ）；玩乐器（ ）；去咖啡厅/酒吧（ ）；走访朋友（ ）；饲养宠物（ ）；种植花草（ ）；阅读（ ）；集邮/集币/收藏（ ）；其他请列出（ ）

旅行活动

64. 最近一两年，您有没有外出旅游呢？（至少在外住宿一晚，包括探亲和出差）

有（ ）；没有（ ）

65. 您最近一次外出是到哪里的呢？（单选）

省内（ ）；省外（ ）；香港/澳门/台湾（ ）；亚洲的其他地方（ ）；美国（ ）；欧洲（ ）；其他国家请注明（ ）；

66. 这次您外出旅游的原因是什么呢？（单选）

探亲/探朋友（ ）；公差/公干（ ）；度假（ ）；专门旅游（ ）；学习（ ）

生活形态

67. 以下各个选项是测试您对生活的态度和行为，对于左边的描述，您有不同的同意程度："很同意""有点同意""不同意也不反对""有点不同意""很不同意"五个级别的，你对每个描述都要做回答。（每项单选）

（1表示很不同意，2表示有点不同意，3表示不同意也不反对，4表示有点同意，5表示很同意）

1）我对我现在所从事的工作比较满意……………………………………（ ）
2）我的个人爱好很多……………………………………………………（ ）
3）我经常参加各种社会公益活动…………………………………………（ ）
4）我经常外出旅游、度假…………………………………………………（ ）
5）我经常参加各种文娱活动………………………………………………（ ）
6）我总是同很多朋友保持联系……………………………………………（ ）
7）我经常结识新朋友，与朋友聊天………………………………………（ ）
8）我常去逛商店、购物……………………………………………………（ ）
9）我经常进行体育锻炼……………………………………………………（ ）
10）我对家庭生活很看重……………………………………………………（ ）
11）我喜欢住的房间舒适一些………………………………………………（ ）
12）我喜欢繁忙充实的生活…………………………………………………（ ）
13）我喜欢买一些新产品来试试……………………………………………（ ）
14）我喜欢做家务……………………………………………………………（ ）
15）我喜欢看电视、听广播或读书读报……………………………………（ ）
16）事业上的成就感对我很重要……………………………………………（ ）
17）我认为自己的能力比多数人强…………………………………………（ ）
18）我比较关注政治形势和社会舆论热点…………………………………（ ）

19）我认为参加社会公益活动很有必要……………………………………（ ）
20）我喜欢钻研业务，提高自身素质………………………………………（ ）
21）我认为发展经济是最重要的……………………………………………（ ）
22）我认为应该更加注重教育………………………………………………（ ）
23）我希望有不断推陈出新的产品设计……………………………………（ ）
24）我对未来满怀信心………………………………………………………（ ）
25）我欣赏富有文化味、艺术性的东西……………………………………（ ）
26）我试用过认为好的牌子，我会经常使用它……………………………（ ）
27）我宁愿买国产产品………………………………………………………（ ）
28）使用名牌可以显示我的身份……………………………………………（ ）
29）购物时，我不太注重品牌………………………………………………（ ）
30）我喜欢尝试新品牌………………………………………………………（ ）
31）进口品牌令我买得放心…………………………………………………（ ）
32）我极少注意报纸/杂志上的广告………………………………………（ ）
33）电视上的广告及节目我同样喜欢………………………………………（ ）
34）我喜欢收听广播电台……………………………………………………（ ）
35）电视广告的可信程度较高………………………………………………（ ）
36）我会尝试购买曾经在广告上见过的品牌………………………………（ ）
37）我喜欢参加各种媒介（电视、报纸和电台等）主力的游戏及抽奖节目……（ ）
38）购物时，我通常比较几间商店同类产品的价格………………………（ ）
39）我不能抗拒昂贵的化妆品………………………………………………（ ）
40）对于质量好的产品，稍贵一点也值得…………………………………（ ）
41）我认为合资产品的质量不及原装进口的好……………………………（ ）
42）每次遇到喜欢的商品，我会因为价格问题而犹豫不决………………（ ）
43）我赞同便宜无好货的观点………………………………………………（ ）
44）商店的大减价对我非常有吸引力………………………………………（ ）
45）我对电视中有关国外生活节目很感兴趣………………………………（ ）
46）我不介意花钱购买能使生活更方便的东西……………………………（ ）

非常感谢您对我们的大力支持！如若方便，请您留下联系方式，谢谢！

第四章
Chapter Four

前期客户研究

客户研究的工作方法是通过细分客户了解客户的真实需求，寻找对应客户的细分市场，从而更好地为后期项目做定位。它是前期策划中的重要环节，对目标客户进行详尽地多维度研究，是确保定位策略相对准确的重要方法。

第一节 客户研究的基本方法

客户研究首先要明确的核心是要具体解决什么问题，然后才是去掌握了解客户需求。基本方法是通过收集到的信息与数据，分析出客户对项目的真正需求。

客户研究的最终目的是根据客户需求细分市场，以客户需求为导向制定产品战略。

一、客户研究要解决的三个问题

第一，客户来源，即客户从哪里来；通过客户圈层划分可以找到；

第二，客户结构特征，即家庭结构、置业收入等影响购买力的因素；

第三，客户需求特点，即客户要购买的是什么样的产品，包括户型、价格、小区配套等。

表4-1 客户研究要点

研究要点	研究内容	重点指标	研究意义
客户来源	客户地图	客户区域来源	分析核心、次要、辅助和偶得客源的来源地，定量分析实际客源的构成比例
结构特征	家庭结构 职业、收入 置业经历 置业目的 关注要素 年龄、学历 媒介偏好	家庭结构、职业收入、置业经历、关注要素	分析楼盘主力户型和面积，包括小区配套、景观规划等，并为营销推广提供参考
需求特点	产品需求特点 价格接受度 附加值需求（配套等）	产品特点、价格、配套需求	明确产品设计特点、配套等个性化需求，有利于产品差异化

四类客户圈层划分：核心客户群、重点客户群、游离客户群和偶得客户群。

图 4-1 四类客户圈层划分

进行客户研究时需要抓住核心客户，关注重点客户，同时吸引一些游离客户和偶得客户。核心客户、重点客户、游离客户、偶得客户四大类，基本是同心圆，这种方法可以找到项目客户特征在哪里。

在客户来源上需要一些突破性思维。当区域和土地无法对客户预判做出足够支撑的时候，需要突破性思维，要突破区域条件。

 西安高新地产灞桥项目客户预判

核心客户是市区客户，以城东和城北板块为主，以区域生态环境作为诉求点；

重点客户是省内客户，包括西安周边客户和在外地发展的西安客户。

游离客户和偶得客户，主要指一些在西安有业务或生意的投资人群。

二、研究客户需求的四种方法

研究客户需求的方法有以下四种：

图 4-2 研究客户需求的四种方法

方法1：二手资料检索

数据研究是客户研究的重要方法。

从数据分析中能得出一个区域内相对宏观的客户信息。相对于一手数据而言，二手数据的获取方式比较快捷，人力物力的耗费成本相对较低。在客户研究中常常采用二手资料检索的办法，资料来源于专业研究机构、国内外行业协会等。

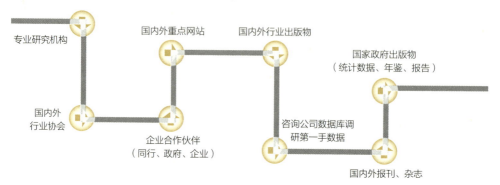

图4-3 客户研究数据来源渠道

方法2：家庭座谈会辅以观察法

家庭座谈会是一种特殊的定性研究方法。主要应用在以家庭为单位购买及使用的产品研究中。

中国家庭价值观的变化改变了传统家庭消费结构中"一言堂"或"父母包办"的消费模式，绝大部分大宗耐用消费品特别是房屋类的选择已经开始由家庭成员共同决策。正因为家庭成员之间的消费需求是通过家庭成员在交流、妥协、综合中形成购买决策，因此要想真实地反映家庭对房屋的集体决策过程以及对房屋的真实需求，必须通过家庭座谈会进行全户研究。

辅以观察法是指理解受访者表层语言下包含的真实意图，真实记录受访者房屋需求的特点，帮助研究人员和委托方理解房屋需求产生的原因以及产品的实际表现。

方法3：客户访谈

客户访谈是一种无结构的、直接的、一对一的访问，在访问的过程中了解受访者的见识与经验，并进一步洞察受访者对某一问题的潜在动机、信念、态度和情感。

方法 4：定量访问

定量访问主要包括小区拦截、电话访问或面访等，即选取小范围内客户的真实需求作为研究样本，从而研判出目标客户的需求信息。

不同客户人群需求改变项目需求点

图 4-4 客户需求研究角度

客户需求受多方面因素影响，可以从客户学历高低、收入差异、家庭结构和年龄四方面来研究。客户对项目需求具体表现在楼型取向、户型格局、户型面积、社区配套等四个方面。

图 4-5 客户对项目需求的四个具体表现

具体研究方法可以采用控制变量法，即锁定其它相关因素，通过控制其中一个变量观察客户对项目的需求变化。影响项目需求的因素有四个：学历、收入、家庭结构和年龄。

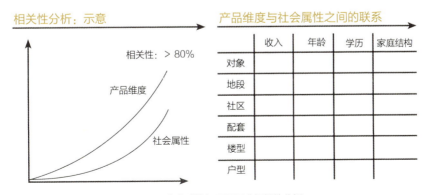

图 4-6 客户群体与项目需求相关性分析

1. 学历高低影响项目需求

一般来说，低学历的客群偏重商业配套与区域前景，而高学历的人喜爱熟悉区域、便利交通与高质量的中小学。但随着大学扩招，高学历将逐渐普及，高低学历的差异将逐步缩小，因而学历反映的偏好将越来越不显著。

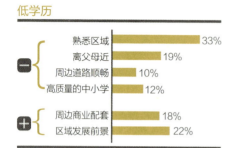

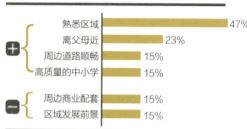

图 4-7 不同学历群体对物业的不同需求

2. 收入差异影响项目需求

收入是影响客户群体购房的决定性因素，收入高低在未来将呈现两极分化发展趋势，因此由收入决定的偏好程度会越来越显著。

高收入客户群体

更关注父母，要求大面积住宅，对价位和户型不敏感，偏好休闲娱乐配套设施，注重周边自然环境。

低收入的客户群体

更关注子女，对价位和户型敏感，偏好基本生活配套设施。高收入及投资客在选择楼盘时有着更为苛刻的要求。

表 4-2 不同收入客户群体对物业的偏好取向

	与总体相比各客群相对关注的要素	与总体相比各客群相对不关注的要素
低收入	房屋日照朝向	物业管理服务
中低收入	——	——
中高收入	——	——
高收入自住	房屋通风状况，小区绿化景观，小区内健身休闲娱乐设施，小区内部环境、配套与管理状况	户型布局
投资客	户型布局，房屋通风状况，物业管理服务	——

3. 家庭结构影响项目需求

城市化进程的加快和人口老龄化的趋势使家庭结构发生了变化,成熟家庭和三代家庭的分解将加快,形成了更多年轻、小太阳以及空巢家庭。新一代年轻人更多往城市发展,年轻家庭和小太阳家庭更多存在于城市,空巢家庭更多出现在农村和小城镇。

表 4-3 不同家庭结构的购房偏好

家庭结构	购房偏好
年轻家庭	偏好体育健身、休闲娱乐配套设施以及两室房型
小太阳家庭	关注周边教育文化配套设施以及小区内部环境与配套
空巢家庭	增加对周边生活配套、医疗设施和高层小户型的偏好

4. 年龄差异影响项目需求

从年龄结构来看,50 岁以上客户群体对物业差异表现出的偏好更加明显。这跟心理有很大关系,人到了一定的年纪,对周边生活的安全性、便利性考虑得更多。他们希望居住在熟悉的社区里,无论去任何地方都需要交通方便,社区环境要安静、空气清新,社区内有相应的医疗配套,社区安全性高。因此,50 岁以上客户群体对于熟悉区域、公交方便、自然环境、生活医疗配套及社区治安考量更多。

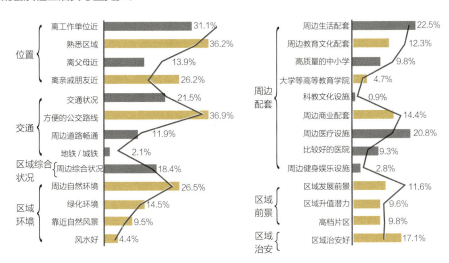

图 4-8 50 岁以上客户群体对物业的偏好取向

5. 客户群体差异对项目的综合影响

学历高低、收入差异、家庭结构、年龄不同对购房行为的影响作用并不是单一的,而是相互影响、相互起作用。具体可以从以下六个方面进行分析：

图 4-9 影响客户群体购房行为的六个方面

（1）购房动因

客户购房动因的差异受三方面影响，即家庭结构、收入和学历。家庭结构属于天然相关的社会属性，收入和学历属于潜在相关的自然属性。

表 4-4 客户家庭结构及收入、学历对购房动因的影响

问题	请问您家最近/将购买的这套住房，最重点考虑是满足谁的需求？		
选项	1. 我一人 2. 我与爱人（或未来的结婚伴侣） 3. 爱人（或未来的结婚伴侣） 4. 子女 5. 父母 6. 其他（请注明：_____）		
影响因素	天然相关的社会属性	家庭结构	年轻家庭——自己 小太阳家庭——子女 成熟家庭——子女和父母 三代同堂——父母和自己 空巢——自己
	潜在相关的自然属性	收入	高收入是为父母购买住宅 低收入 为子女购买住宅
		学历	高学历是自购住宅中更关心自己的需求 低学历是在自购住宅中更关心子女的需求

（2）楼型取向

支付能力制约了客群对于楼型的选择，而不同年龄客群中，老年人对于楼型有着显著的差别偏好。一般来说，收入越高的客户希望住的楼层越高，而从年龄上来看，老人也喜欢住高层，因为高层有电梯，便于他们行动。

表 4-5 客户群体的收入和年龄对楼型取向的影响

问题	请问您家购买的/打算购买哪种类型的住宅？
选项	1. 板式多层（6 层及以下） 2. 板式小高层（7~12 层） 3. 板式高层（13 层及以上） 4. 点式/塔式小高层（9~12 层） 5. 点式/塔式高层（13 层及以上） 6. 花园洋房（4 层或 4 层半） 7. 联排别墅（townhouse） 8. 双拼别墅 9. 独栋别墅 10. 其他（注明：____）

影响因素	收入	相对而言，收入越高，房子越高 低收入：多层 中低收入：小高层 中高收入：高层 高收入：高层和别墅
	年龄	老年人喜欢点式楼型，认为每层住户多比较安全 老年人喜欢高层，原因是高层每层有电梯，便于行动

（3）户型格局

影响客户对户型格局选择的两个关键因素是家庭结构和家庭收入。一个家庭中人越多需要的房间越多，收入高愿意购买的户型越大。随着年龄的增长，客户对户型的面积需求是先变大再变小。

表 4-6 客户群体对户型偏好取向的影响因素

问题	您家购买/打算购买的住房户型为几室几厅几卫？		
选项	1. 一室一厅一卫 2. 一室二厅一卫 3. 二室一厅一卫 4. 二室一厅二卫 5. 二室二厅一卫 6. 二室二厅二卫 7. 三室一厅一卫 8. 三室一厅二卫 9. 三室二厅一卫 10. 三室二厅二卫 11. 四室二厅二卫 12. 其他（注明：_____）		
影响因素	天然相关的社会属性	年龄	随着年龄的增长，面积先变大后变小 31~40岁希望空间多一些 41~50岁希望厅多一些
		家庭结构	相对来说，人越多房子要越大 小太阳家庭只要一个卫生间，成熟家庭要两个卫生间
	潜在相关的自然属性	收入	收入越高，户型越大 收入越高，客厅越大 投资客两极分化 高端客户不重视房型是因为大面积足够大 低端客户由于支付能力有限对房型的偏好不明显
		学历	在低收入中，高学历的人愿意要一个厅，低学历的人愿意多要一个房间

（4）户型面积

收入高的客户群体往往会在同样的总价范围内选择更大的面积以获得更多的功能空间，而家庭结构决定了家庭成员所需要的面积大小。

表 4-7 高收入客户群体对户型面积的偏好取向

问题	请问以下不同价格,您会偏向于选择哪种面积的户型?		
选项	总价 1 小面积: 83 平方米 中面积: 97 平方米 大面积: 112 平方米 总价 2 小面积: 89 平方米 中面积: 108 平方米 大面积: 125 平方米 总价 3 小面积: 100 平方米 中面积: 123 平方米 大面积: 158 平方米 总价 4 小面积: 108 平方米 中面积: 149 平方米 大面积: 254 平方米		
影响因素	一般情况下,价格越高面积越大	收入	收入越高,越喜欢大面积
		家庭结构	年轻: 小面积 空巢: 中面积 三代: 大面积 小太阳: 中和大面积(父母过来照顾) 成熟: 大面积

（5）功能空间

年龄决定了家人次卧的类型,而学历则通过主要关注对象的取向影响了住宅的空间布局。

表 4-8 客户群体对功能空间偏好取向的影响因素

问题	这些空间是如何分配利用? 都用在哪些功能上?		
选项	1. 客厅 2. 餐厅 3. 主卧室 4. 家人次卧室 5. 客人卧室 6. 儿童房 7. 老年房 8. 成人书房 9. 儿童书房 10. 健身房 11. 娱乐室 12. 衣帽间 13. 保姆间 14. 储藏室 15. 其他(请注明: _____)		
影响因素	天然相关的社会属性	年龄	40 岁以下需要儿童房 40 岁以上需要次卧 / 客卧
	潜在相关的自然属性	学历	高学历需要儿童房,大人和子女可以互不干扰 低学历需要次卧(大人与子女平等,给子女更多空间,更关心子女)
	特定情况		高收入对所有功能房间都有需求,其中特别偏好餐厅 三代同堂的家庭对餐厅的需求特别大,同时认为子女要有独立的房间

(6)社区配套

客户群体对社区配套的需求体现了马斯洛需求层次理论的原理,单从家庭收入来讲,客户对小区内配套设施的需求经历先生存、后温饱、再精神的演变过程。学历高的客户比学历低的客户更注重精神层面上的消费,他们对社区配套的要求主要体现在健身房、小型图书馆等。

表 4-9 客户群体的收入与教育水平对社区配套取向的影响

问题	请问下列小区内部配套设施,您最需要哪些?		
选项	1. 超市 2. 便利店 3. 幼儿园 4. 诊所 5. 洗衣店 6. 美发店/厅 7. 书店/音像店 8. 酒吧/咖啡店/茶馆 9. 餐馆 10. 花店 11. 小型图书馆 12. 游泳池 13. 网球场 14. 羽毛球场 15. 篮球场 16. 乒乓球场地 17. 保龄球馆 18. 运动器材健身房 19. 其他(注明:_____)		
影响因素	因社会阶层产生影响的社会属性	收入	随着收入的增长,对小区内配套设施的需求经历先生存、后温饱、再精神的演变过程
		学历	低学历重视物质消费和健康(诊所、洗衣店、美发厅、餐馆) 高学历重视精神消费(健身房/小型图书馆)
	因家庭成员产生影响的社会属性	年龄	40岁以下关注子女成长(幼儿园、小型图书馆) 40岁以上关注自己方便(诊所、洗衣店、美发厅、便利店)
		家庭结构	小太阳家庭关注保持年轻形象(美发厅等) 成熟家庭希望有代劳日常生活的设施;三代同堂的家庭有老人代劳日常生活,故不需要此类代劳作用的配套设施

四 初步客户研究可形成的 2 个成果

客户研究主要可以形成两个成果:

① 通过对目标客户系统深入的分析,明确地界定产品的定位,将产品细化到房型、面积、功能设计要求、配套等。

② 对客户媒介偏好特点方面的分析,有利于项目在营销推广、价格定位等方面制定切实可行的方案。

客户需求研究

1. 性别分布

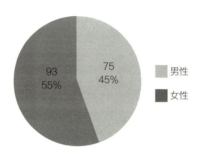

图 4-10 客户年龄分布

客户群中男性和女性比例差别不大,说明项目影响因素没有性别的重要区别,不需要专门针对男性或女性进行宣传。

2. 客户职业

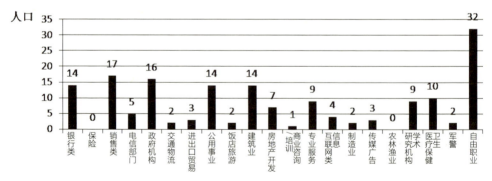

图 4-11 客户职业划分

客户群体主要集中在社会中坚阶层,银行、销售、政府、事业单位、建筑、房地产开发、专业人士、学术机构、医疗机构、自由职业人数占比较多,可重点关注和挖掘。

3. 婚姻状况

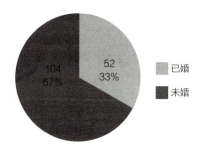

图 4-12 客户婚姻状况

已婚人士关注更多的是居住舒适度、升值潜力，购房行为比较理性成熟，对价格、区位、交通等较为敏感。

4. 客户职务

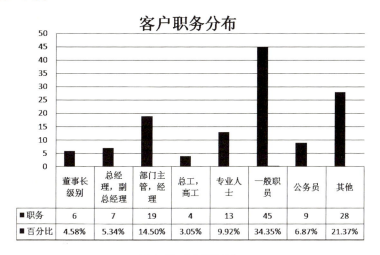

图 4-13 客户职务分布

部门主管、经理、一般职员、其他职业人士，合计占比达到70%，说明目前客户群体能级有待往上提升。

5. 客户家庭收入

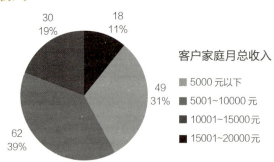

图 4-14 客户家庭收入分布

家庭月总收入在 10000 以下的占到 70%，该部分客户关注高层为主，对过高房价承受力有限；家庭月总收入在 1~2 万元或以上的客户占到 30%，该部分客户有多套房产，主要关心洋房，以别墅为主。

6. 客户学历

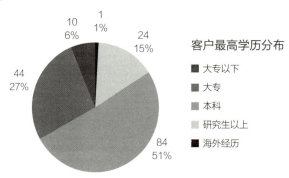

图 4-15 客户学历分布

客户受过高等教育的比例高达 90%，其中本科和研究生以上的比例高达 78%，对新事物的接受程度较高，对项目的创新引领性有较好的理解。

7. 购房意愿

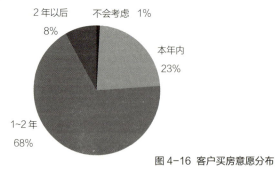

图 4-16 客户买房意愿分布

客户群中有 91% 的客户有在 1 ~ 2 年内买房的意愿,关注同一品牌以往开发项目的客户群体,极有可能转化成为对项目的实际购买力。

8. 客户目前居住状况

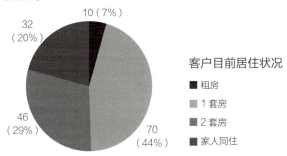

图 4-17 客户目前居住状况分布

客户中有房的比例占到 73%。在沟通过程中表现出更多的改善性需求以及投资性需求,刚需并不明显。在淡市情况下表示出一定的观望情绪。

9. 客户意向购买面积

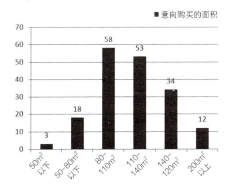

图 4-18 客户意向购买面积分布

客户群体需要的主要需求面积在 80~110 ㎡、110~140 ㎡,占比达到 60%。对 80 ㎡以下以及 200 ㎡以上需求较小,与市场主流的需求基本一致。

10. 客户购房目的

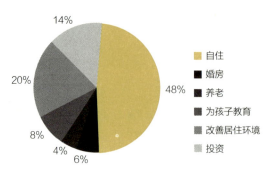

图 4-19 客户购房目的分布

客户购房目的主要以自主为主，投资目的并不明显。

11. 客户能接受的购买总价

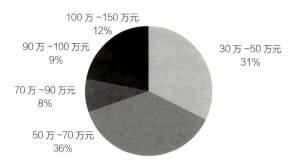

图 4-20 客户能接受购买总价分布

客户对总价敏感度较高，接受总价在 70 万以下的比例近七成，多为关注高层为主，接受总价在 100～150 万以上的客户在 16%，但该部分客户基本关注洋房或别墅以上的产品，对高层基本兴趣不大。

第二节 访谈式客户研究办法

通过访谈不仅可以得到主要数据，还可以发现二手数据的信息来源。

调研中的访谈价值不仅仅局限于数据收集。它还可以作为验证观念、增加买进的一种机制，以此建立间接的商业机会。

一、客户研究访谈分类

客户研究的访谈可分为三种形式：客户访谈、专业访谈、专家访谈。研究主流产品线可通过客户访谈和专业访谈，研究高端及度假产品可以通过专业访谈和专家访谈。

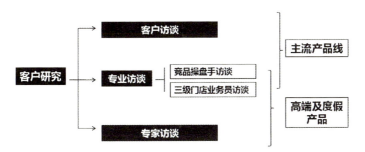

图 4-21 客户访谈分类

1. 客户访谈

客户访谈是指直接接触客户，从客户背景、生活方式、土地价值、小区需求、户型需求等方面与客户进行深入沟通，了解客户的真正想法。

表 4-10 客户访谈重点内容

访谈内容	访谈重点
客户背景	了解客户基本特征、样本筛选条件
生活方式	推测验证产品需求，营销推广的铺垫
土地价值	客户眼中的土地价值、突破及可改善方向
小区需求	园林、架空层、大堂、立面等需求
户型需求	客户对房子各功能空间的认识
支付意愿	支付能力和支付意愿

2. 专业访谈

专业访谈是指与竞品对手的操盘手进行访谈或者与三级门店的业务员进行访谈，主要目的在于抓住最了解客户的人，通过他们发现客户的需求。

无论是二级市场的竞品操盘手还是三级市场业务员，他们都掌握着最前线的客户信息，可以从他们手头上已有的资料获得已购买房子的客户哪些需求得到满足，还没购买的客户哪些需求未得到满足。

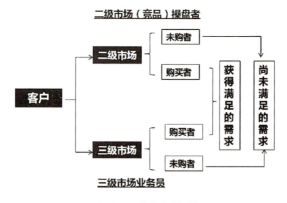

图 4-22 专业访谈渠道

3. 专家访谈

专家访谈是一种无结构的、直接的、一对一的访问，在访问过程中了解专家见识与经验，进一步洞察受访者对某一问题的潜在动机、信念、态度和情感。这种形式很考验访谈者提问的技巧与观察的能力。

访谈问题的结构化设置

把结构化的问题进行重要性排列，确保重点问题出现位置和频率要重要于一般问题。问题后面最好跟上一定的答案提示，如有可能讨论出本项目的假定（想要的）结果，再有针对性地制定访谈提纲是最好的做法。

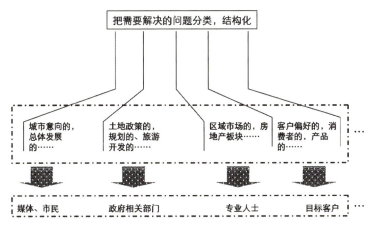

图4-23 访谈问题结构化处理示意

访谈中的两种提问方式技巧

访谈中的提问方式非常重要，不同的提问方式将会取得明显不同的访谈效果。

图4-24 两种典型的提问方式

一般的访谈有两种典型的提问方式。

漏斗式提问

适用于访谈者对项目不了解，通过与被访谈者的思维碰撞去找方向；

倒漏斗式

适用于双方对专业和项目的情况比较了解的前提下，而双方的时间又比较有限，必须强调的是，此种访谈方式必须是技术人员才能做得到。

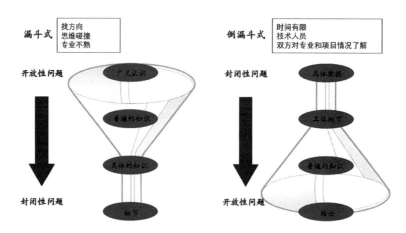

图 4-25 访谈中的两种典型提问方式

第三节 客户细分研究方法

客户细分是客户研究的必要做法。客户细分源于美国市场学家温德尔·史密斯提出的市场细分概念,即按照消费者欲望与需求把一个总体市场(总体市场通常太大以致企业很难为之服务)划分成若干个具有共同特征的子市场的过程。分属于同一子市场的消费者,具有相似或相同的需求和欲望,而不同子市场的消费者对同一产品的需要和欲望存在着明显的差别。

客户细分首先明确的是某单一客户选择往往不仅是产品的单一特性,而且是产品特性的组合。客户购买房子,不仅仅看中了房子的建筑面积、价格、交通位置等因素,还会看中小区环境、周边及内部配套、付款方式、按揭年限、物业管理等综合因素。

一 客户细分的两个价值

任何一个市场,尤其是一个相对成熟的市场,最终要靠为客户提供差异化的产品和服务来获得成功。客户细分是制定精准营销策略的前提。简单来说,客户细分的作用就是由大众营销向精准营销的过程,对降低营销成本,避免重复建设,提高开发有效性等方面都有非常大的帮助,其作用总结出来可以用三个词概括:精准性、低成本、有效性。

价值1. 以客户为导向,以需求做产品

一般来说,每个地区的房地产行业发展都会经历三个阶段:产品导向阶段、市场导向阶段和客户导向阶段。

图 4-26 房地产行业发展必须经历的三个阶段

（1）产品导向阶段

这个阶段属于市场起步阶段，属于卖方市场，供小于求，不用考虑消费者需求，产品上市就会形成抢购，通过初级的营销手段就可实现销售。

（2）市场导向阶段

这个阶段是市场高速发展期，出现市场竞争，开发商开始考虑消费者需求，提供对应产品以满足不同需求的客户，采取营销推广同产品相符合的形式。

（3）客户导向阶段

这个阶段市场趋于成熟，进入买方市场，竞争变得激烈，企业通过差异化保持各自的竞争力，依赖客户细分体系，锁定目标细分客户，营销方式是针对目标客户需求提供差异化的产品和营销推广手段，满足目标客户需求。

价值 2. 不同房地产企业服务能更有效的服务不同客户群体

不同房地产企业处于不同发展时期、不同阶段，要采取不同策略。

比如，粗放型发展企业和精细化企业，以及处于两者之间过渡的企业，由于企业关注点不一样采用的发展策略不一样，服务的客户群也不一样。

粗放型发展企业

处于快速扩张阶段，加快发展和拓展市场份额是最主要的战略，在这个阶段企业关注的是规模、效益和资金。

精细化企业

随着企业不断发展，粗放型企业发展方向一定会朝着精细化、品牌化发展前进。到精细化的成熟企业阶段，企业规模、经营效益、行业地位都处于行业领先水平或者专注于某一类型产品，这个时期企业的关注点则是品牌、客户和效益。

三 客户细分的四个维度

住宅项目客户分类标准有四大类：按照人口特征分、按照行为特征分、按照态度特征分及按照情感特征分。

图 4-27 住宅项目客户划分标准

这四个分类标准可继续细化分类标准，如人口特征分类标准可细化为按照年龄分、按照家庭结构分、按收入分及按生活方式分等。

维度 1：按人口特征分

客户群体人口特征可以从年龄、家庭结构、收入、职业、生活方式等方面细分，以下简单从家庭结构和年龄两方面进行举例。

（1）按家庭结构分

家庭结构周期是按照房屋需求的家庭结构进行划分，即购房后所居人口结构变化。

表 4-11 按家庭结构划分人口

家庭类别	特征	百分比
自由青年	未婚青年或小两口	11.4%
小太阳家庭	有 11 岁及以下的小孩	23.9%
中年三口之家	典型的三口之家，家长在 35 岁以上	23.0%
与老人生活的青年家庭	18 岁以上的成年人，和家长住在一起	22.6%
中老年核心家庭	三代同堂，但没有 11 岁以下儿童，或者老两口	12.4%
其他	——	6.7%

（2）按年龄分

表 4-12 按年龄划分人口

年龄	特点	技术	安全	居住特征				
				隐私性	收益	社区	优越感	健康
<24 岁	"反生育高峰"一代。享受高质量的教育，并将清除财政苦难的阴影	3	1	1	1	2	1	3
24~35 岁	X 一代。以注重实际而自豪。储蓄者，成年但生活在父母家里。将承担照顾家人的重担	3	2	1	3	2	1	2
36~55 岁	"生育高峰"一代。以这代人的特色为骄傲，市场的驱动者。热衷于政治	2	3	2	1	2	3	3

年龄	特点	技术	安全	居住特征				
				隐私性	收益	社区	优越感	健康
56~69 岁	空巢者。对社会的反应很矛盾。所谓的"三明治"一代。有很强的工作倾向	2	3	3	2	1	2	3
70 岁以上	退休者。价值观受动荡时代的影响。对公众和谐和社会合作有坚定的信念	1	2	1	3	3	1	3

维度 2：按行为特征分

客户群体的行为特征可以从物业使用、交易与服务、投诉情况等方面进行细分，下面以物业使用用途为例进行细分。

表 4-13 按行为特征划分人口

消费者类型	第二居所投资度假者	分时度假购买者	第二居所占有者	待退休	退休	第一居所使用者
定义	投资/度假双重目的	度假专用只有使用权	度假专用，占有稀缺资源	现在用于投资/度假，为将来退休备用	长期或季节性居所	长期居住
特征	持有优良资产	酒店	不出租，自住	家庭代表即将退休	家庭代表退休	家庭代表仍然工作
心理因素	自然愉悦的环境，控制成本，度假价值提升	购物机会	餐饮、娱乐、度假设施、彰显身份	满足情感需要的生活方式	满足情感需要的生活方式	满足居住或者升级功能
购买决定因素	多样化体验、使用，现金流，总价不高，增值，便于接近自然愉快的环境、景观	多样化体验、使用，便于接近自然愉快的环境，只有房子的使用权，没有所有权	使用，品质和质量，靠近水，便于接近自然愉快的环境，拥有独享的稀缺资源，便于体验	增值，社区，社会结构，自然愉快的环境，医疗设施，便利店，便于服务，便于接近水	医疗设施，便利店，便利服务，便于接近水，自然愉快的环境，安全，持久，私密	学校，工作地点，便利店，便于服务
物业需要	公寓别墅	公寓	公寓别墅土地	土地单亲住宅家庭住宅	土地单亲住宅家庭住宅	单亲住宅家庭住宅土地

维度 3：按态度特征分

客户的态度特征可以从满意度与忠诚度、财富态度、家庭关注点等方面进行细分，以下从财富态度和家庭关注点两方面进行举例说明。

（1）按财富态度分

表 4-14 按财富态度划分人口

消费群体	性格特征及居住偏好
安逸型群体	生活奢华，喜欢张扬、炫耀、占有欲强、以传统文化中的奢侈品显示自己的身份、享受
稳健型群体	消费时注重实用，消费购物、投资理财或做生意比较精明，追求升值潜力
情感型群体	做事情往往比较冲动，时常被产品的细节或展示的情境所打动，并不刻意追求单一事业上的成功，对家庭幸福比较在意
时尚型群体	向往和模仿发达国家的生活方式，讲究生活格调与品位，喜欢流行与时尚
事业型群体	处事果断，有计划，追求事业成功，不太讲究生活中的小节，倾向于在事业成功的同时为自己赢得相应的财富

将五种类型的客户群体，通过精神需求和物质需求建立的坐标来衡量，可以得出以下分布：

图 4-28 五类客户群体的财富态度

（2）按家庭关注点分

表 4-15 按家庭关注点划分人口

家庭类型	生活形态	居住偏好
彰显地位的成功家庭	这类家庭占比接近全部家庭总体的10%，处于社会中高端阶层、高社会地位是其重要特征； 或开公司，或担任公司高层，是社会认同的成功人士； 工作繁忙，没有太多时间； 经济实力雄厚，爱好高档次的休闲娱乐活动	房屋是其社会标签； 希望小区有完备的健身娱乐场所； 家庭都有一部或者多部汽车，希望小区有良好的停车硬件设施； 看重高水平的物管与园林水平，体现身份 偏好整体居住面积大的户型

家庭类型	生活形态	居住偏好
注重自我的社会新锐	这类家庭占比接近全部家庭总体的26.9%，家庭主要成员比较年轻； 没有孩子的比例高于其他家庭，很多家庭孩子年龄很小； 接受比较多元化的思想观念，在休闲娱乐等多方面比较新潮； 娱乐休闲活动是最丰富的，喜爱与朋友聚会、郊游等社交活动	对房屋的社会标签价值有深刻认同，更看中心理上带来的享受； 在房屋物理特性上强调个性特征，房屋既是下班后放松压力的地方，也是聚会场所强调好的户型，方便其聚会活动； 与城市娱乐场所比较接近，方便游玩
注重家庭的望子成龙家庭	占比接近全部家庭总体的18%，家庭收入一般，以孩子为生活核心是这类家庭的最大特点； 关注孩子健康成长，成人因为照顾孩子牺牲了业余生活和兴趣爱好； 有强烈的家庭观念，非常关心家庭内部的和睦健康	对房屋有一种心理上的依赖，房屋既是为孩子提供健康成长的地方，也在物质精神上给他们一定安定感； 倾向选择高素质小区，充满文化氛围的周边环境； 对房屋的通风、采光具有较高要求； 房屋最好与父母相隔不远，既能方便父母照顾孩子，也是保持和睦家庭关系的一个保证
关心健康的老龄化家庭	占比接近全部家庭总体的22.5%，最大特点是家庭结构趋于老龄化，或虽然家里目前没有老人，但将会接老人来住新房子； 一般进行老人喜爱的安静的运动	买房的三种可能性：老人为自己买；子女为孝敬父母给老人买房；对和父母同住的子女来说，房屋是照顾老人的地方； 大型娱乐锻炼场所对此类家庭有吸引力，要求周边交通状况良好，可以步行及外出溜达； 倾向选择附近有小型医疗机构或大型的医院
价格敏感的务实家庭	这类家庭收入不是很高，处于事业起点和奋斗期，一般在做基层工作； 对房屋购买抱一种务实态度，从自己现有经济能力、未来事业发展及对未来生活的设想出发买房； 在诸多方面表现得比较节省，在娱乐休闲上也是如此，一般仅做一些花费少、近距离的休闲活动	房屋对其有重要的投资意义； 购买过程中对房屋物理特性严格把关，对质量很看重

维度 4：按情感特征分

客户群体按情感特征细分采用 BSR（Brand Strategic Research）品牌战略研究的研究框架进行讨论说明。

（1）情感特征的划分标准

BSR（Brand Strategic Research）品牌战略研究的研究框架由社会科学的三维标准构成，包括：

① 社会层面的（自我的 VS 社会的）；

② 心理层面的（内向的 VS 外向的）；

③ 人类学层面的（标准化的 VS 非标准化的）。

一般按情感元素细分，消费者都需要两维标准，社会层面是必选的一维，另外一维依市场而定（这里选择心理层面）。

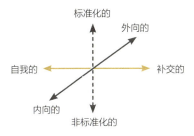

图 4-29 情感元素细分的二维标准

（2）四类客户群体的性格特征及居住偏好

将客户群体按消费情感元素划分可以得到以下四个群体：支配型群体、精力充沛型群体、关系融合型群体、自卫型群体。

表 4-16 四类客户群体的性格特征及居住偏好

客户群体	性格特征及居住偏好
支配型群体	倾向选择独立式住宅。物业质量与环境是最重要因素。邻居阶层特点最好与他们属于同类
精力充沛型群体	倾向选择居住在大城市。物业特征主要是独立性与创意性
关系融合型群体	倾向选择居住在有浓厚家庭氛围与社交环境的社区里，没有车，但是有绿色的草坪与公园，人们可以在那里聊天、聚会与游玩。附近的公建配套例如学校、商店是受欢迎的
自卫型群体	倾向居住在有正常社会邻里关系的带花园的房子里，最好是离朋友家人不远。在这样的社区里，不仅要有家庭，而且也要有高素质的市民与相关公共配套

（3）四类客户群体的二维分布

按照情感特征的划分标准，选择社会层面与心理层面两个坐标，四类客户群体的划分可以得到以下分布。

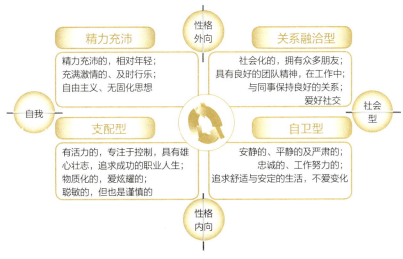

图 4-30 四类客户群体的二维分布

三 地产项目九类客户细分指标

房地产购房客户细分可以使用以下九个指标区分：

图 4-31 客户细分指标

指标1：置业周期

一家几代同住一个屋檐下，甚至是几代相传的时代已经渐行渐远。随之而来的换房，换几个地方，搬几次家，成为人们生活中的平常事。在欧美，一个人一生中住宅置换达五、六次之多。不同置业周期客户对房屋需求差异明显。在中国，置业次数与年龄的关系是一条曲线：20~30岁人群购房有80%以上属首次购房，31~40岁人群中2~3次购房的占到48%，40岁以上人群中2~3次购房占到30%左右。

以置业周期为指标，客户购房次数可分为首置、首改、再改、老年购房。

指标2：支付力

将"支付能力"进一步分解为"土地属性决定的地价"和"产品面积和类型"两方面，直接指向产品。

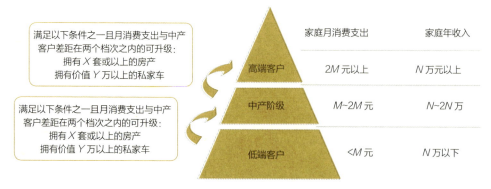

图 4-32 不同支付能力的三类客户

（1）高端消费者消费特征

表 4-17 高端消费者消费特征

类别	消费特征
支付意愿	不同购买力的群体关注的产品总价层次不同
房屋态度	房屋总价更多表现出的是支付意愿而非购买力
产品类型	高端群体在购房选择时可以体现自己不同的房屋态度（价值观）
高端住宅	公寓：关注公寓房的群体通常较为关注生活/工作/社交的便利性 别墅：关注别墅的群体通常关注自然环境和空间的占有
居住体验	居住过高端住宅并有成熟体悟的群体，往往是高端市场的意见领袖，他们有明确的需求和自成体系的衡量标准 对高端住宅体验少的群体，往往以中端房产的标准衡量高端房产，并很有可能成为成熟型群体的跟随者
关注度	关注度低的购房者和关注度高的购房者的最终选择差异很大
来源地	客户一方面会受来源地的物业标准影响选择房产并参考房价，另一方面也受到本地市场影响而逐渐改变 不同来源地的客户置业标准有较大不同。比如，偏外籍群体更关注家人（尤其是小孩和妻子）的需求；上海本地人相对外地人，具有更强的地缘情结和区域偏好

（2）高端市场与中低端市场核心细分维度差异

表 4-18 高端市场与中低端市场核心细分维度差异

差异	中低端市场	高端市场
考虑因素	购房者经济实力有限，因此首先要考虑的是自身对房屋的基本居住需要，以及在不同家庭生命周期阶段，家庭成员的基本需要（教育/医疗/养老/工作便利）	购房者仍然受经济实力影响，但受限较小，所购房屋总价只体现其购买意愿，未必体现其购买力（经济实力）
房屋态度	房屋态度在中低端群体的购房行为上体现较少	可以同时为不同家庭生命周期的需求购买不同房产，房屋态度（价值观）在很大程度上影响高端群体的最终购房选择
细分标准	中低端市场细分是基于人的细分，因此每一个单一消费者一般是可以归类为某一群消费者	高端市场细分是基于房产态度的细分，每一位消费者在不同阶段，或者为了不同目的、动机都可能购买不同的住房，但他/她可能在购买不同的住房时对地产态度不一样。因此某单一消费者可以由于房产态度不同而可能归属于不同的群体

指标3：家庭生命周期

住房需求的最佳方式是由"一步到位"变为"逐步到位"，用梯级消费理念来代替过度负债消费观念。在生命周期的每个阶段上客户需求和住房类型不同，家庭结构是决定购房关注对象的基本社会属性。

具体不同阶段可以做以下划分：

（1）工作不久之后

这个阶段的青年因为收入不丰，就暂且买个小房子安身。

（2）收入逐渐增高，建立家庭后

买一套大一点儿、功能完善的房子。

（3）退休后

另选地段或城市，买一套"银色住宅"养老。

按照家庭同住人口代数和家庭成员结构，可将客户分成3大类14小类。

图 4-33 家庭结构分类示意图

指标4：社会阶层

所谓社会阶层是指依据社会成员的经济、政治、教育、文化等种种社会因素所划分的社会集团。

每个人都处在一定的社会阶层，这由职业、所拥有的财富以及所受的文化教育等决定。客户所处的社会阶层主要以家庭年收入、职业和学历来确定。

指标5：行业

根据20大国民经济行业分类，将客户所属行业重新归类后，按照购买力和规模重新聚类分析，根据企业战略定位行业客户。

指标6：价值观

价值观的分类标准众多，有国外的VALS模型（已有中国版的VALS），profiler模型，理性感性标准等。

建立房地产客户价值观体系，主要以心理学和社会学的理论为依据，结合中国房地产发展的特征，从理性/感性、促进/抑制消费、依存性/独立性等角度确定中国房地产客户价值观分类。

指标7：购房动机

不同的房屋需求产生不同的购房动机，从而产生不同的购房行为：区域选择不同、物业类型需求不一、产品需求特征存在差异、对单价和总价承受力不同等。

表 4-19 常见的购房动机

客户类型	购房动机
投机炒房型	购房完全是为了通过买卖从中获取差额利润，追逐短期收益
商务需求型	为了商务往来购房，最常见的是购房之后，兼做办公场所和住处，或者是在新城市拓展业务时，购房满足安居的需要
自住型	购房完全是为了自己居住
后代念想型	为后代购房，自己不会居住或常住。比如，为子女购置婚房
保值增值型	将购房当成是一项长期投资，出租投资两相宜

指标 8：圈层

圈层细分的原理是以车程时间和地理属性为导向。判断客户导入方向，将直接影响项目的整体定位和产品设计，以及日后营销的重点方向。一般的划分标准是：

距离项目地 2 小时以内的人群通常被归为核心客户，为第一圈层；

车程 2~4 小时内的人群被归为辅助客户，为第二圈层；

车程 4 小时以上的为偶得客户层，为第三圈层。

指标 9：空间地图和时间阶段

空间地图和时间阶段细分原理是将客户导入方向界定成 2 维的：

① 空间距离，涉及其地理位置、交通工具、车程等；

② 时间阶段，以时间为横轴，分阶段判断分批都可以导入的客户。

四 八大客户群体特征描述

根据以上九大指标，可将房地产客户群体划分成以下八种常见类型的客户群体：

图 4-34 客户群体八大特征

1. 单身贵族人群

单身人士多为参加工作不久的青年人。他们积蓄不多，但又盼房心切，应采取阶梯式消费模式，随个人收入的增长、工作岗位的变化以及今后结婚生子，而适时地调换住房。单身购房者在购买住宅时应该考虑现在居住以及未来转手，一般来说，主要参考以下三方面。

参考1：住宅的地理位置

单身人士恰好处于立业之初，每天忙忙碌碌，早出晚归，因而，成熟的地段对他们而言十分重要。社区周边的交通应十分便利，距工作单位最好在半小时车程之内，如果每天把过多的时间浪费在路上将是非常可惜的。成熟地段的另一个含义是商业、文化、生活氛围应该浓郁，能够满足青年人衣、食、行、乐的业余生活需求。今后，若工作岗位变动，也可随之调换住房。由于原住房处于成熟的区域，出租或出售都将十分容易。

参考2：户型面积

单身人士没有必要购买大户型，从而令自己背上沉重的经济负担。现在市场上的小户型总价低、功能全，最受单身人士的青睐。对刚刚踏入社会的年轻人来说，较低的总房价可以使贷款压力相对小些。另外，贷款时应尽量选取较长的还款年限，这样在近期内还款压力较小，日后事业有了发展时还可以提前还款；对于单身人士而言，最重要的不是宽敞的客厅或像样的厨房，而是小巧的卧室兼工作室。

参考3：社区及周边配套

年轻单身人士，时间相当宝贵。快节奏的工作往往令他们无暇顾及个人生活，因而社区之内或项目周边最好应配备完善的生活服务设施，包括运动设施、商业设施等。

2. 拆迁家庭人群

拆迁家庭一般在原有住房区域居住时间较长，在那里生活便利程度要高于其他陌生区域。拆迁户虽然会因为旧房拆迁而得到一部分经济补偿，但旧房一般面积较小，所得到经济补偿并不足以购买一套理想的住宅。

拆迁家庭在新宅购买时主要考虑新居对原有生活的影响以及新宅价格，主要需关注以下几个方面。

（1）与原有生活区域重叠性

拆迁户一般生活在相对老、旧的社区内，而且生活时间较长，对老宅已经形成了强烈的生活依赖性，所以新居一般不要距离原住地太远，以尽量不破坏原有的生活习惯为宜。

（2）对于户型面积需求

拆迁户一般比较重视住宅的总价，虽然旧宅往往位于城市的中心区域，但面积极小，拆迁款总额难以满足置业需求，一般推荐购买原住地的二手房或相对偏远一些的商品房。

3. 新婚夫妇人群

新婚夫妇工作时间有限，积蓄不多，对房屋总价较为关注；新婚婚房对功能性的关注应该更有预见性；对社区内及周边的环境、配套要求相对较高。一对即将走进婚姻殿堂的新人对于住宅是比较挑剔的，通常情况下最注意的就是以下3点：

图4-35 新婚夫妇人群选房注意点

（1）住宅的功能性

新婚夫妇虽然购买新居时家庭人口较少，但应该考虑未来家庭结构的变化，一般来说应尽量选择两室的住宅。户型设计应该突出生活特点。

（2）住宅面积及价格控制

由于支付能力有限，同时婚后生活支出也呈上升趋势，所以新婚夫妇对于住宅的面积及总价要求较严格。

（3）社区及周边配套项目

周边最好配备完善的生活服务设施，包括运动设施、商业设施、医疗、幼教等配套设施。

4. 成熟家庭人群

成熟家庭通常结构稳定，经济条件较好，购买一般以改善居住条件为目的。此类购房者生活规律性较强，购房主要目的是改变现有居住条件中不理想的部分，所以，购房主要考虑住宅的功能性。通常情况下最需要注意的就是以下3点。

（1）住宅的地理位置

成熟家庭对于地理位置的挑剔程度较低，对于项目所处地点，只要交通便利即可。

（2）房屋功能成熟

家庭购房主要为改善居住条件，新宅的设计细节是他们最关注的。例如：

卧室开间最好在 3.5 米以上；

主卧面积最好在 15 平方米以上；

起居室开间最好控制在 4.2~4.5 米之间，使用面积不应小于 14 平方米。起居室应有直接采光、自然通风，起居室内应尽量减少直接开向起居室内门的数量，且至少一侧的墙面直线长度不小于 3 米。

（3）注重项目品质

因为购房主要是为了改善居住环境，因此购房者对项目的品质最为重视。此外还需要较好的物业服务。

5. 老年购房者人群

老年购房者一般对单套住宅的总价不太关注，住宅所处的位置、社区环境、医院以及物业服务情况最受这部分消费者看重。老年购房者对于住宅本身只要居住便利即可，但对物业和医疗、购物等周边配套要求较高。

（1）社区及住宅位置

老年人居住的社区通常位于发达城区中的偏僻处，一方面可以享受市区内全面的配套设施，老年人身体虚弱，社区周边最好具备生活、购物、休闲及医疗功能；另一方面老年购房者习惯安静的生活环境，闹市区的噪音及大量的人流会影响老年人的健康。

（2）社区环境

老年人体力不足，一般喜欢在社区内进行小运动量的健身活动，社区内不光要有这些健身设施的配置，还应该有一个比较优美的自然环境来满足老人对景观的要求，通常绿化率较高、园林景观、水景俱备的社区比较受欢迎。

（3）物业服务问题

老年社区内最受关注的问题就是物业服务问题，在这里物业服务不只是对公共部分进行维护和保养，更要深入住户中针对每一家的情况进行一对一点式服务，老人由于自身生理条件限制，许多家务无法从事，这些都要物业公司解决。

有些社区为老人配备了紧急呼叫器，随时为居民服务，处理家中出现的突发情况，深受老年消费者青睐。

（4）住宅的细节设计问题

图 4-36 老年人住户对于住宅的细节问题

老年人住户对于住宅的细节问题考虑得比较多：

① 楼层

通常不高于整栋楼高的三分之一；

② 位置

一般不考虑金、银角位置；

③ 采光

老年人要求居室，特别是卧室光照充足；

④ 户型内部

最好不要选择错层或跃层，也不要选择多角的钻石房。

6. 投资客人群

投资客分为短期投资与长期投资两类，通常前者投资住宅，靠短期住宅价格波动赚取差价；后者多投资商业或写字楼，以出租形式获利。

（1）住宅投资客

投资住宅通常在项目启动期内介入，以获得较低的成交价格，最理想的投资物业是中心景观区内、户型适中、楼层位于建筑物三分之一与二分之一之间的部分。

对项目本身应考查的因素就比较多，最主要的是位置，一个相对有发展的位置会使物业价值实现大幅提升，通常位置选择在市区边界或风景区内，未来有大规模建设的规划。

（2）商铺写字楼投资客

商铺与写字楼都是长期投资较好的项目，虽然住宅也可以先用于出租再抛售赚取利润，但出租获利远不如商铺与写字楼划算。商铺和写字楼都是成熟区域的才好，最好是传统的商业聚集区，商业或商务气氛浓厚。目前许多开发商都采取包租、回购政策，可以说商铺和写字楼是目前比较轻松的一种投资方式。

7. SOHO 一族人群

公司规模不大、资金有限或处于个人创业期,采用办公、居住两用,既节省资金又方便工作。SOHO 产品的一大特点是既拥有办公室通透、大方的设计,又拥有住宅的功能全面;既拥有比写字楼实惠的价格,又拥有与住宅一样的使用年限。SOHO 产品自问世以来一直颇受小型公司及创业者的青睐。

(1)地理位置

SOHO 产品很少单纯用于居住,通常都是以办公为主,产品所处的位置就是 SOHO 产品最大的卖点,位于成熟商务区内,交通发达便利是 SOHO 产品的最大卖点。成熟商务区带来的是大概率的业务成交机会,交通发达便利带来的是高效与快捷。

(2)项目配套

虽然最初的 SOHO 只是写字楼与住宅的中间型产品,但一经面市就备受追捧,现在的 SOHO 产品不仅可以与住宅比舒适性,还可以与真正的写字楼比拼配套设施。

8. 心灵富豪人群

心灵富豪们最关注项目的品质以及产品体现出的生活品位。他们购买能力极强,对生活品位有极高追求。对这类购买人群,项目位置及其他户型等细节问题都不重要。

他们喜欢项目地段、设计、选用材料都用最好的,但他们更关心项目品位和特色是否和他们品位相符。

他们更关注社区人文环境的营建、居住人群素质的整体水平等。从根本上讲,心灵富豪们最需要的也许并不是一栋栋房子,而是居住在那里、贴近自然而又不远离文明的生活方式,以及一群和他们身份相符、品位接近的邻居们。

第四节 如何寻找潜在客户

潜在客户是开发商的另一笔重要财富，如何寻找与挖掘潜在客户是开发客户的重要手段，是房地产项目前期客户研究的重要目的。

一、潜在客户细分研究步骤

潜在客户细分的研究有三个步骤：第一阶段，先确定细分变量；第二阶段，将非主体消费群分离出去；第三阶段，根据制定的细分变量进行市场细分。

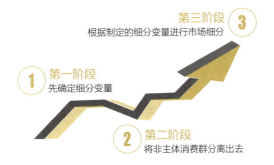

图 4-37 潜在客户细分研究的三个步骤

二、潜在客户细分群体描述

房地产是一种特殊产品，客户购买行为受多方面因素影响。分析项目潜在客户，不能将个人作为项目的客户，而应以家庭为单位，通过对家庭背景与购房特征进行分析，圈定潜在客户。综合运用各项衡量指标，可将房地产项目的客户细分成以下八个群体：

图 4-38 潜在客户细分群体

1. 青年之家

家庭特征

家庭典型结构是没小孩、没老人，自由的青年夫妻，教育程度比较高；事业尚处于起步阶段，生活没有其他拖累，收入相对较高，对未来充满希望；经常和朋友往来，休闲开支较多，从事健身、泡吧等时尚、健康活动的比例高，是电子影像的主要消费群。

购房特征

处在人生的独立阶段，购房的动机主要表现寻找栖息的场所、标志独立的符号；强调房屋的个性、情感寄托功能、社会标签功能，以及对工作的帮助；购房的面积尽管不要求太大（96平方米），但能够承受的单价相对较高，期望购买的房子能够在城市的中心区位，而且周边娱乐健身方便。

2. 小太阳家庭

家庭特征

青年夫妻带着年龄较小的小孩，小孩年龄较小，一定程度上是家庭的中心；孩子、老人的拖累尚未显现，事业有一定程度的发展，收入相对较高；各种闲暇消费较青年之家大为缩减，外出购物、市内旅游等家庭休闲方式逐渐凸现出来，电子影像、健身等个人休闲方式逐渐淡化。

购房特征

有小孩，孩子教育、成长成为他们购房的主要因素；他们打算购买的房屋面积较青年之家要大一些，但能够承受的单价却要低一些；因为孩子小以及本身比较年轻的特点，他们期望购买的房子所在的区域在教育资源方面比较丰富，尤其是幼儿、小学教育；在娱乐健身方面也有一定期望。

3. 后小太阳家庭

家庭特征

中青年夫妇带着年龄较大的未成年孩子，孩子读小学或者初高中；家庭主要成员教育程度较小太阳家庭已明显降低，在国营/国有企业就业的比例上升（近 1/3），家庭收入有所下降，家庭拥有汽车或打算购买汽车比例低于平均值；各种休闲消费活动从事得较少。

购房特征

对孩子成长的关注同样也体现在他们对房屋价值的认同方面。因为孩子尚在上学，为了孩子更好地成长就成了他们购房的一个主要动机；他们能够接受的房屋单价较小太阳家庭低，尽管购房面积方面没有大的变化。相对于小太阳家庭，这个群体在住房的文化教育环境方面尽管要求还很高，但已有所下降；对健身娱乐的需求低于平均水平。

4. 中年家庭

家庭特征

中年夫妇带着成年的孩子，孩子尽管已经成年，但经济方面尚未自立，家庭收入比较低；孩子已经成人，家庭主要成员又处在中年，对个人事业关注度开始增强；主要选择不花钱的、室内的、近距离的闲暇方式（例如看电视、散步）。

购房特征

对房屋的财产特征和基本功能（吃饭睡觉）比较看重。他们中有 1/4 购房的原因是原来的房屋要拆迁，另外孩子（长大）独立也是一个重要原因；在房屋特征需求方面，他们比较强调生活便利和中心区位，对其他方面的要求低于平均水平；购房资源较少，能够接受的每平方米单价较低。

5. 更新家庭

家庭特征

老人跟结婚或没结婚的青年（尚没小孩）在一起；孩子已长大成人，教育程度较高，已参加工作，成为家里经济收入的主要来源。整个家庭的收入也随之增加；像青年之家一样，电了影像消费再次被重视，一些高消费的时尚、健康闲暇活动从事的比例也高了起来，例如国内省际旅游、泡吧等。

购房特征

因为有老人，他们会比较看重房屋"老人生活、养老"空间的功能，强调房屋对工作的帮助；孩子已经长大，"结婚"成了他们中近 1/3 群体购房的主要动机，不想租房等在青年之家、小太阳家庭中比较突出的动机也表现了出来（这三群人中外地人比例都较高）；不太关注房子是否在城市的中心区位，比较看重健身娱乐设施和社会标签方面的表现（主要是青年孩子做主）。打算购买的房子较大，多在 100 平方米以上，能够接受单价较高的房子。

6. 三代大家

家庭特征

中青年夫妻带着孩子，还有老人；家里比较在乎孩子的成长、教育，但因为孩子年龄较大，关注度已远不如小太阳家庭和后小太阳家庭；不花钱的、室内的、近距离的闲暇方式（例如看电视、散步）高于平均水平，其他休闲活动特征不明显。

购房特征

因为上有老、下有小，他们非常看重房屋"老人、孩子生活"空间的功能，另外也非常看重房屋的财产特征；给老人、孩子更好的生活环境是他们典型的购房动机；房屋特征方面，他们非常看重房屋质量等务实特征，另外强调所在小区生活便利、环境优美等特征。他们打算购买的房子较大（111 平方米），能够接受的价格较高。

7. 老年家庭

家庭特征

老年夫妻带着未结婚成年孩子；作为家里主要收入来源成员的教育程度大多数很低，其中 48% 在工作单位中处在基层（平均水平为 35% 左右）。其中本地人占了 91%；除了不花钱的、室内的、近距离的闲暇方式（例如看电视、散步）高于平均水平外，其他闲暇活动均低于平均水平；家庭文化、经济等资源都相对匮乏。

购房特征

房屋在这类市场中更多的是被看成"财产"或"吃饭睡觉"的地方，其他功能相对其他市场都被淡化；除目前条件差以外，打算购房的主要动机则是孩子成年；房屋特征方面，除了对生活便利要求较高，对文化教育不太看重外，其他方面接近于平均值。打算购买的房屋较小，能够接受的单价不高。

8. 成功家庭

家庭特征

家庭结构非常分散，来自各个方面。其突出特点是家庭收入远远高于其他家庭；家庭生活中与相对层次较高的人来往的情况较多（上层交际）；闲暇活动中高消费的时尚、健康活动、高层次演出观看活动、省际、国际旅游活动的情况都较其他市场群体多；家庭中拥有汽车的比例很高，主要家庭成员自己开公司或者做买卖的比例很高（68%，平均水平为25%左右）。

购房特征

对房屋的社会标签功能相对其他群体更为看重；购买房屋的动机方面，强调房屋提升（想拥有更大的房屋）的特征非常明显，其次考虑照顾老人的需要；房屋特征方面，比较看重社会标签、中心区位、优美环境和各种健身娱乐设施。打算购买的房子比较大（138平方米），能够接受的单价很高。

三、潜在客户细分群体人口背景统计的6个内容

研究潜在客户细分群体的人口背景，可以从以下六个方面去调查统计：

图4-39 细分客户人口背景的六个方面

1. 年龄特征统计

表4-20 客户年龄特征统计表

	合计	各客户群体
基数=所有被访者		
年龄	%	%
25~29岁		
30~34岁		
35~39岁		
40~44岁		
45~49岁		
50~54岁		
55~59岁		
60~64岁		
均值（单位：岁）		

2. 是否拥有汽车及房款来源统计

表 4-21 客户拥有汽车及房款来源统计表

基数 = 所有被访者	合计	各客户群体
汽车	**%**	**%**
拥有汽车		
未来 3 年内有购车意向		
房款来源	**%**	**%**
自己 / 配偶的收入和积蓄		
父母 / 子女的支援		
向其他亲戚朋友借		
银行贷款		
单位房改给的补贴		
拆迁补贴		

3. 受教育程度统计

表 4-22 客户受教育程度统计表

基数 = 所有被访者	合计	各客户群体
受教育程度	**%**	**%**
初中或以下		
高中 / 中专 / 技校 / 职校		
大专	%	%
大学本科		
硕士或以上		

4. 职业背景统计

表 4-23 客户职业背景统计表

基数 = 所有被访者	合计	各客户群体
职业	**%**	**%**
在公司 / 单位 / 机关里工作		
国营 / 国有企业		
集体企业		
私营企业		
外资 / 合资企业		
科教文卫		
自己开公司 / 做买卖		
1~2 人		
3~5 人		
6~10 人		
11~50 人		
自由职业		
退休 / 下岗 / 待业		
销售		

5. 家庭年收入统计

表 4-24 客户家庭年收入统计表

基数＝所有被访者	合计	各客户群体
家庭年收入（万元）	%	%
3 万以下		
3~5 万		
5~7 万		
7~10 万		
10~15 万		
15~20 万		
20~25 万		
25~30 万		
30 万以上		
均值（单位：万元）		

6. 职业地位统计

表 4-25 客户职业地位统计表

基数＝所有被访者	合计	各客户群体
职业地位	%	%
高职业		
高职业地位（公司/单位）		
高层管理者		
中层管理者		
小业主（5 人以上）		
自由职业（包括退休/离休、下岗）		
低职业		
低职业地位（公司/单位）		
一般职员		
小业主（5 人以下）		
自由职业		

四 潜在客户细分群体购房行为特征分析的五个方面

研究潜在客户细分群体的购房行为特征，可以从以下五个方面进行调查统计：

图 4-40 细分客户群体行为特征的五个方面

1. 购买房价

表 4-26 潜在客户购买房价分析

基数＝所有被访者	合计	各客户群体
购买房价	%	%
40 万元以下		
41~50 万元		
51~60 万元		
61~70 万元		
71~80 万元		
81~100 万元		
101~120 万元		
121 万元以上		
均值（单位：万元）		

2. 购房面积

表 4-27 潜在客户购房面积分析

基数＝所有被访者	合计	各客户群体
购房面积	%	%
50~69 平方米		
70~79 平方米		
80~89 平方米		
90~99 平方米		
100~109 平方米		
110~119 平方米		
120~129 平方米		
130~139 平方米		
140~149 平方米		
150~159 平方米		
160~200 平方米		
均值（单位：平方米）		

3. 购房单价

表 4-28 潜在客户购房单价分析

基数＝所有被访者	合计	各客户群体
购房单价	%	%
5000 元 / 平方米以下		
5000 ~ 6000 元 / 平方米		
6000 ~ 7000 元 / 平方米		
7000 ~ 8000 元 / 平方米		
8000 ~ 9000 元 / 平方米		

9000～10000元/平方米		
10000～12000元/平方米		
12000元/平方米以上		
均值（单位：元/平方米）		
150~159平方米		
160~200平方米		
均值（单位：平方米）		

4. 装修房接受率

表4-29 潜在客户装修房接受率分析

	合计	各客户群体
装修房的接受率		
基数＝所有被访者	%	%
毛坯房		
装修房		
能接受的装修价格范围		
基数＝购买装修房的被访者		
500元/平方米以下		
500~799元/平方米		
800~999元/平方米		
1000~1199元/平方米		
平均值（单位：元/平方米）		

5. 接受与拒绝装修房的原因

表4-30 潜在客户接受与拒绝装修房的原因分析

	合计	各客户群体
接受装修房的原因		
基数＝购买装修房的被访者	%	%
装修房可以省去自己装修的麻烦		
装修房可以比较快入住		
装修房比自己装修的效果好		
拒绝装修房的原因		
基数＝购买毛坯房的被访者		
装修房价钱太高，不如自己装修划算		
装修房的装修风格我可能会不喜欢		
对装修房的质量信不过		
我希望按照自己的风格装修，不希望现成的		

案例 成都市某项目潜在客户细分研究的五个阶段

第一阶段：确定细分变量

以 X 代表优先级别，以 Y 代表细分变量，建立如下的表格：

表 4-31 按优先级别和细分变量建立的表格形式

	X1		X2		X3	
	XX1	XX2	XX3	XX4	XX5	
	XXX1	XXX2	XXX3	XXX4	XXX5	XXX6
YY1						
YY2						
YY3						

优先级别分为三个层级，细分变量包括家庭收入、家庭生命周期等。

表 4-32 细分变量优先级别表

细分变量	优先级别
家庭收入	第一层级细分变量
家庭生命周期	第二层级细分变量
其他细分变量（如是否为本地人等）	第三层级细分变量

第二阶段：分离非主体消费群

在研究中，出现了一群为他人买房的消费者，这群消费者在城市主城区细分研究中应该排除，该细分群体称为两代情深，占总群体的 9%。

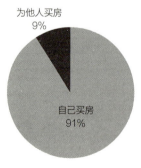

图 4-41 研究样本中的买房人决策占比

第三阶段：使用第一层级的细分变量（收入、职教）

表4-33 第一层级细分变量表

职教＼收入		8万以下	8~20万	20~25万	25万以上
为自己买房	低职教	A区：务实之家	B区		C区：富贵之家
	中职教				
	高职教				
D区：两代情深					

分离出A区"务实之家"、C区"富贵之家"、D区"两代情深"，整合B区。

考虑到务实之家有一部分人也会购买房价80万以上的房产，而且这部分人里以高职业地位者居多，故对务实之家进行了修正，即从A区消费者里减去房价80万以上且为高职业地位的消费者作为务实之家。

第四阶段：引入第二层级的细分变量（家庭生命周期）

家庭生命周期主要考虑两个因素：年龄和家庭结构

年龄细分：青、中、老

家庭结构细分：有无小孩、有没有和父母同住

表4-34 第二层级细分变量表

青年	无小孩	和父母住
		不和父母住
	有小孩	和父母住
		不和父母住
中年	无小孩	和父母住
		不和父母住
	有小孩且同住	和父母住
		不和父母住
	有小孩但不同住	和父母住
		不和父母住
老年	无小孩	和父母住
		不和父母住
	有小孩且同住	和父母住
		不和父母住
	有小孩但不同住	和父母住
		不和父母住

引入"家庭生命周期"对B区作进一步细分。

表 4-35 第二层级细分家庭生命周期细分表

		无小孩	有小孩			
			0~11 岁	12~17 岁	18~24 岁	25 岁或以上
父母不住	25~34 岁	青年之家	小太阳	后小太阳	—	—
	35~44 岁				中年之家	
	45~64 岁	老人一代				青年持家
父母同住	25~34 岁	青年持家	孩子三代		—	—
	35~44 岁	老人二代			老人三代	
	45~64 岁					

第五阶段：引入第三层细分变量（外地人和本地人）

引入"本地人和外地人"对"青年之家"、"青年持家"、"富贵之家"作进一步细分

表 4-36 本地人和外地人细分表

外地人和本地人	范围
本地人	成都户籍，出生在成都 成都户籍，出生地不在成都，父母是成都人
外地人	成都户籍，出生地不在成都，外地来成都 外地户籍

成都市主城区未来购房者市场细分结果

表 4-37 成都市主城区未来购房者市场细分结果

富贵之家（11.4%）		本地人（5.4%）
		外地人（6%）
社会新锐（26.8%）	青年之家（10.6%）	本地人（5.4%）
		外地人（5.2%）
	青年持家（7.4%）	本地人（4.2%）
		外地人（3.2%）
	两代情深（9%）	为子女买房（8.8%）
		为父母买房（0.2%）
健康养老（14.6%）	中年之家（4.8%）	
	老年一二三代（9.6%）	
望子成龙（31.8%）	小太阳（16.2%）	
	后小太阳（8%）	
	孩子三代（7.6%）	
务实之家（15.4%）		

第五章
Chapter Five

竞争产品分析

竞争产品分析是策划过程中的重要环节,正所谓"知己知彼,百战不殆"之兵法。竞争产品分析即是充分了解对手的过程,是对所研发产品的同类型产品进行分析讨论,并给出类比归纳的分析结果,用以了解现有产品的相关信息,从而借鉴于研发产品中。

在房地产项目的操盘过程中,竞争产品分析需要做三个对比分析:周边项目开发商品牌、周边项目现有体量、市场占有,从而确立自身的产品定位。

第一节 竞争产品分析内容及流程

竞争分析是一项长期工作,需要定时进行,从企业品牌、项目进展、营销方式,到销售价格、成交状况、客户来源分析等环节,竞争分析应该伴随着这些过程,从而提高数据准确性,达到对房地产行业一个持续的积累和判断,最后实现对房地产行业具备持续的积累和判断,而不是突然想到要做竞争分析才去做。

竞争产品分析即从竞争对手或市场相关产品中圈定一些需要考察的角度得出真实情况。比如在开发项目前,根据事实列出现有的或潜在的竞争产品或者自己产品的优势与不足以作详细分析。

竞争产品分析的分析过程主要分为主观和客观两个方面:

客观层面分析

主要围绕竞争产品的硬件、客观环境和条件,以及产品的功能性进行分析;

主观层面分析

主要为对客户的接受及喜恶程度进行数据对比之后发现的自身优势和劣势等进行的分析。

图 5-1 竞争产品分析贯穿的环节

一、竞争产品分析作用

房地产行业每天都有新企业成立,新的开发商拿到开发资格后开始做项目开发。这类开发商在进行新项目开发之前,至少需要确定四件事:竞争对手值得学习和借鉴的地方、自己需要避免的地方、开发项目中有潜在风险的地方以及会有冲突的地方等。

竞争产品分析的作用体现在 5 个方面:

① 为企业制定产品战略规划、产品布局、市场占有率提供一种相对客观的参考依据;

② 随时了解竞争对手的产品和市场动态;

③ 可掌握竞争对手资本背景、市场用户细分群体的需求满足和空缺市场,包括产品运营策略;

④ 自我快速调整、以保持自身产品在市场的稳定性或快速提升市场占有率;

⑤ 新立项产品缺乏行业沉淀,或所决定开发的产品没有形成较为有效完整的系统化思维和客观准确方向,可以借助竞争产品分析促进开发企业内部系统化。

二、竞争产品分析的内容和工作重点

1. 分析步骤

竞争产品分析大体上应该有如下步骤:

① 设定分析目标——竞争对手/同类产品;

② 将同类产品进行多维度信息分析;

③ 根据比较结果作进一步对比分析。

2. 分析框架

前期策划中的竞争产品分析主要解决两大关键问题,即如何界定竞争项目以及竞争分析方法选择,其分析内容框架如图 5-2 所示。

第五章 竞争产品分析

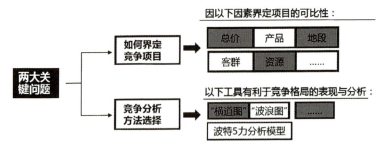

图 5-2 竞争产品分析框架

竞争产品分析包含：竞争产品、界定竞争产品、分析维度、分析的"度"四部分内容。

图 5-3 竞争产品分析内容

（1）分析范围

竞争产品分析需要确定竞争产品的范围，可以作为分析的对象的有：项目周边区域有直接竞争关系的产品以及其他区域同类产品中优秀且受大众欢迎的产品。

确定竞争产品分析范围时，必须注意，不是所有受大众欢迎的优秀产品都适合用于项目对比，在数量上可以选择较为优秀的项目进行分析，但不需要求大求全地选择所有产品。

如何在本行业中有效地选择竞争产品进行分析？

收集竞争产品及竞争对手的信息是个耗费时间的过程，利用"二八法则"进行筛选能有效节省时间。在竞争环境激烈的市场中，通常 80% 的市场总税收被 20% 的竞争者占有，因此，只需要密切关注那 20% 的竞争产品即可。

（2）界定竞争产品

一般来说，界定竞争产品的思考路径可以分为以下几个步骤：

图 5-4 界定竞争产品思考路径

在房地产行业里,开发商可以通过分析客户购房的三个关键关注点来选取所需要的竞争产品:

① 区位因素

项目竞争产品在地缘、交通、资源、配套等外部环境角度上要跟开发项目相类似。可以是全国知名大项目,也可以是区域竞争力较强、销售情况比较理想的区域性项目。

② 产品因素

项目竞争产品在产品上要具备三个前提:与本项目同类型;可提供借鉴经验的项目或是可替代型;有直接竞争关系。这样更容易明确项目的优劣势和竞争力。

③ 价格因素

竞争产品项目要与本项目销售单价或总价相类似,通过对竞争产品销售情况、客户来源、客户群体等方面分析,能产生帮助本项目制定有效的推广营销策略、尽快打响知名度、抢占市场份额的作用。

选择好竞争产品之后,根据项目的竞争强度,还可以把确定的竞争产品进行层级划分,按照与本项目的竞争关联强度排序,可分为"核心竞争产品"、"可变竞争产品"和"干扰竞争产品"。其中,核心竞争产品将会跟本项目产生最直接的竞争关系,各方面条件都十分接近,而干扰竞争产品则是跟本项目相差较大的竞争产品,对本项目未来的客户分流力度最弱。

图 5-5 竞争产品层级划分

(3) 分析维度

界定完竞争产品后,需要对竞争产品进行详细且全面的研究、分析。

核心竞争产品对即将推广的项目影响力和竞争力都比较大,必须要进行深入剖析,在深入研究基础上为决策、推广和销售提供借鉴和参考。

地产行业的竞争产品分析,一般围绕四个维度进行分析:概况、产品、客户、营销;这四个维度之下又可以分出更为具体的内容做对比,如产品、企业品牌、销售价格、客户来源、营销方式、成交状况等。

第五章 竞争产品分析

图5-6 竞争产品分析主要分析维度

竞争产品分析是开发商进行项目开发前需要做的一项基本工作,不同类型物业开发分析的侧重点会有所不同。

旅游地产开发

更注重自然环境、旅游市场和酒店、高尔夫球场、温泉等度假体系;

商业写字楼开发

更注重商业地段、物业服务、风景和软环境;

住宅物业开发

需要对地理位置、周边环境及配套、交通便捷度、户型、容积率方面进行分析。

这些分析维度可以相互联系、交叉,如今项目开发趋向多元化,一个项目往往兼顾多种物业开发,比如写字楼和住宅开发或旅游城和度假别墅开发。

(4)分析的详细"度"

竞争产品分析可以做得很细,但必须从分析目的及需求出发,拿捏好分析的详细度,在进行分析时根据所需要的详细度开展工作。越详细的分析越消耗时间。因此,让企业自身能够充分了解产品优缺点及竞争产品优缺点就足够了,还可以根据开发项目大小适当缩小分析的范围和深度。

3. 竞争产品分析的两个内容

竞争产品分析内容大致可以分为以下两个方面:

① 属性罗列

就产品需要对比的各个维度展开,进行全面信息收集、罗列并分析,需要将各个竞争产品的相关信息——呈现,这是竞争产品分析的基础。

② 分析评价

在这个部分,依照先前罗列出来的各个维度进行分析评价,例如住宅项目中,对交通状况、地理位置、周边配套、小区绿化、梯户比、户型的分析评价。

就地产项目前期策划中的竞争产品分析而言，分析的详细内容总结如下：

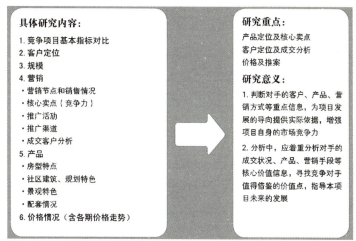

图 5-7 竞争产品分析具体内容框架

竞争产品分析是创新的基础，而非创新的框架，并不是竞争项目中有的，自己项目就一定得有，竞争产品分析就是要明确自己项目需要做的、能做的，以及如何做。

 # 某市某项目异地推广竞争对手与项目分析

一、客户为什么要来该市置业？

罗列原因：

本市交通方便？天气好，夏季凉爽？地域文化差异最小？多民族风情的山水文化？投资回报率高？

如果仅仅包装城市形象，避暑之都也好，森林之城也罢，该市本身只对旅游客有吸引力，但对置业者、投资者吸引力欠缺。然而，该市的确需要给全国准备来该市置业的客户群体一个解释，展现当代城市面貌，项目可以借此机会承载这一使命。

异地市场的推广思考上，基于以上定位，把城市形象推介与项目价值捆绑输出，吸引省外投资入群。

二、竞争对手——某项目

本项目的最大竞争对手，比本项目先行一步进入重庆市场，并且开始了第一波宣传，他们的第一张牌是：城市形象。

目前，该竞争项目初步诉求主要有以下三几点：

① 项目所在城市的宜人气候和未来发展潜力；

② 项目的城市中心地位；

③ 低总价诉求：36万到项目所在城市买房度假。

如何看待竞争？

客观上说，在推荐城市价值的这个层面，该竞争项目已经为本项目做了一定程度的铺垫，异地目标客群对于到项目所在城市的投资抵抗性和陌生感也将在该竞争项目的初步推广中逐渐淡化，本项目可以顺水推舟，直接从项目度假功能开始推广。

三、本项目与该竞争项目产品比较

表 5-1 本项目与竞争项目产品比较

对比项目	本项目	竞争项目	备注
销售均价	4200元/平方米	4000元/平方米	
容积率	2.36	6.7	2009年异地推广所在城市容积率为5.0
梯户比	32~33层2梯3户~2梯4户	36~48层3梯9户~4梯10户	
企业品牌	本土最大开发商，20余年开发经验，开发过多个楼盘，知名度高	至今开发过两个楼盘	
自然资源	沿河景观长廊，森林环城林带，大型社区公园	6大主题公园（包括近10万㎡自建湿地公园）	
医教配套	名校、省级重点医疗资源、多个优质温泉（1个温泉疗养院）	8所学校、三甲综合医院、5星级疗养院	
游乐设施	10公里滨河环形自行车道、观光小火车、全国最大巨幕影城、歌剧院、海洋馆、室内滑雪场、家庭娱乐中心、国际主题乐园	3D影院、30片羽毛球场、30片网球场	

从产品的角度上看，本项目的容积率、梯户比都比该竞争项目低，居住的舒适性更强。

从环境的角度上看，本项目拥有许多原生态自然景观，而该竞争项目则人工造景多些。

从配套的角度上看，本项目拥有大量的世界级度假休闲配套，也是优于该竞争项目的优势。

真正能与该竞争项目拉开竞争的，是本项目的度假、休闲、养生配套，度假的纯正性与配套级别决定投资的价值。

三 竞争产品分析流程中的模型及方法

竞争产品分析是前期策划中的重要环节，竞争产品分析工具是策划人员应当重点掌握的。在前期策划中，主要用到的模型及方法有以下五种：

图 5-8 五种前期策划的模型及方法

1. SWOT 竞争分析法

SWOT 分析已逐渐被许多企业运用到包括：企业管理、人力资源、产品研发等各个方面。作为一种特殊产品的研发，房地产开发项目也越来越多地运用到 SWOT 分析。

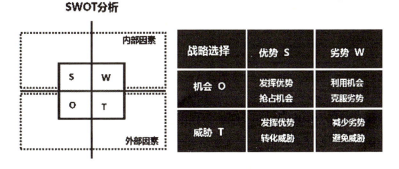

图 5-9 SWOT 分析框架

SWOT 分析实际上是将企业内部条件及内容进行综合概括，然后通过对优势、劣势、机会和威胁加以综合评估与分析得出结论，然后再调整企业资源及企业策略，来达成企业的目标的一种分析策略。

优势与劣势分析主要围绕企业自身的实力及竞争对手或竞争产品的比较展开，机会和威胁分析将集中在外部条件的变化和对企业可能造成的影响上。在分析时，要把所有内部因素集合在一起利用外部力量来进行评估。

运用SWOT方法分析问题一般可以分为3个层次，在实际应用中，一般只做前两个层面就可以。

图5-10 SWOT方法分析问题三个层面

（1）基本面分析

基本面分析是最基础层面的分析，即揭示项目的表象。一般在还没立项之前就会有这样的研究分析。

 A 是旧城商业街改造项目

通过简单的分析，我们可以得到这样的一些结论：
优势是：地处市中心、交通方便、人口集中。
劣势是：地价昂贵、拆迁费用大、基本配套设施老旧。
机会是：政府加大旧城改造力度，给予众多优惠条件。
威胁是：市中心商业街众多，并有相似类型的项目形成竞争。
这些是通过初步判断得出最直观的结论，略加思考即能得出，只能作为决策参考的基础。

（2）辩证法分析

辩证法分析是对基本面分析结论进行深一步探讨，运用辩证观点去分析优劣势、机会和威胁。它是从表象入手，探讨解决问题的方向。

对某旧城商业街改造 A 项目的进一步分析

① 优势 进一步分析

地处市中心

市中心确实是热闹繁华的所在，但随着城市向外延伸，市中心概念也将越来越淡薄，并被逐渐形成的其他城镇中心分流客源。

交通方便

交通方便具有两面性，地块的公共路线四通八达，然而堵车仍是一个致命伤。拥有私车的消费阶层是较具购买力的群体，但他们会不会因为这样的不方便因素而放弃到这里逛街购物？

人口集中

人口集中是商业街经营的关键，人多自然购买就多。但这些人的购买力如何？消费意识怎样？这些问题仍然需要深入调查。

② 劣势 进一步分析

地价昂贵

由于地段原因，地价比其他地区会高出许多。然而，与同档次地段进行横向比较，该地块也并不是最贵的。并且，这样的黄金地段，上涨的幅度可能很大。

拆迁费用大

这部分支出不可避免，处理不当将会造成不良后果。但是，如果加以严格的管理、规范流程并辅以耐心细致的工作，也是能够将成本降到最低。

基本配套设施老旧

这方面是可以通过改造实现转变的，关键是成本核算的问题（究竟哪些方面需要改造？费用多少？投入和产出是否成比例？）。

③ 机会 进一步分析

机会是政府承诺的优惠条件，但仍需要考虑：优惠条件有哪些？哪些能够兑现？兑现的可能性又如何？在优惠的同时是否会捆哪一些额外的要求？等等。

④ 威胁 进一步分析

威胁来自于相似类型的竞争项目。然而，这些项目也为开发提供了借鉴，如果能够认真分析同类项目的得失，未尝不能"后发制人"。

分析思路基本如上文所提到的，但真正的项目所需要分析的内容远不止这样简单。

（3）程度（概率）分析

程度（概率）分析在实践运用中更为复杂，它需要对不同因素进行影响程度分析，也会运用到因子分析、聚类分析等统计方法。这一步骤是要描述产生问题各因素之间的关系，确定解决方案。当然，分析项目成功的可能性和利润空间是终极目标，这需要运用结构方程式对各种变量的发生概率、影响程度、作用条件等进行解构，从而得出需要的结果。

A 项目优势分析

已经知道 A 项目的优势有三点：地处市中心、交通方便、人口集中。

① 要把地处市中心这个因素转变为可量化的指标，设定成一个数值变量，同时通过经验公式分析它的影响程度。

② 分析交通因素，考察周边的公交路线、轨道交通共有几条，这些线路带来多少人流、人群的构成，也要对车流情况进行观测，当然最重要的是考察这些车在该地区是否有停留行为，最好能分析出停留的原因。

③ 考虑人口因素，主要是周边人口数量、目前人流量、吸引外来人流量、主要客流的人口特征（消费群体特征描述）、目前消费群体的购买力、潜在客流及其购买力等，这些因素都需要进行变量设定、赋值并按其类型加入方程式进行求解。

这些因素可能有交叉或重复计算的危险，如：交通与引入人口。所以，在结构方程式设立的时候就需要全面考虑，并且在实际调查过程中对方程式及时进行必要的修改以确保结果的正确有效。

2. POWER SWOT 分析法

与其他许多战略模型一样，SWOT 模型分析方法由 H.Weihrich 提出并运用于商业管理中由来已久，已经带上了时代局限性。以前，企业比较关注成本、质量和利益，但现在企业会更重视组织结构、管理和流程。

经济飞速发展、变化无常的时代，SWOT 的弊端是，没有考虑到企业改变现状的主动性，因为，企业是可以通过寻找新的资源来创造其需要的优势，达到其设定的战略目标。

不难发现，许多场合和情况都可以运用 SWOT 模型进行分析，这是它的适应性，然而这会导致反常现象发生。因此，需要一个更高级的分析方法——高级的 POWER SWOT 分析法能弥补基础 SWOT 分析方法所带来的局限。

（1）高级 SWOT 分析法内容

表 5-2 高级 SWOT 分析法内容

	内容	意义
P	个人经验（personal experience）	作为地产企业的领导者，在进行决策的时候除了会参照调研数据之外，还会基于自己的经验、知识、技巧和态度结合起来做出决定，领导者的洞察力与直觉将会对 SWOT 法产生很大的影响
O	规则（order）	在对项目进行 SWOT 模型分析的时候，因为内在优势与劣势和外在机会与威胁之间难以清楚界定，所以很容易把机会与优势、劣势与威胁的顺序混淆。比如，在金融危机的背景下，人们会把传统行业的衰退当做威胁而非看到新兴行业的兴起的潜在机会
W	比重（weighting）	在初级 SWOT 分析中，其各种要素不会进行比较赋予权重，但作为企业必须要意识到所有的要素之中是有轻重缓急之分的，通过对各个要素进行权重赋值，比如威胁 A=30%，威胁 B=15%，威胁 C=55%（总威胁 =100%），可以有目的性地对企业做出适当的调整应对威胁和规避劣势
E	重视细节（emphasize detail）	SWOT 模型分析法通常会忽略细节、人的推理和判断，在平常的分析中，大多数分析都是围绕 SWOT 这四个方面而展开，所以结果往往是忽略了一些同样能够帮助做出决策的关键词。比如"技术"并没有出现在 SWOT 里的任何一个阵里，但是"技术能够使得营销人员通过移动设备更靠近购买点，这能给本公司带来竞争优势"这句话将帮助决定如何最佳地评价与比较各个要素
R	权重排列（rank and prioritize）	将能够产生最重要影响的要素进行排列，然后考虑那些排名最靠前的要素。比如，三个项目市场机会中，机会 C=75%，机会 A=20%，机会 B=5%，那就应该首先把项目着眼于机会 C 的发展然后是 A 最后才是 B

（2）高级 SWOT 分析

初级 SWOT 分析主要应用于比较简单的、低成本的企业业务拓展和投资决策。它评估的项目并不详细也不完善，并且没有赋予分值进行要素衡量，而高级的 SWOT 可以弥补这种局限。

高级 SWOT 的分析表会对每一个要素进行打分，这种定量分析对决策者十分重要。投资商在考虑每一项因素时，如若只参考感性的大致影响和权重的话，随着项目分析的增加，分析结果就无法得出客观和能作为决策依据的结果，或无法分析出自己所在企业对于即将开展的工作是否存在优势。

高级 SWOT 分析避免了上述问题，在分析中引入分析表。不同于初级分析表，高级分析表更为详细，且对每一项要素都根据调研得来的数据赋予了一定的权重值。

表 5-3 ××房地产企业新项目开发高级 SWOT 模型分析表

	项目	评判内容	总分值/总权重
优势	内部因素		
劣势	内部因素		
机会	外部因素		
挑战	外部因素		

高级分析表所进行的权重打分，依据的是竞争对手长期从事地产行业经营和管理而形成的每项评判内容的重要程度。评判内容的权重和分数不尽相同，视其对决策影响程度不同而改变。

做 SWOT 分析，调查和调研十分关键，调查得来的数据虽然不能完全代表市场和企业，但这样的一个过程能够使企业更好地了解自己和竞争对手的公司所处的位置。

当然，在做 SWOT 分析的同时，也要随时注意市场的动态，及时更新数据以确保得出的分析和结论能够作为预测市场走势和供决策者参考的依据。

3. 竞争横道图

在项目前期策划中，尤其竞争项目分析时，使用横道图分析非常直观有效。

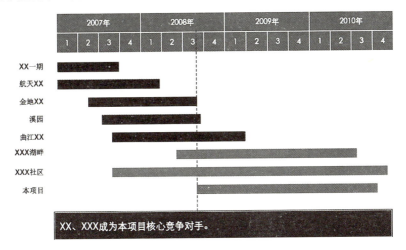

图 5-11 地产竞争项目横道图分析

4. 二维坐标分析

进行竞争项目分析时，除使用横道图分析外，还有一个重要的方法，就是使用二维坐标分析，二维坐标法可以帮助策划人迅速找到项目的竞争优势。

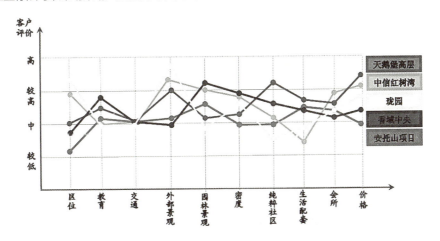

图 5-12 地产项目策划二维坐标分析示例 1

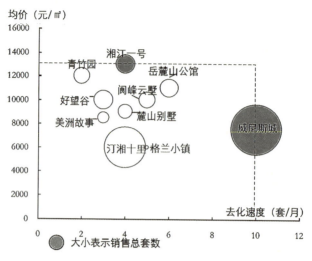

图 5-13 地产项目策划二维坐标分析示例 2

5. 雷达图分析

在地产策划中,可以使用雷达图多维度对竞争项目进行分析,从而找到项目本身具体的优势和劣势。

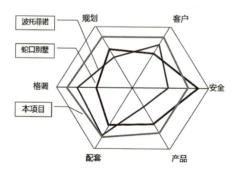

图 5-14 地产策划中的雷达图竞争分析

四 竞争产品分析案例演示

分析研究要点集中在客户对产品的反馈,以采访销售人员、策划人员、客户得到的反馈为基础,考虑各产品的成功和失败背后是否与其产品的可导入性和导入手段有关。我们选择北京市一个项目作为项目精品个案来了解如何做竞争产品分析。

1. 项目基本情况

表 5-4 项目基本情况

地理位置	北京朝阳区建外大街 2 号
项目概况	用地面积：31305 平方米
	总建筑面积：350000 平方米
	中央主楼地上 63 层，高 249.9 米
	东西两栋配楼地上 42 层，高 186 米
	裙楼 4 层，高 24 米
	地下 3 层
功能组合	物业：公寓、酒店服务式公寓、写字楼、商业
	东西两栋配楼：写字楼，目前已分别售给美林集团及中国人保
	中央主楼：公寓和酒店

2. 项目功能分区

表 5-5 项目功能分区

写字楼	两栋 44 层办公楼，每栋地上面积 7.2 万平方米，标准层 1849 平方米（层高 4 米）
银泰大厦	柏悦府：主楼 50~58 层共 21 套，建筑面积 17410 平方米
	柏悦酒店：34~49 层，59~63 层酒店配套，237 间客房，建筑面积 4 万平方米
	柏悦居：7~33 层精装修酒店服务式公寓，共 216 套，建筑面积 39212 平方米
商业	地下一层至地上三层，裙房连接 3 栋塔楼，总面积 52,199 平方米
VIP 俱乐部	地上五层，会议、餐饮
	会所：地上 6 层，游泳、健身

3. 项目平面布置

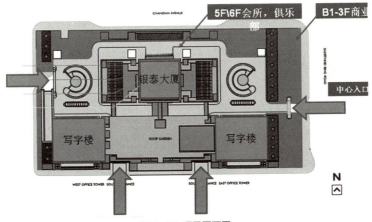

图 5-15 项目平面图

4. 关于银泰大厦

（1）纵向功能分布

表 5-6 银泰大厦纵向功能分布

商业裙楼	B1~3F	
柏悦居、柏悦府配套	VIP 俱乐部：5F（会议、餐饮）	
	会所：6F（游泳、健身）	
柏悦居	7F~33F	
柏悦酒店	34F~49F	
柏悦府	50F~58F	
酒店配套	SPA：59F	
	会议室：60F	
	餐厅：61F	
	酒吧：62F	
	大堂：63F	

（2）柏悦居

表 5-7 银泰大厦柏悦居基本情况

产品特征	建筑面积	39212 平方米
	标准层	一梯九户
	户型面积（仅两类）	133 平方米，一居，45% 240 平方米，两居，55%
	设计风格	简洁的酒店式设计，除电动窗帘、光控、中央空调、石材地采暖等外无高科技
	使用率	72%
价格	均价	40000 元 / 平方米
	最低价	25000 元 / 平方米
	最高价	57000 元 / 平方米
	价差	由于可观看长安街，西北向比东南向单价增加 10%~15%
销售策略		2005 年 10 月项目内部认购，开始积累客户，内部定价为 25000 元 / 平方米
		2006 年 3 月正式销售，通过对客户进行的价格测试，逐步提升客户对项目售价的心理预期，实现开盘均价达到 40000 元 / 平方米
销售情况	购买率	83%
	购买目的	100% 投资 多数外籍客户不了解北京市场，主要置业考虑为凯悦酒店提供物业管理服务，并作为房屋租赁中介，能够保证稳定出租客源

客户	客户来源	70%外籍客户，其中以华侨及港澳同胞为主
	付款方式	95%一次性付款（外籍购房无法贷款）
	目前新出台的限外政策对项目剩余产品销售产生一定的影响，意向购买的外籍客户需办理相关购房证明手续	
物业	费用	18元/（平方米·月）
	管理公司	凯悦酒店管理公司成立物业管理公司提供物业管理
	物业费用仅包括公共部分的物业管理，酒店服务另外收费；提供房屋租赁服务，收取中介费用	

（3）柏悦府

表 5-8 银泰大厦柏悦府基本情况

产品特征	建筑面积标准层	17410平方米
	标准层	1700平方米，标准层2~3户
	户型面积（仅两类）	56~58F：869.43平方米户型，共6套，标准层2户 50~55F：640.52平方米（两套联卖）户型，共5套；549.17平方米户型，共10套
	使用率	67%
价格	均价	70000元/平方米（毛坯房）
	目前售出的两套单价分别为71174元/平方米、68416元/平方米	
	价差	由于可观看长安街，西北向比东南向价格增加15%
销售策略	目前成交两套，户型面积为549.17平方米	
	销售方式先由低层开始销售	
客户构成	购买目的	纯自住
	客户来源	已成交的两套户型的客户均为外籍华侨
	付款方式	一次性付款（外籍购房无法作贷款）
	目前新出台的限外政策对项目销售产生一定的影响，意向购买的外籍客户需办理相关购房证明手续	
物业	费用	18元/（平方米·月）
	物业管理人员	由柏悦酒店原班人员进行管理，提供更优质的服务
	物业费用仅包括公共部分的物业管理，酒店服务另外收费 提供房屋租赁服务，收取中介费用	

（4）柏悦酒店

表 5-9 银泰大厦柏悦酒店基本情况

规划情况	建筑面积	37018 平方米
	客房数量	237 间
	楼层	34~49 层柏悦酒店，59~63 层酒店配套
功能分区	柏悦酒店客房	34F~49F
	酒店配套	大堂——63F（顶层） SPA——59F 会议室——60F 餐厅——61F 酒吧——62F
酒店特色	国际化的物业管理服务——在中国唯一参与投资并全盘管理的酒店项目	
	凯悦国际酒店集团在大中华地区首家柏悦酒店	
	精品型酒店：凯悦国际酒店集团旗下拥有凯悦（Hyatt Regency）、君悦(Grand Hyatt)和柏悦(Park Hyatt)三个著名品牌，其中"柏悦"品牌为极致尊贵和精品型酒店	

5．项目产品建议

（1）项目规划办法

A．打造项目焦点的两个方式

本项目所处星海湾区域因占地广阔而著称，但缺乏焦点化建筑，通过焦点化建筑打造可以有效提升项目整体形象，形成知名度。公共海滩旺季人流繁杂，焦点化建筑可以形成对人流的吸引，并有效地区隔本项目与公共海滩之间的关系，弱化负面影响。

方式 1　　　　　　　　　　　　方式 2
轴线与广场的设计　　　　　　　　把商业独立出来

图 5-16 打造项目焦点的两种方式

方式 1：轴线与广场的设计

商业建筑沿海岸线布置，形成天然的横向商业景观及视线交汇轴线；可以利用附近两个大型物业项目之间的市政路延长线穿越本项目形成纵向景观及视线交汇轴线，在两道轴线交汇处设计风格独特的广场，打造本项目的焦点。

广场规模

不求大，应适合 2 层左右商业建筑的尺度和氛围；

广场风格主题

开放，活跃，喷泉结合绿植，个性化硬质铺装，适合高端商业活动需求。

方式2：把商业独立出来

规划中沿海岸线布置的商业建筑以对外经营为主，与公共海滩联系更紧密；高端住宅区与商业建筑之间为了私密必然会利用绿化或其他手段产生一定隔离；酒店建筑和超高层住宅在体量上更容易形成一致和谐；这个项目需要特色的焦点。

把商业独立出来，让其风格与住宅部分完全不同，自成一体。

商业建筑的群组"雕塑"化处理使得商业建筑整体作为一个焦点，类似于海岸边的一组雕塑，使人造风景满足被欣赏的需求，同时具有商业功能。

B. 内部市政路处理

规划市政道路位于本项目用地内部，将项目用地分割为两部分，增加项目打造统一的社区形象难度较大。市政道路增加了项目用地的临街面，对本项目内部高端住宅产品将产生不利的影响，因此在项目规划中需要考虑选择能够弱化市政道路带来的不利影响的处理方式。

化解市政路带来的不利——步行街转化法

北京已经有成功地将市政路转化为步行街的典范：世贸天街。

具体措施

扩大道路宽度，使这段路整体长宽比例更接近矩形广场的感觉；

采用个性化硬质铺装，修建广场化的小品雕塑；

沿路两侧引入部分商业。

优点

硬质铺装从心理上可以有效阻隔车行流线，带来步行人流氛围；步行街两侧引入商业分担商业总量，可以使沿海商业层数降低或者体量打散，产生更多向内部住宅区渗透的海景视线通廊。

缺点

增加了操作难度；需要部分调整商业规划布局。

化解市政路带来的不利——空中花园式天桥、架空会所。

深圳中信红树湾项目已经实现此类构思，成为项目又一亮点。

规划市政路正常通车使用；本项目被市政道路天然分成两个部分，需要联系、呼应，横跨市政路建设升级版过街天桥，将空中花园、架空会所概念引入。

优点

不修改市政路规划；巧妙地联系两部分居住区，形成个性化景观。

缺点

架空的花园、广场会所比普通的天桥或者常规广场、会所成本更高。

（2）本项目三类低密度产品模式建议方案

按照本项目规划条件，地块内部全部实现高品质别墅类产品将损失住宅部分建筑面积，是否依然可以实现同样项目开发利润？如果布置少量别墅类产品，是否可以既保证项目开发利润又能够有效提升整体住宅的高端形象？

类别1.别墅产品建议方案

表 5-10 别墅产品建议方案

项目	别墅套数	高层+多层住宅套数	比例	分析
本项目	16	616	1/38	外环境和项目自身都无法形成别墅居住氛围
深圳香蜜湖一号	93	318	1/3.5	湖景唯一豪宅，项目自身能够形成一定规模别墅居住氛围
深圳万科17英里	107	378	1/3.5	滨海度假区，项目自身能够形成一定规模别墅居住氛围
北京主语城	24	540	1/22	无别墅居住氛围，区位优势别墅更倾向办公用途
深圳中信红树湾二期	17	723	1/42	外环境别墅居住氛围浓，但高层林立之下的别墅并未实现纯别墅居住的最高价值

当外环境没有别墅居住氛围，而项目自身也无法形成一定规模（别墅占住宅总套数20%左右）的别墅组团时，修建别墅其品质环境会降低，价值无法实现最大化。

因此，不建议开发别墅类产品，在目前市场价值认知比较模糊的环境下，应合理利用土地实现较高品质的洋房产品。

类别2.多层产品建议方案

本项目中低密度产品设计要强调以下几点：

① 能够提供高品质、舒适的居住环境。

② 在产品设计上应尽量使用别墅化的设计手法，提升居住品质。

因此，本项目需要通过适度控制户型面积来保证在实现较高销售单价的条件下控制产品总价，降低风险。

目前市场主流产品发展趋势有两种：

① 以万科情景洋房为代表的追求经济精巧趋势；

② 以北京上元为代表的追求豪华舒适的产品趋势。

趋势 1：追求经济精巧	趋势 2：追求豪华舒适
控制套面积在 130~185 平方米 存在标准层，只在局部修改，层层退台，降低成本结构 巧妙运用设计手法，如挑空共享空间等在节约面积的同时增加了户型的附加值，提升居住品质 平层居多，大面宽（10 米以上）小进深 节约成本，一般不改造地形，地下室较小或根本不做，采用地上停车，人车混行 代表：万科情景洋房	套面积一般在 190~265 平方米 不存在标准层，多采用电梯入户，户内跃层，结构成本相对较高 户型各功能空间齐备，面积舒适 跃层居多，面宽更接近普通联排或双拼别墅（10 米以上），进深相对较大 追求更高品质，改造地形，开挖地下室以满足高端客户的车位需求，人车分流 代表：北京上元立体别墅
趋势 1 的进化	趋势 2 的进化
维持相对经济的户型面积区间； 不设置地下室； 平层为主，主体标准层设计概念； 保留首层情景房，立体多点入户，南向大露台，大面宽大横厅，顶跃层共享空间； 中部平层结构预留同层打通形成更大户型的可能； 引入电梯，提高居住品质，但增加了公摊，即增加了户型建筑面积； 完善主卧系列，适当放大起居系列尺度，提高居住舒适度，但增加了一定户内面积。 情景洋房：150~190 平方米	维持相对舒适的户型面积区间； 保留采光地下室和下沉庭院； 保留电梯入户，屋顶大露台； 保留中部平层结构预留同层打通形成更大户型的可能； 增加面宽到 10 米以上，设计大横厅，首层情景房，立体多点入户，南向大露台，顶跃层共享空间； 减少跃层，即削减户内垂直交通面积，从而控制户型总体面积更加合理； 引入主体标准层设计概念，优化成本。 立体别墅：200~250 平方米

图 5-17 多层产品建议方案

类别 3. 立体别墅建议方案

借鉴点：首层如果做下沉花园，微地形地下室采光，大面宽横厅，相对舒适的起居和完善的主卧系列，需要至少 230 平米的建筑面积。

借鉴点：二层从室外楼梯平台经花园入户，拥有地下室，基本上具备别墅感受；标准层概念，只有局部细节调整，节约成本。

借鉴点：顶层大露台空中花园感受；起居主卧辅助空间都舒适完备；在标准层基础上局部退台，节约成本。

图 5-18 立体别墅建议方案

立体别墅的项目价值点建议

图 5-19 规划位置示意

表 5-11 情景洋房项目情况

情景洋房，1栋楼8户，无地下室，带电梯		
层数	户型面积（㎡）	说明
1层	180	花园入户，带情景房
2层	165	平层，室外楼梯平台花园入户和电梯入户，结构预留平层2户打通的可能
3层	150	平层，电梯入户，结构预留平层2户打通的可能
4跃5层	190	跃层，电梯入户，顶层大露台

表 5-12 立体别墅项目情况

立体别墅，1栋楼8户，有地下室，带电梯		
层数	户型面积（㎡）	说明
1层	230	花园入户，带下沉庭院，情景房，地下室采光
2层	220	平层，室外楼梯平台花园入户和电梯入户，带采光地下室
3层	200	平层，电梯入户，结构预留平层2户打通的可能
4跃5层	250	跃层，电梯入户，顶层大露台

10米以上大面宽，有标准层的平跃结合，作为情景洋房的升级产品，保留情景洋房的优点，同时增加主卧和起居系列面积，引入微地形，在首层和二层设置采光地下室，以提升居住品质

1层花园入户；

带下沉庭院，地下室采光；
超大面宽南向横厅起居舒适，带情景房；
主卧系列中包含步入式衣橱、小书房或者会客区，主卫自然采光。

2层带采光地下室；

室外楼梯平台花园入户；
超大面宽南向横厅起居舒适，带南向露台；
主卧系列中包含步入式衣橱、小书房或者会客区，主卫自然采光

3层平层，电梯入户；

超大面宽南向横厅起居舒适，带南向露台；
主卧系列中包含步入式衣橱、小书房或者会客区，主卧南向观景采光；三层可以看海；
从结构上预留左右两户打通形成平层大户型的可能

4层跃5层，电梯入户；

屋顶层带面海观景大露台
超大面宽南向横厅起居舒适，带南向露台；
主卧系列中包含步入式衣橱、小书房或者会客区，主卫南向观景采光；
客厅上空共享空间

图5-20 立体别墅亮点讲解

类别4．高层产品建议方案

奢华产品极致化，提升项目知名度；常规产品高档化，降低销售风险。

A．纯奢大户型价值点挖掘

表5-13 纯奢大户型价值点挖掘

项目	优点	缺点	优化办法
楼型选择——通用时代的升级版	采光，每户各自独立四面采光，双大堂主仆分入一层一户的尊贵感觉	成本提高，凹槽部分对视问题	品质提高后售价自然提高，成本的付出可以获得回报；利用户型差异化设计，将功能空间错开布置，在凹槽处错位开窗，避免对视
景观引入大堂	通透，将外部景观园林室内化；与地下车库形成吹拔空间，上下贯通，改善地下车库的品质，使地下车库地上化	大堂需要挑高，园林引入，成本提高	
电梯花园入户——深圳香蜜湖一号	经过花园入户，空中别墅感受，花园错位挑高2层，更开阔舒适，贯通上下层创造视线交流空间	公摊大（豪宅客户并不在乎这点损失）	控制入户花园面积，精巧设计

第五章 竞争产品分析

项目	优点	缺点	优化办法
超大面宽——深圳香蜜湖一号	22米超大面宽，小进深，主要功能空间全朝南布置，横向舒展南北通透，居住舒适	基底投影对后方建筑遮挡较大，建筑成本增加。	适度控制面宽在22米以内
挑高2层大露台——深圳香蜜湖一号	错层错位挑空露台，增加观景舒适度，同时比普通阳台节约了面积（2层通高露台不算面积），丰富立面造型	成本会相应增加	露台面积不宜过大，最好设置在南向观海面，错层挑空
跃层室内挑空——广州汇美景台	气派，视野更开阔，空中别墅品质，相应减少了总面积，适当控制了总价压力	只有跃层户型才能实现。	对于跃层户型来说可以更进一步，将玄关也做成通高2层，大门选择双开门，登堂入室开阔气派
顶层空中泳池——深圳锦绣花园三期	超高层顶层空中泳池花园，带来尊贵奢华极品享受，唯一稀缺性	成本增加，维护费用高	打造星海广场乃至大连豪宅市场的稀缺极致户型，树立标杆，前期宣传后期服务到位
完善奢华的主卧系列——北京缘溪堂3居414平方米	主卧室拥有南向露台、南向采光景观卫浴，超大双更衣间，通过小书房会客间，再由更衣间过渡才进入真正的卧室，营造了极强的序列感	需要近100平方米才能实现如此完备奢华的主卧室系列。	
气派的起居系列——北京星河湾	餐厅采光有露台，起居室南向有露台，南北贯通，空间流畅，餐厅大尺度可以摆放十人宴会桌，社交功能完美体现，可以在家里开派对	对面积要求大，对建筑结构要求高，整个起居空间之内需要少柱或无柱设计。	
齐备体贴的辅助空间——北京缘溪堂	主仆分入，中西分厨岛式厨房，工人房带独立卫浴，整体布局紧密合理	对面积要求大，缺少储藏空间，客卫还可以细分。	可以设计采光工人房；将客用卫生间进一步细分，做到干湿分离互不干扰，这样有利于社交活动；适当增加储藏空间
多套主卧设计——北京星河湾4居347平方米	户内有多个卧室带套内卫生间，形成次主卧套，充分满足聚会亲朋的居住需求	大面积户型才能实现	考虑设置双主卧套；次主卧套也尽量争取到南向，适合老人居住；动静分区，卧室尽量集中，与起居空间分离，减少流线干扰

B. 普通豪宅价值点分析

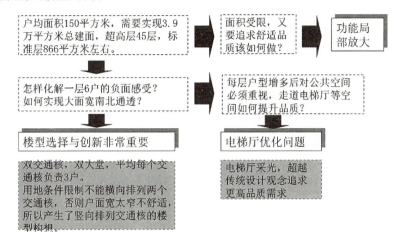

图 5-21 普通豪宅价值点分析

表 5-14 普通豪宅项目分析

项目	优点	缺点	优化办法
楼型选择——双交通核	交通核采光，每户各自独立，至少三面采光，双大堂入户，一层少户高档感受	成本提高，凹槽部分对视问题，腰部户型视野受限	品质提高后售价自然提高，成本的付出可以获得回报；利用户型差异化设计，将功能空间错开布置，在凹槽处错位开窗，避免对视；腰部户型做小，更强调社交功能
电梯厅优化——深圳万科金域蓝湾	电梯厅采光，带小露台和花园，隔层局部挑空，三部电梯合围布置，中央聚焦控制台，新颖豪华，打破了传统电梯厅的沉闷布局	成本提高，公摊加大	控制电梯厅的总面积，尽量减小公摊，巧妙设计露台和挑空休息空间，结合入户花园提升品质
功能局部放大		空中花园入户，为餐厅提供景观；起居、主卧、次主卧均朝南；主卧系列完善，南向景观卫浴。	除主卫外其余卫生间很难做到全明设计
		空中花园入户，为餐厅提供景观；主卧、次主卧均朝南；主卧系列完善，南向景观卫浴	起居室朝北
		空中花园入户与开放流动的起居系列形成良好的社交氛围；动静分区主卧室在最里端互不干扰，主卧套内带半居功能多样	起居系列占据良好景观和朝向，卧室退居其次

6. 项目开发节奏控制办法

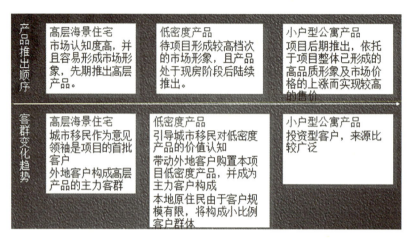

图 5-22 项目开发节奏控制办法

鉴于银泰中心的成功经验,需要充分利用凯悦酒店的品牌价值并为住宅产品(高层、低密度、小户型公寓)提供物业管理及酒店式服务,使产品的档次及投资价值得到较大的提升。

7. 产品总价设计考虑

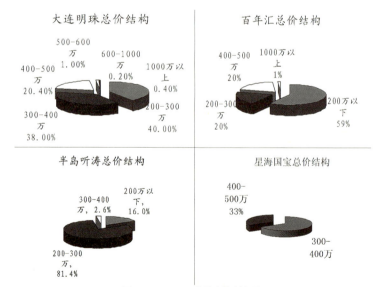

图 5-23 项目开发节奏控制办法

区域典型高端项目中主力产品总价基本集中在 500 万元以下,最高总价在 1000 万元左右。
本项目高层部分奢华户型产品套数约 90 套左右,总价控制在 1000 万元以下,普通高层产品及低密度产品的总价控制在 400 万~500 万元。

五 竞争产品监测

1. 竞争产品监测内容

房地产市场竞争格局时刻处于变动状态,市场竞争产品监测工作就得密切关注对手的一举一动,从而及时调整应对策略。

常规竞争产品监测内容为对销售情况、营销动作和客户变化的监测,内容如下:

营销动作
1. 促销手段和媒体宣传调查
2. 开盘推案区位及套数,媒体投放渠道和资金是否变动

销售情况
1. 推案量、成交量、存量、成交房源、成交价追踪
2. 以周或月为单位进行竞争产品成交走势情况统计

客户变化
1. 客户量与客户素质的动态跟踪
2. 客户来电来访量跟踪,客户的阶层及主要客源追踪

图 5-24 常规竞争产品检测内容

不同开发商对于竞争产品数据需求不尽相同,所以,销售竞争产品监测也具有个性化服务特点,根据决策和管理团队需求,对竞争产品有针对性的跟踪在另一层面上来说,也能够节省资源和时间。

2. 竞争产品监测模板

表 5-15 竞争产品检测模板

竞争产品监测周报模板													
项目案名	营销阶段	在售或拟推产品概况(分物业类型、分建筑形态、分面积段推售货量)	当前价格概况(分物业类型、建筑形态起价、表均价、表最高价)	价格策略	情况分类(分物业类型、分建筑形态价格策略)	来电(组)	来访(组)	认购套数(分物业类型、分建筑形态认购套数)	推广诉求	营销活动	客户情况(分物业类型、分建筑形态客户情况)	下阶段营销预判	备注

3. 竞争产品监测案例

《哈西新区重点竞争产品监测报告》

统计时间：3月1日~3月31日。

重点监测项目：哈西万达广场、南郡香缇雅诺、辰能溪树庭院、悦城、柒零捌零。

统计数据来源：生活报、新晚报、哈尔滨市网上房地产、哈尔滨国土资源局、地产信息研究中心等渠道。

表5-16 哈西万达广场项目基本情况表

项目名称：哈西万达广场							
基本情况：							
物业类型	综合体	所属板块	哈西新区	开发企业	万达集团		
占地面积（万㎡）	18.65	建筑规模（万平方米）	86.35	容积率	3.5	绿化率	公建10%，住宅30%
主力户型	两居、紧凑三居	户型面积	38~129	开盘时间	2011-6-25	入住时间	2013-12-31
现推盘套数	5300	累计销售套数	1416	交房状态	公寓精装修，平层毛坯	装修标准	公寓标准1300元/平方米欧式风格
开发进度	E1座.E2座.E3座.E4座.F3座及公寓均已恢复动工。			销售动态	E1.E2.E3.E4.F3.公寓在售。		
项目动态	商服商品最后一批正在发售，已推公寓房源基本售罄，现在主推高层住宅产品。						
（在推售期）本期在售情况：							
项目名称	哈西万达广场	物业类型	公寓、住宅	开盘时间	2011-10-25	主推户型	38~60平方米公寓以及84~126平方米高层
得房率	65.70%	车位形式	地下车位	车位比	10:9	土地年限	住宅70年，商服40年
总套数	2465	累计销售套数	783	销售率	31.80%	可售套数	1494
预售许可证	预(销)售许可证号：0791，预(销)售许可证号：0792						
本月新增套数	0	本月成交套数	13	本周报价（元/平方米）	8753	价格浮动及原因	全款97折，贷款98折优惠后实际价格稍有变动
实时交易跟踪：											
2012年	一月	二月	三月	四月	五月	六月	七月	八月	九月	十月	十一月	十二月
销售套数	0	8	13									
销售面积（平方米）	0	925.33	1020.45									
销售均价（元/平方米）	8756	8755	8753									

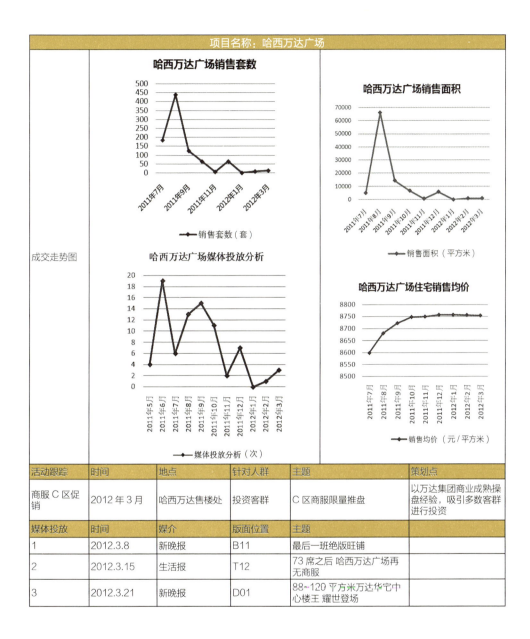

第五章 竞争产品分析

表 5-17 辰能溪树庭院项目基本情况表

项目名称：辰能溪树庭院							
基本情况：							
物业类型	住宅，商服	所属板块	哈西新区	开发企业	黑龙江辰能盛源房地产开发有限公司		
占地面积（万平方米）	22.3	建筑规模（万平方米）	54.6	容积率	2.45	绿化率	49%
主力户型	平层2居，3居	户型面积	30~180	开盘时间	2009-8-22	入住时间	2012-7-31
现推盘套数	3000	累计销售套数	1383	交房状态	毛坯	装修标准	——
开发进度	一期进户，二期封顶			销售动态	二期在售，无新推产品		
项目动态	此项目现以二居、三居、四居户型销售为主						
（在推期）本期在售情况：							
项目名称	辰能溪树庭院	物业类型	住宅	开盘时间	2011-11-12	主推户型	110~370平方米产品
得房率	洋房68.9%，高层62.5%	车位形式	地下车位	车位比	2:1	土地年限	70年
总套数	1390	累计销售套数	911	销售率	65.50%	可售套数	467
预售许可证	预（销）售许可证号：0752，预（销）售许可证号：0645.						
本月新增套数	0	本月成交套数	10	本周报价（元/平方米）	8755	价格浮动及原因	近期无价格浮动
实时交易跟踪：												
---	---	---	---	---	---	---	---	---	---	---	---	---
2012年	一月	二月	三月	四月	五月	六月	七月	八月	九月	十月	十一月	十二月
销售套数	2	2	2									
销售面积（㎡）	366.88	263.21	1070.08									
销售均价（元/平方米）	8755	8755	8755									

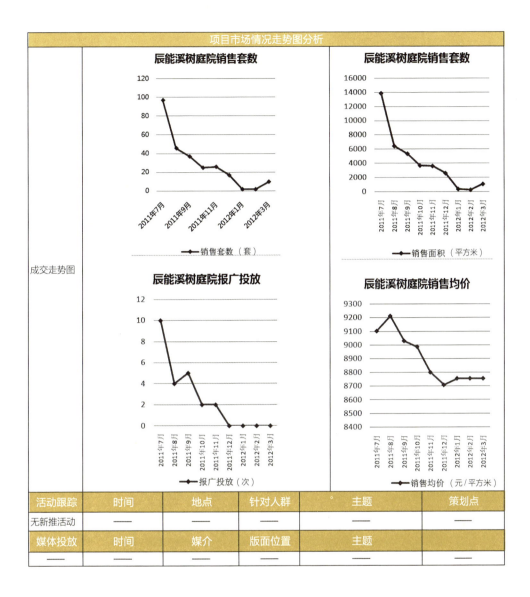

表 5-18 悦城项目基本情况表

项目名称：悦城							
基本情况：							
物业类型	住宅，商服	所属板块	哈西新区	开发企业	哈尔滨海升龙房地产开发集团		
占地面积（万平方米）	19.6	建筑规模（万平方米）	56.1	容积率	2.78	绿化率	40%
主力户型	公寓、两居室	户型面积	30~180	开盘时间	2011-9-24	入住时间	2012-12-30
现推盘套数	3000	累计销售套数	245	交房状态	公寓精装修，平层毛坯	装修标准	公寓标准1380元/平方米
开发进度	土地平整，打地基阶段				销售动态	G1、G2 座等平层在售。方糖公馆是主销产品。	
项目动态	现主推 100~500 平方米商服产品。方糖公馆公寓产品。						
（在推售期）本期在售情况：							
项目名称	悦城	物业类型	公寓、住宅	开盘时间	2011-10-25	主推户型	38~60平方米公寓以及84~126平方米高层
得房率	60.6%-62%	车位形式	地下车位	车位比	3:1	土地年限	住宅70年，商服40年
总套数	2218	累计销售套数	245	销售率	11.00%	可售套数	1910
预售许可证	预（销）售许可证号：0817，预（销）许可证号：0828.						
本月新增套数	0	本月成交套数	24	本周报价（元/平方米）	7996	价格浮动及原因	近期无价格浮动
实时交易跟踪：							

2012年	一月	二月	三月	四月	五月	六月	七月	八月	九月	十月	十一月	十二月
销售套数	12	14	24									
销售面积（平方米）	1231.2	1436.4	2462.4									
销售均价（元/平方米）	8231	7981	7996									

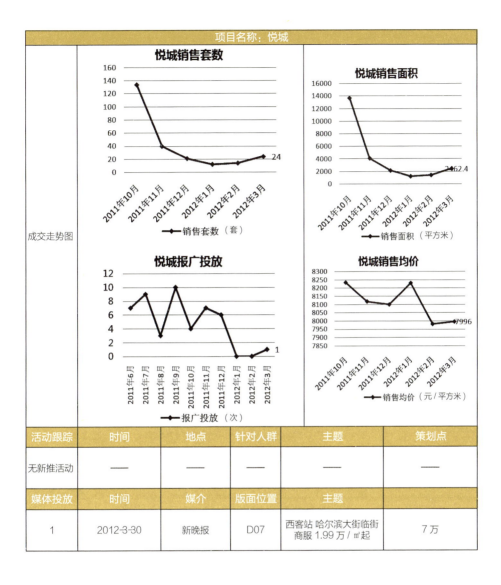

第五章 竞争产品分析

表 5-19 南郡香醍雅诺项目基本情况表

项目名称：南郡香醍雅诺								
基本情况：								
物业类型	住宅，商服	所属板块	哈西新区	开发企业	黑龙江辰能盛源房地产开发有限公司			
占地面积（万平方米）	18	建筑规模（万平方米）	50	容积率	2.4	绿化率	36%	
主力户型	平层1居，2居，3居	户型面积	39~170	开盘时间	2011年9月25日	入住时间	2012年9月30日	
现推盘套数	1659	累计销售套数	971	交房状态	毛坯	装修标准	—	
开发进度	一期封顶，外立面装修。			销售动态	一期小户型售罄，平层产品去化率不高。二期产品还没有推出。			
项目动态	此项目现以80~110平方米两居、三居户型销售为主。商服产品名为南郡香醍摩尔，现主推商服。							
（在推售期）本期在售情况：								
项目名称	南郡香醍雅诺	物业类型	住宅	开盘时间	2011-9-25	主推户型	80~110平方米两居、三居	
得房率	63.45%	车位形式	地下车位	车位比	1:1	土地年限	70年	
总套数	1466	累计销售套数	792	销售率	54.00%	可售套数	674	
预售许可证	预（销）售许可证号：0814，预（销）售许可证号：0815.							
本月新增套数	0	本月成交套数	25	本周报价（元/平方米）	8411	价格浮动及原因	全款98折，贷款99折的情况下，成交均价比报价要有100元/平方米的差异	
实时交易跟踪：								
2012年	一月	二月	三月	四月	五月	六月	七月	八月	九月	十月	十一月	十二月
销售套数	22	14	25									
销售面积（平方米）	2350.48	1495.76	2671									
销售均价（元/平方米）	8545	8487	8411									

第一节 竞争产品分析内容及流程

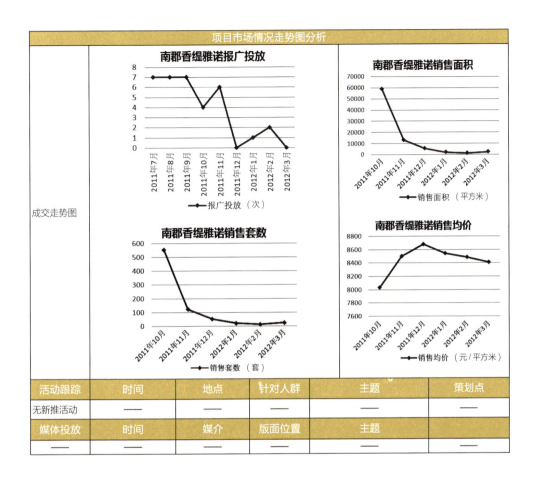

表 5-20 柒零捌零项目基本情况表

项目名称：柒零捌零							
基本情况：							
物业类型	住宅，商服	所属板块	哈西新区	开发企业	黑龙江汇龙房地产开发有限责任公司		
占地面积（万平方米）	6	建筑规模（万平方米）	25	容积率	3.53	绿化率	30%
主力户型	平层1居，2居	户型面积	30~80	开盘时间	2011年9月27日	入住时间	2012年12月31日
现推盘套数	1450	累计销售套数	504	交房状态	毛坯	装修标准	——
开发进度	一期封顶，外立面装修。			销售动态	一期小户型售罄，平层产品去化率不高。二期产品还没有推出		
项目动态	此项目现以80~110平方米两居、三居户型销售为主。商服产品名为南郡香醍摩尔，现主推商服。						
（在推售期）本期在售情况：							
项目名称	柒零捌零	物业类型	住宅	开盘时间	2011-9-25	主推户型	80~110平方米两居、三居
得房率	62.28%	车位形式	地下车位	车位比	——	土地年限	70年

第五章 竞争产品分析

总套数	1411		累计销售套数	504	销售率	35.72%	可售套数	824
预售许可证	预(销)售许可证号：0822.							
本月新增套数	0		本月成交套数	37	本周报价（元/平方米）	7334	价格浮动及原因	成交价格浮动较低，因为其前期内购以及购买折扣问题所致。
实时交易跟踪：								
2012年	一月	二月	三月	四月	五月	六月	七月	八月	九月	十月	十一月	十二月
销售套数	8	17	37									
销售面积（平方米）	664.4	1411.8	3071.4									
销售均价（元/平方米）	7412	7237	7334									

项目市场情况走势图分析

成交走势图

柒零捌零销售套数

柒零捌零销售面积

柒零捌零报广投放

柒零捌零销售均价

活动跟踪	时间	地点	针对人群	主题	策划点
无新推活动	——				

媒体投放	时间	媒介	版面位置	主题	
——	——				

六 区域竞争产品分析框架

对项目所在区域内竞争项目和非竞争项目越深入地进行分析,对于后期策划定位就越有帮助。

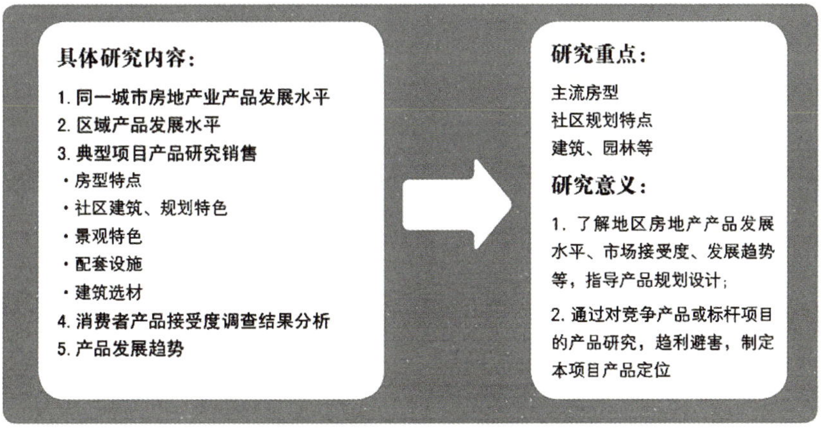

具体研究内容:
1. 同一城市房地产业产品发展水平
2. 区域产品发展水平
3. 典型项目产品研究销售
   · 房型特点
   · 社区建筑、规划特色
   · 景观特色
   · 配套设施
   · 建筑选材
4. 消费者产品接受度调查结果分析
5. 产品发展趋势

研究重点:
主流房型
社区规划特点
建筑、园林等

研究意义:
1. 了解地区房地产产品发展水平、市场接受度、发展趋势等,指导产品规划设计;
2. 通过对竞争产品或标杆项目的产品研究,趋利避害,制定本项目产品定位

图 5-25 区域产品研究内容与重点

案例 佛山市零售商业区域市场研究

(1) 商业研究

禅城以祖庙和季华路为核心商圈,桂城南海大道-千灯湖商圈为核心。

庙商圈里祖庙路目前是佛山最成熟、最繁华的商业街。旧城区重新规划建设以及广佛地铁开通将更有利于商业氛围建设,将凸显商业拓展良机。季华路商圈是从 2001 年东建世纪广场建成时崭露头角的,首为大佛山新兴商业板块的代表,不断展现出城市中心商业区魅力,众多的商家巨头纷纷在这圈地,未雨绸缪,抢夺商业制高点。2002 年南海广场的出现改变了桂城无商业广场的历史,标志着桂城商圈的建立,随之出现的城市广场等商业广场、三大零售商业巨头的进驻,以及未来千灯湖商贸金融区的建成,进入商业中心地位的争夺。

现今佛山已形成三足鼎立的商业格局,禅城以祖庙和季华路为核心商圈,桂城以南海大道-千灯湖及桂城东组成的商圈亦正得到迅速发展。

图 5-26 佛山禅桂商圈三足鼎立

（2）三大商圈错位结构

三大传统商圈，结构各异，吸纳禅桂中心城区消费人流。

图 5-27 三大传统商圈

（3）祖庙商圈研究分析——迎来发展新契机

随着岭南新天地及东建普君新城的开发，即将进入全新阶段，祖庙商圈数十年沉淀，发展成熟，但空间限制档次。已积累百花广场、百花总汇、兴华商场、优越百货、玫瑰商场、东方广场等作为主力商场，吸引整个大佛山的中高档消费人群。

商圈内各商场业态定位较雷同，交通拥挤以及受周边新商圈分流竞争，该商圈空间积压效应日趋明显，除东方广场经营较好外，商圈内各商场经营存在压力。随着岭南新天地及普君新城的开发，为老商圈带来新的发展契机。

（4）季华商圈研究分析——即将进入洗牌阶段

季华商圈依托周边高档住宅及写字楼群，顺联广场、东建世纪广场、流行前线、嘉信茂等作为主力商场，欲打造以高档商场为主的"佛山第一街",吸引整个大佛山的中高档消费人群。

商圈目前以集中式商业为主,均具备一定的对外辐射力,本项目也在其商圈辐射范围内。代表项目顺联国际受保利水城及广州、港澳商场分流高端消费人群,经营一般。未来该商圈集中式商业供应量"恐怖",商圈内部未来竞争"惨烈"。

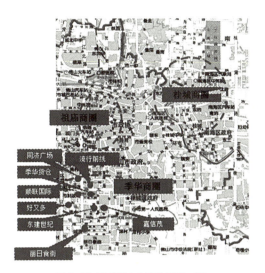

图 5-28 季华路未来商业供应一览

表 5-21 季华路商业情况

项目名称	商业量(平方米)	推出时间
九鼎国际城	30000	2010 年中
星星华园国际	50000	2010 年中
恒福新城	10000	2010 年初
星之海地块	100000	2011 年
怡翠南都地块	70000	2010 年
万科南村	66000	未知
怡翠玫瑰财富城	50000	未知
合计	260000	——

(5)桂城商圈研究分析——发展日渐成熟

南海广场－保利水城核心圈主要由南海广场、又一城、嘉信茂、保利水城组成。主要针对周边中高端消费人群,经营状况稳定。由于千灯湖板块定位为全国金融高新区,保利水城定位类似广州的"天河城广场",是整个高新区中心的商业霸主,发展潜力无可限量。保利水城辐射范围广,除桂城外,禅城、广州高端客户也在其吸纳范围内。

目前已进入商业中心地位重新洗牌阶段,南海广场、保利水城、南海嘉信茂三大商业同台经营,桂城商圈影响辐射面日趋扩大。

（6）结论归纳——发展前景出现层次

三大商圈形成三足鼎立的商业格局，发展尚未饱和。

祖庙商圈、季华商圈发展成熟，商圈内部竞争激烈，商业经营存在压力，未来祖庙商圈旧城改造、季华商圈供应放量，竞争更加惨烈。

桂城商圈经营稳定，规划超前，其辐射面扩大将会分流禅城部分高端消费客户。

未来随着东平新城崛起，人口递增，CBD中心商圈将逐步形成，服务于CBD的中高端集中商业体将有更好发展前景以及市场契机。

第二节 产品组合分析模型及方法

在进行市场需求调查时，得出的数据基本都能反映市场需求的产品类型和产品组合，在此基础上，开发商各团队需要创新，针对市场需求推出符合趋势的产品组合。

产品创新的基础是固化问卷和不断更新数据库。

图 5-29 产品组合创新流程

1. 项目产品组合内容

在房地产行业中，产品定位决定项目销售策略基础、产品是否能够为消费者喜好与关注，对于已确定的项目来说，向市场推广哪些种类的产品和系列，又依据什么关系进行组合销售，需要开发团队事先讨论并且制定好，这就是所谓的"产品组合定位"。

产品组合是指一个项目开发建设的全部产品线、项目组合方式，包括四个变量：宽度、长度、深度和一致性。

图 5-30 产品组合的四个变量

（1）宽度

产品组合宽度指的是项目开发经营户型类别，例如一居室、二居室、三居室、跃层等类别，各个户型类别相当于产品线，开发项目的户型越多，组合宽度就越宽。产品组合中产品线越多，经营多样化程度越高，能够最大程度上吸引拥有不同需求的消费者来购房。

（2）长度

产品组合的长度是指项目全部户型类别之中具体户型的总和。比如二居室可以分为小二居、中二居和大二居，户型类别多，各类别下各户型种类也相应增多，产品组合长度就越长。产品项目越多，同类产品能够适应和满足不用消费者的多样要求。例如，二居室户型中有 75 平方米、90 平方米和 125 平方米的大中小三种产品，购房者能够根据自身条件需求进行选购。

（3）深度

产品线组合深度是指户型类别中每一套户型的面积、格局和层数的具体情况。产品组合较深，设定消费群体的选择余地更大，这样有利于开发商分散项目的操作风险。

（4）一致性

产品组合一致性是指各种户型在最终用途、开发条件、销售渠道或者其他方面相互关联的程度，比如经济适用房、普通住宅、高级公寓、写字楼、酒店等。

产品组合不是越宽、越深、越长就越好，开发商还需要兼顾开发项目的成本、营销和收益以及整体盈利状况，同时还需要重视消费者需求研究，发现竞争产品组合优势，才能准确地针对市场推出相对应的有特色的产品组合，实现项目的快速销售。

2. 地产项目的最优产品组合

房地产市场中多样化经营和专业化经营同时存在，不同企业基于其自身市场定位和实力优势通常会对产品做出如下的几类最优组合。

全线全面型	专门开发一个市场一种产品 规模相对较小，走区域市场错位经营较多，强化产品深度和长度将有助于分散风险 例如：别墅项目产品在面积都基本在 150m² 以上；投资类住宅面积都在一居室、120m² 以下
市场专一型	仅经营一种产品，项目开发单一性 根据区域属性和相应物业聚集分布，单一物业用地，关联度受限，兼顾宽度、长度、深度 例如：写字楼项目、商业项目、酒店项目
产品专一型	专门开发一个市场一种产品 规模相对较小，走区域市场错位经营较多，强化产品深度和长度将有助于分散风险 例如：别墅项目产品在面积都基本在 150m² 以上；投资类住宅面积都在一居室、120m² 以下
有限产品专一型	根据市场特征，开发有限或单一需求的产品 关注单一客户群和单一市场，只考虑了组合的宽度，忽略深度和长度 例如：针对改善型客户群推出的除了豪宅还有一居室、四居室、错层、跃层和复式等
特殊产品专一型	根据企业优势，开发有竞争力的产品 例如：奥林匹克花园的最大特征为在开发中引入运动概念和郊区化类别墅；万科在天津的情景花园洋房产品是其优秀的设计技术成果

图 5-31 地产最优组合产品

3. 评价产品组合

在确定项目推出产品最优组合后，需对其进行评价。产品组合评价可以从市场占有率、销售成长率以及利润率三个方面的高低来分析衡量各个产品组合的价值取向。

图 5-32 产品组合评价内容

利润率

即考察一个项目是否能够为该开发商带来盈利或收益。

不同的产品利润率不一样，项目回报率也不尽相同。例如：

商铺的利润率会相对高于别墅的利润率；

别墅的利润率又会相对高于写字楼的利润率；

在各自成本收益对比限制下，四居室的利润率会相对高于三居室的利润率；

三居室的利润率又会相对高于二居室的利润率。

因此，在开发项目推出组合产品时要注意产品之间的利润率高低。

销售成长率

指产品未来发展潜力较大，需求有增加的趋势。

对于一个区域来说，在房地产市场起步阶段，高收入人群会首先买房，由于这个群体对生活要求高，居住条件要求精致，面积大的三居室、四居室和跃层、复式等户型销售状况良好，但随着中产阶级逐渐成为社会主流群体，二居室的市场十分看好，即销售成长率较高。

市场占有率

指企业销售量在房地产行业同类产品中所占的比重。

它能够直接反映项目产品和服务对消费者的满足程度和企业在市场上所处的地位。

在产品组合评价中，市场占有率要与销售成长率相结合来赋予其实际意义，一个项目推出的产品市场占有率高但销售成长率不是较高的产品，其后果为风险加大。

以上的每个指标都有从低到高又从高到低的过程，难以苛求企业的每个产品能够在所有方面都保持最佳状态，房地产企业所能要求的产品组合应该包括三类：

① 目前获利较少但发展前景良好、未来将成为主要产品的潜力产品；

② 目前已经达到利润率、市场占有率和销售成长率的三高状态的主流产品；

③ 目前仍然获利较高但市场销售趋于缓和的维持性产品。

图 5-33 房地产企业三类产品组合

4. 战略性产品组合构建模型

要构建针对市场推出的战略性的产品组合，就得在项目周期与投资回报之间做出有针对性的选择。

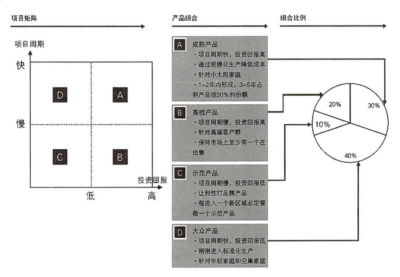

图 5-34 产品组合战略性构建模型

不同群体的产品组合不同

对于房地产开发公司来说，应在市场变化的基础上，及时调整现有的产品结构，从而寻求和保持产品属性的最优化。

针对中低收入、高学历的年轻家庭、小太阳家庭和空巢家庭，相对应地组合设计出系列化的标准产品。

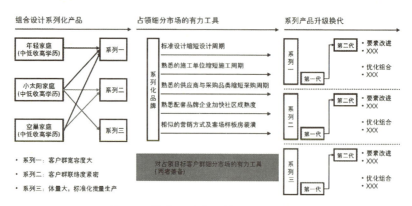

图 5-35 针对不同家庭设计标准产品系列模型

1. 高端产品

对于地产企业而言，定期开发一些高溢价精品住宅有助于企业提升品牌价值与企业形象。

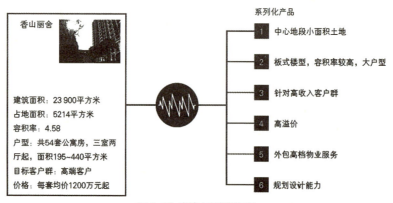

图 5-36 高端产品剖析示例

在高端产品市场中，企业应建立面向客户需求的分类单品数据库，并就产品设计的适用性与可复制性进行不断地调整优化，为未来的项目组合应用做准备。

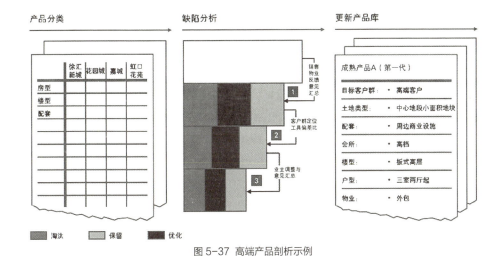

图 5-37 高端产品剖析示例

2. 针对性产品

为防止单一客群住宅产品随着客群移动而失去活力，在每个项目中要为既有联系又相互独立的客群提供针对性住宅产品。

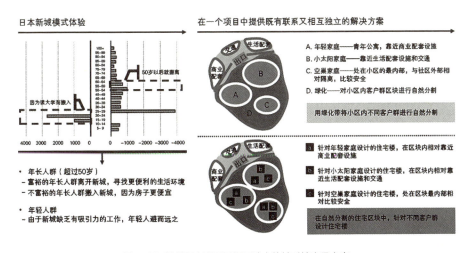

图 5-38 提供既有联系又相互独立的针对性产品方案

对整个小区的整体布局和单个住宅产品进行针对目标客群的设计，从而获得效用最大化和组合最优化的效果。

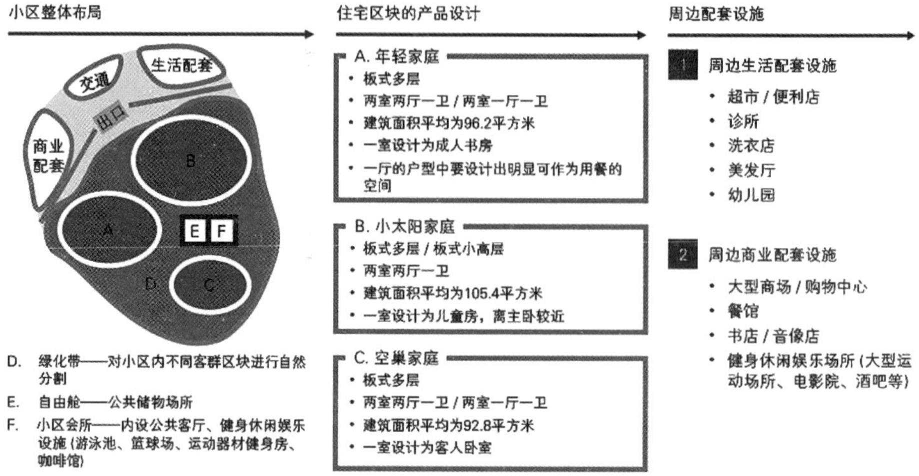

图 5-39 针对不同目标客群优化产品组合

针对不同细分客群对于室内空间的重视度和利用度，可适当将部分空间进行外化，从而减少成本支出、增加空间利用。

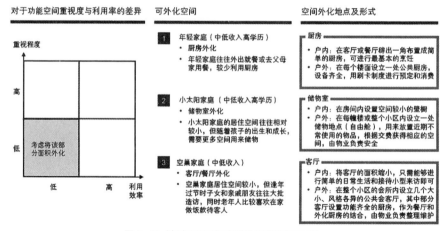

图 5-40 针对不同目标客群优化产品空间设计

第六章
Chapter Six

房地产项目经济测算

一个房地产项目，无论前期所提出的策略有多美妙，如果经济条件上不可行，都是无效策略。项目开始之前，必须要通过各种经济指标测算，才能有效地修正策划中已经形成的初步策略，使其具备可行性。

第一节 经济测算的概况

经济效益测算与分析是可行性分析中的灵魂,一个关键的环节,它的正确与否会直接影响到可行性分析的结果,是房地产项目开发过程中必不可少的经济技术资料。在房地产市场激烈竞争中,经济效益测算的"快速正确"尤其重要。

一、经济测算的基本步骤

房地产项目经济评价可分为 5 个阶段:

① 指标和物业配比的模拟;
② 成本和投入节奏的估算;
③ 租售计划模拟;
④ 现金流分析;
⑤ 相关分析。

其中,前三个阶段属于模拟开发进程,后两个阶段属于财务评价。

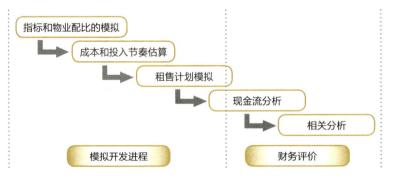

图 6-1 房地产项目经济评价的基本结构

经济测算一般遵循以下步骤:

① 投入成本分析;

② 实现收入分析;

③ 投资计划分析;

④ 税收分析;

⑤ 静态利润分析;

⑥ 动态利润分析;

⑦ 融资计划分析。

图 6-2 房地产经济测算的基本思路

三 经济测算基本概念

现金流量、资金价值、资金折现是经济测算的三个基本概念。

图 6-3 经济测算的三个基本概念

1. 现金流量

经济系统里投入的资金，花费的成本和获取的收益，都可以看成货币形式（财务账面）体现的资金流出和资金流入。

现金流量

在房地产投资分析中，把某一项投资活动作为一个独立的系统，把一定时期各时间点上实际发生的资金流出或流入叫做现金流量。

现金流出/流入

流出系统的资金叫现金流出；流入系统的叫现金流入。

净现金流量

现金流出与现金流入之差称为净现金流量。

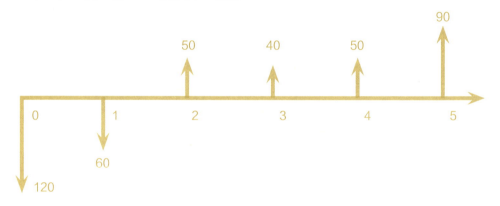

图 6-4 某项目的现金流量（坐标式）

表 6-1 某项目的现金流量表

	0	1	2	3	4	5
现金流入			50	40	50	90
现金流出	120	60				
净流量	-120	-60	50	40	50	90
累计净流	-120	-180	-130	-90	-40	50

2. 资金价值

资金价值会随时间变化而变化。即在不同时间付出或得到同样数额的资金，其价值是不相等的。

近期投入的资金，比将来投入的同样数额的资金更有价值。因为，当期立即带来收益；而未来期间投入的资金，不能立即产生收益，就与立刻投资价值不等。

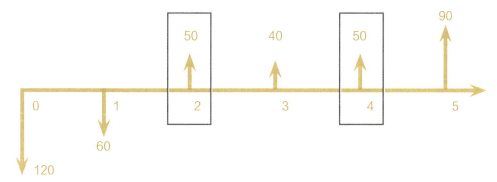

利息率（单利和复利，由于房地产开发为复利，因此这里只做复利计算），计算公式如下，即已知现值求终值：

$$F_n = P \times (1+i)^n$$

其中，i 为利息；F 为终值；P 为现值（投资本金）。

3. 资金折现

把资金直接进行对比有失科学，因此，以某一时间为基准点，将资金折算到同一个时间点上，才能得出正确的结论。

折现，就是将各期资金折算到当前时点的过程。（即已知终值求现值）

$$P_n = \frac{F}{(1+i)^n} = F \times (1+i)^{-n}$$

资金折现的计算有两个要点：

① i 的取值，通常 8%~12% 是房地产行业平均收益率。

基准折现率是净现值计算中反映资金时间价值的基准参数，是导致投资行为发生所要求的最低投资回报率，称为最低要求收益率。

② $-n$ 次方的计算可在 EXCEL 软件中完成。

三 投资估算的要求及必要性

在项目前期阶段，为了对项目进行经济效益评价并作出投资决策，必须对项目投资与成本费用进行准确估算。如果投资估算误差太大，必将导致决策失误。

估算是筹集基本建设资金和金融部门批准贷款的依据，是确定设计任务书的投资额和控制初步设计概算的依据，也是可行性研究和在项目评估中进行经济技术分析的依据。

表 6-2 项目投资与成本费用估算的精度要求

阶段	精度	计算依据
机会研究阶段	±30%	根据设想的开发项目和平均单价估算投资总额，简单判断一个项目是否可行
初步可行性研究阶段	±20%	根据初步计划的开发项目和较确切的单价估算投资总额，来决定一个项目是否可行
可行性研究阶段	±10%	根据较详细的开发项目计划和较准确的单价估算投资总额，来决定一个项目是否可行

快速正确地获取经济效益测算结果，其先决条件主要有两条：

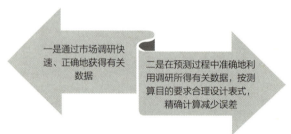

图 6-5 获取经济效益测算结果的两个先决条件

① 通过市场调研快速、正确地获得有关数据；

② 在预测过程中准确地利用调研所得有关数据，按测算目的要求合理设计表式，精确计算减少误差。

第二节 项目开发成本估算

对一般建设项目而言,其总投资是固定资产投资、建设期借款利息和流动资金之和。

图 6-6 建设项目总投资组成

对于开发后租售模式下的房地产开发项目而言,开发商本身所形成的固定资产大多数情况下很少甚至是零,房地产项目总投资基本就等于房地产项目的总成本费用。

一、开发项目总投资

开发项目总投资包括开发建设投资和经营资金。

图 6-7 开发项目总投资内容

1. 开发建设投资

开发建设投资是指在开发期内完成房地产产品开发建设所需投入的各项成本费用,主要包括 12 类:土地费用、前期工程费用、基础设施建设费用、建筑安装工程费用、公共配套设施建设费用、开发间接费用、管理费用、财务费用、销售费用、开发期税费、其他费用以及不可预见费用等。

表 6-3 项目总投资估算表

序号	项目	总投资	估算说明
1	开发建设投资		
1.1	土地费用		
1.2	前期工程费		
1.3	基础设施建设费		
1.4	建筑安装工程费		
1.5	公共配套设施建设费		
1.6	开发期税费		
1.7	其他费用		
1.8	不可预见费		
1.9	开发间接费		
1.10	管理费用		
1.11	财务费用		
1.12	销售费用		
2	经营资金		
3	项目总投资		(1)+(2)

2. 经营资金

经营资金是指房地产开发企业用于日常经营的周转资金。

表 6-4 开发建设投资估算取值标准

序号		项目	金额(万元)	计算依据
1	开发成本	土地费用		据实收取
2		前期工程费		建安工程费的 3%~6%
3		基础设施建设费		建安工程费的 15%
4		建筑安装工程费		按单方经验值及规划指标
5		公共配套设施建设费		按单方经验值及规划指标或按建安工程 3%~5%
6		开发期税费		可按建安工程费的 8%~15% 计算
7		其他费用		据实计算或按建安工程费的 3% 估算
8		不可预见费		(1~7 项)的 1%~3%
9		开发间接费		据实计算
10	开发费用	管理费用		开发成本的 2%~3%
11		财务费用		据实计算
12		销售费用		销售收入的 3%~5%
		合计		

3. 开发产品成本

开发产品成本是指房地产开发企业在开发过程中所发生的各项费用，也就是当开发项目产品建成时，按照国家有关会计制度和财务制度规定转入的房地产产品开发建设投资。

从财务角度讲，这些成本可按其用途分为：土地开发成本、房屋开发成本、配套设施开发成本。

在核算上，又将其划分为：开发直接费（包括土地费用、前期工程费用、基础设施建设费、建筑安装工程费用、公共配套设施建设费）和开发间接费（包括管理费用、财务费用、销售费用、其他费用、开发期税费、不可预见费等）。

项目总成本的 12 项费用

项目总成本费用包括两部分，开发成本和开发费用。

图 6-8 项目总成本费用

1. 土地费用估算

土地费用是指为取得房地产项目用地使用权而发生的费用。对土地费用的估算要依实际情况而定。

土地征用拆迁费

分为农村土地征用拆迁费和城镇土地拆迁费。

土地出让地价款

主要包括向政府缴付的土地使用权出让金和根据土地原有状况需要支付的拆迁补偿费、安置费、城市基础设施建设费或征地费等。

土地转让费是指土地受让方向土地转让方支付土地使用权的转让费。

土地租用费是指土地租用方向土地出租方支付的费用。

房地产项目土地使用权可以来自房地产项目的一个或多个投资者的直接投资。在这种情况下，不需要筹集现金用于支付土地使用权的获取费用，但一般需要对土地使用权评估作价。

表6-5 土地费用主要科目

序号	项目	金额	估算说明
1	土地出让金		
2	征地费		
3	拆迁安置补偿费		
4	土地转让费		
5	土地租用费		
6	土地投资折价		
	合计		

2. 前期工程费用

房地产项目前期工程费主要包括：开发项目前期规划、设计、可行性研究，水文、地质勘测，以及"三通一平"等阶段的费用支出。

表6-6 前期工程费用主要科目

序号	前期工程费表	计算依据（仅供参考）
1	前期工作咨询费	建安工程的0.2%~0.5%
2	地质勘察、测绘费、勘察报告审查费	3元/平方米
3	建筑规划设计费	按建筑设计取费标准取计价格
4	市政设计费	按建筑设计取费标准取计价格
5	环境评估费	详见建设项目环境影响咨询收费标准
6	交通评价费	按地上面积：1元/平方米估算
7	施工图审查费	
8	标底编制费	概算价格的2%~3‰，计算钢筋量16元/吨．
9	工程招投标管理费	中标价格的0.66‰，（共0.11%，招标方60%）
10	招标代理费	按取费标准取计价格
11	三通一平费（土方、临时水电）	20元/平方米
12	工程监理费	建设前期阶段按工程概预算的0.1%~0.2%计取；施工阶段按取费标准取
13	新材料基金（非砖混结构可退90%）、水泥专项基金（可退）	8元/平方米，中标水泥量3元/吨

3. 基础设施建设费

基础设施建设费是指建筑物2米以外和项目用地规划红线以内的各种管线和道路等工程的费用，主要包括供水、供电、供气、排污、绿化、道路、路灯、环卫设施的建设费用，以及各项设施与市政设施干线、干管、干道的接口费用。

一般按实际工程量估算。

表 6-7 基础设施建设费用主要科目

序号	基础设施建设费	单位（平方米）	数量	单价（元）	造价（万元）
1	住宅				
1.1	供水、排污				
1.2	道路、综合管网				
1.3	景观环境（含绿化）				
1.4	供电工程				
1.5	智能化工程				
1.6	路灯工程				
2	公建				
2.1	道路、综合管网				
2.2	景观环境				
2.3	照明、路灯				
2.4	供电工程				
2.5	供水、排污				
2.6	综合布线				

4. 建筑安装工程费

建筑安装工程费是指建造房屋建筑物所发生的建筑工程费用、设备采购费用、安装工程费用和室内装饰家具费等。

表 6-8 建筑安装工程费用科目

序号	项目	单方估算（元）
1	住宅	
1.1	全现浇（高层）	
1.2	全现浇板式（多层）	
1.3	框剪结构带底商（高层）	
1.4	框剪结构商住楼（高层）	
1.5	框剪结构（多层）	
1.6	底商	
2	非配套公建	
2.1	框架结构写字楼（高层）	
2.2	框架结构办公楼（多层）	
3	地下	
3.1	建安费用	
3.2	地下停车场	

5. 公共配套设施建设费

公共配套设施建设费是指居住小区内为居民服务配套建设的各种非营利性的公共配套设施（又称公建设施）的建设费用，主要包括：居委会、派出所、托儿所、幼儿园、锅炉房、变电室、公共厕所、停车场等。一般按规划指标和实际工程量估算。

表 6-9 公共配套设施建设费用估算表

序号	项目	金额（万元）	估算说明
1	居委会		
2	派出所		
3	托儿所		
4	幼儿园		
5	公共厕所		
6	停车场		
	合计		

6. 开发期税费

开发期间税费是指项目所负担的与房地产投资有关的各种税金和地方政府或有关部门征收的费用。各项税费应根据当地有关法规标准估算。

表 6-10 开发期税费估算表

序号	项目	金额（万元）	估算说明
1	固定资产投资方向调节税（暂时取消）		
2	土地使用税		
3	市政支管线分摊费		
4	供电贴费		
5	用电权费		
6	分散建设市政公用设施建设费		
7	绿化建设费		
8	电话初装费		
	合计		

房地产项目投资估算应考虑适当的不可预见费用。不可预见费根据项目的复杂程度和前述各项费用估算的准确程度，以上述各项费用之和的 3% 左右估算。

如果是开发完成后出租或自营的项目，还应该估算运营费用和维修费用。

表 6-11 开发建设投资估算表

序号	项目		金额	计算依据
1	开发成本	土地费用		据实收取
2		前期工程费		建安工程费的 3%~6%
3		基础设施建设费		建安工程费的 15%
4		建筑安装工程费		按单方经验值及规划指标
5		公共配套设施建设费		按单方经验值及规划指标或按建安工程 3%~5%
6		开发期税费		可按建安工程费的 8%~15% 计算
7		其他费用		据实计算或按建安工程费的 3% 估算
8		不可预见费		（1~7 项）的 1%~3%
9		开发间接费		据实计算
10	开发费用	管理费用		开发成本的 2%~3%
11		财务费用		据实计算
12		销售费用		销售收入的 3%~5%
		合计		

7. 其他费用

其他费用主要包括临时用地费和临时建设费、工程造价咨询费、总承包管理费、合同公证费、施工执照费、工程质量监督费、工程监理费、竣工图编制费、工程保险费等。这些费用按当地有关部门规定的费率估算，一般约占投资额的2%~3%。

表6-12 其他费用估算表

序号	项目	金额（万元）	估算说明
1	临时用地		
2	临建费		
3	施工图预算或标底编制费		
4	工程合同预算或标底审查费		
5	招标管理费		
6	总承包管理费		
7	合同公证费		
8	施工执照费		
9	工程质量监督费		
10	工程监理费		
11	竣工图编制费		
12	工程保险费		
	合计		

8. 不可预见费

房地产项目投资估算应考虑适当的不可预见费用。不可预见费根据项目复杂程度和前述各项费用估算的准确程度，以上述各项费用之和的3%左右估算。

9. 开发间接费

开发间接费是指房地产开发企业所属独立核算单位在开发现场组织管理所发生的各项费用。主要包括：工资、福利费、折旧费、修理费、办公费、水电费、劳动保护费、周转房摊销和其他费用等。

注意，一般经济测算不作此项要求，根据开发企业现实情况了以计算。

10. 管理费用

管理费用是指房地产开发企业的管理部门为组织和管理房地产项目的开发经营活动而发生的各项费用。

管理费可按项目投资或前述1~5项直接费用的一个百分比计算，一般为2%~3%左右。

11. 财务费用

财务费用是指房地产开发企业为筹集资金而发生的各项费用。

主要包括借款和债券的利息、金融机构手续费、融资代理费、外汇汇兑净损失以及企业筹资发生的其他财务费用。

注意，一般可以按照建安成本的最高65%计算，或者按照动态资金缺口计算。

12. 销售费用

销售费用是指房地产开发企业在销售房地产产品过程中发生的各项费用，以及专设销售机构或委托销售代理的各项费用。主要包括销售人员工资、奖金、福利费、差旅费、销售机构的折旧费、修理费、物料消耗、广告费、宣传费、代销手续费、销售服务费及预售许可证申领费等。

销售费用综合起来为：

① 广告宣传及市场推广费，一般约为销售收入的1%~2%；

② 销售代理费，一般约为销售收入的1.5%~2%；

③ 其他销售费用，一般约为销售收入的0.5%~1%；

以上各项合计，销售费用约占到销售收入的3%~5%。

在高端产品市场中，企业应建立面向客户需求的分类单品数据库，并就产品设计的适用性与可复制性进行不断地调整优化，为未来的项目组合应用做准备。

地产项目利润测算首先要明确一个基本的公式：

利润总额＝经营收入－开发成本－开发费用－经营税金及附加－土地增值税。

运用这个公式可以测算出项目的利润总额。

一 掌握项目定价方法

项目定价一般有以下 4 种方法：

图 6-9 项目 4 种定价方法

1. 成本导向定价法

成本导向定价方法优点是容易计算，但它的缺陷是，没有考虑市场需求和市场竞争情况。按照对利润确定方式的不同，定价方式可以分为三种：成本加成定价、目标收益定价、售价加成定价。这三种方法的共同点是，以产品成本为制定价格的基础，在成本基础上加一定的利润来定价。

（1）成本加成定价法

即指在一定单位产品成本基础上，加上一定比例的预期利润作为产品售价。此方法着眼于成本，不必经常依据需求情况而做调整。因为确定成本要比确定需求容易得多，这种方法适用于在市场环境诸因素基本稳定的情况下，保证获得正常利润。

其计算的公式为：

单位产品价格 = 单位产品成本 ×（1+ 加成率）

其中，加成率为预期利润占产品成本的百分比。（注：这里的成本要包含了税金）

 某楼盘售价测算

假如某房地产企业开发某一楼盘，每平方米的开发成本为4000元，加成率为15%，则该楼盘每平方米售价：4000×（1+15%）=4600（元）

（2）目标收益定价法

即指在成本基础上，按照目标收益率高低计算售价方法。这种方法适用于在市场上具有一定影响力、市场占有率较高或具有垄断性质的企业。其优点是保证企业既定目标利润的实现。

表 6-13 目标收益定价步骤

步骤	具体内容
确定目标收益率	多种形式（投资收益率、成本利润率、销售利润率等）
确定目标利润	目标利润 = 总投资额 × 目标投资利润率
	目标利润 = 总成本 × 目标成本利润率
	目标利润 = 销售收入 × 目标销售利润率
计算售价	售价 =（总成本 + 目标利润）÷ 预计销售量

 某小区项目售价测算

假如某房地产企业开发一总建筑面积为20万平方米的小区，估计未来在市场上可实现销售16万平方米，其总开发成本为4亿元，企业目标收益率为成本利润率的15%，则该小区的售价如下：

目标利润 = 总成本 × 成本利润率 =4×15%=0.6（亿元）

每平方米售价 =（总成本 + 目标利润）/ 预计销售量 =（4+0.6）÷160000=2875（元）

（3）售价加成定价法

即指以产品最后销售价格为基数，按销售价的一定百分率计算加成率，最后得出产品售价。在售价相同的情况下，用这种方法计算出来的加成率更直观，且较低，消费者更容易接受。

其计算公式如下：

单位产品售价＝单位产品总成本÷（1-加成率）

某楼盘售价测算

假如某楼盘的开发成本为每平方米2500元，加成率为20%，则该楼盘的售价为：

售价 =2500÷（1-20%）=3125（元）

2.需求导向定价法

需求导向定价法以需求为中心，依据买方对产品价值的理解和需求强度来定价，而非依据卖方成本定价。

（1）理解值定价法

理解值：感受/认知价值，是消费者对商品的质量、用途、款式以及服务质量的评估。（属于非价格因素变量）

理解值定价法可以与现代产品定位思路很好地结合起来，成为市场经济条件下的一种全新的定价方法，为越来越多的企业所接受。

理解值定价法关键在于通过市场调查准确掌握消费者对商品价值的认知程度，其主要步骤有五个：

① 确定顾客的认知价值；

② 根据确定的认知价值，决定商品的初始价格；

③ 预测商品的销售量；

④ 预测目标成本；

⑤ 决策。

某项目认知价值测算

设同类房地产的市场平均价为2600元/平方米,专家们对项目的3栋商品住宅楼的有关因素、权重系数及评分结果呈下表。

表6-14 某项目住宅楼认知价值系数表

项目	权重	分值分配		
		甲栋	乙栋	丙栋
质量	0.30	40	35	25
装修	0.15	30	40	30
环境	0.30	35	35	30
物业管理	0.15	40	30	30
开发商信誉	0.10	50	30	20
认知价值系数	1.00	1.14	1.04	0.83

可得:甲栋住宅楼的认知价值=2600×1.14=2964(元/平方米)

乙栋住宅楼的认知价值=2600×1.04=2704(元/平方米)

丙栋住宅楼的认知价值=2600×1.14=2158(元/平方米)

(2)区分需求定价法

即指某一产品可根据不同需求强度、不同购买力、不同购买地点和不同购买时间等因素,采取不同售价。

表6-15 房地产区分需求定价的主要形式

1	以消费群体差异为基础
2	以数量差异为基础
3	以产品外观、式样、花色差异为基础
4	以地域差异为基础
5	以时间差异为基础

3. 竞争导向定价法

即指企业为了应付市场竞争的需要而采取的特殊定价方法。以竞争者价格为基础,根据竞争双方力量等情况,制定价格,达到增加利润、扩大销售量或提高市场占有率等目标。

当本企业所开发的项目在市场上有较多的竞争者时,适宜采用竞争导向定价确定楼盘售价,以促进销售,尽快收回投资,减少风险。

（1）随行就市定价法

即指使自己的商品价格跟上同行业的平均水平。此定价法适合以下几种情况：

① 基于产品成本预测比较困难；

② 竞争对手不确定；

③ 企业希望得到一种公平的报酬；

④ 企业不愿打乱市场现有正常秩序。

随行就市定价法比较受一些中、小房地产企业的欢迎。

加权平均售价公式：

$$P'_i = P_i \prod (100 \div W_{ij}), (j = 1, 2, \cdots, m)$$

表6-16 加权平均售价公式各符号实际意义

公式符号	实际意义
$\prod (100 \div W_{ij})$	m 项因素权重比的连乘积
W_{ij}	被调查房地产（ i ）第 j 项因素之权重系数
m	事先确定的权重因素的个数
P_i	被调查房地产单价
P'_i	被调查房地产加权平均价

由上面的加权平均价，再视各被调查房地产的营销状况进行营销权重系数修正，确定最后的市场通行价，其公式如下：

$$P = G_i \times P_i \div G_i (i = 1, 2, \cdots, n)$$

式中　$G_i \times P_i$ ——被调查房地产加权平均单价期望值之和；

　　　G_i ——被调查房地产营销权重系数之和；

　　　n ——被调查房地产数；

　　　P ——市场通行价。

某项目加权平均价格测算

设某住宅周边的同类房地产的有关调研结果如下表：

表6-17 各房地产价格及营销相关问题调研表

物业名称	平均价格（元/平方米）	权重系数（W_{ij}）					营销状况权重系数（G_i）
		繁华程度	装修档次	生活设施	交通条件	开发商信誉	
A	7650	98	105	105	97	100	0.93
B	7200	98	100	105	97	103	1

物业名称	平均价格（元/平方米）	权重系数（W_{ij}）					营销状况权重系数（G_i）
		繁华程度	装修档次	生活设施	交通条件	开发商信誉	
C	7100	97	100	105	95	100	0.91
D	6740	107	98	105	98	108	0.87
E	6640	107	98	105	98	108	0.89
F	6630	98	97	105	97	100	0.92

由表 6-17 的数据和公式 $P'_i = P_i \prod (100 \div W_{ij})$，可得各房地产的加权平均价格如下：

P'_a =7650×100/98×100/105×100/105×100/97×100/100=7299(元/平方米)

P'_b =7003(元/平方米)

P'_c =7338(元/平方米)

P'_d =5784(元/平方米)

P'_e =5698(元/平方米)

P'_f =6848(元/平方米)

则，$P = G_i \times P'_i \div G_i$ =6680（元/平方米）

（2）追随领导者企业定价法

即指以同行中对市场影响最大的房地产企业的价格为标准来制定商品房价格。此定价法适用于拥有较为丰富的后备资源的企业，为了应付竞争，或稳定市场以利于长期经营。

4. 可比楼盘量化定价法

针对许多楼盘倾向于定性描述而产生的经验误差，应该对楼盘进行定量描述。建议在策划报告中的定价方法多采用此定量方法，增强说服力。

进行量化统计的楼盘应为可比性较强的，其地段、价格、功能、用途、档次应相近。

（1）影响楼盘量化定价的 18 个定级因素

选取影响楼盘定价的 18 个定级因素，分别为位置、价格、配套、物业管理、建筑质量、交通、城市规划、楼盘规模、朝向、外观、室内装饰、环保、发展商信誉、付款方式、户型设计、销售情况、广告、停车位数量。此 18 个因素，共分为五个等级，分值为 1、2、3、4、5 分。分值越大，表示等次越高。

表 6-18 定级因素、指标与分值

定级因素	指标	分值
位置	A 距离中心区远近；B 商业/写字楼为临街或背街	1 最差（远）……类推
价格	A 百元以上为等级划分标准；B 商铺、写字楼、豪宅、普通住宅依次减少	1 最高，2 很高，3 一般，4 很低，5 最低

定级因素	指标	分值
配套	A 城镇基础设施：水电气；B 社会服务设施：教育、医疗、文娱、公园	由最差/少到最好/多对应的分值为 1~5
物业管理	A 保安；B 清洁；C 绿化率及养护状况；D 物管费；E 人车分流；F 物管资质	
建筑质量	A 是否漏雨/水；B 门窗封闭情况；C 内墙；D 地板；E 排水质量	
交通	A 大中小巴士路线数量；B 距公交站远近；C 站点数量；D 大中小巴舒适程度	
城市规划	A 规划期限；B 规划完善程度；C 规划所在区域重要性程度；D 规划现状	
楼盘规模	A 总建筑面积（在建及未建）；B 总占地面积；C 户数	
朝向	A 方向；B 山景；C 水景；D 视野	1 西；2 东；3 北；5 南
外观	A 是否醒目；B 是否新颖；C 是否高档；D 感官舒适程度	由最差/少到最好/多对应的分值为 1~5
室内装修	A 高档；B 实用；C 功能是否完善；D 质量是否可靠	
环保	A 空气；B 噪音；C 废物；D 废水	
发展商	A 资产及资质；B 开发楼盘多少；C 楼盘质量；D 品牌	
付款方式	A 一次性付款；B 分期付款；C 按揭付款；D 其他	
户型设计	A 客厅和卧室的结构关系；B 厨房和厕所；C 是否有暗房；D 实用率大小	
销售情况	A 销售进度；B 销售率；C 尾盘现状	
广告	A 版面大小；B 广告频率；C 广告创意	
停车位数量	A 停车位数量；B 住户方便程度	

（2）定级因素权重确定

权重是一个因素对楼盘等级高低影响程度的体现。按重要性及影响力的高低，确定每一个因素的权重。权重越大，重要性及影响力就越高，反之亦然。

表 6-19 18 个定级因素的权重

定级因素	权重	定级因素	权重
位置	0.5	外观	0.1
价格	0.5	室内装饰	0.2
配套	0.4	环保	0.2
物业管理	0.3	发展商信誉	0.1
建筑质量	0.3	付款方式	0.2
交通	0.3	户型设计	0.1
城市规划	0.3	销售情况	0.1
楼盘规模	0.3	广告	0.1
朝向	0.3	停车位数量	0.1

（3）楼盘因素定级公式

$$P = W_1 \times F_1 + W_2 \times F_2 + W_3 \times F_3 + \cdots + W_n \times F_n$$

式中 P ── 总分（诸因素在片区内楼盘优劣的综合反映）；

n ── 楼盘定级因素的总数；

W ── 权重（某定级因素对楼盘优劣的影响度）；

F ── 分值（某定级因素对片区内所表现的优劣度）。

表 6-20 可比楼盘量化定价法计算表

序号	原始数据			计算栏		
	楼盘名称	楼盘得分（X）	楼价（Y）	$X \times X$	$Y \times Y$	XY
1						
2						
3						
4						
5						
6						
7						
8						
合计						

注：表中楼价为均价（元/平方米）

据上表中给出的原始数据，大致可判断楼价与楼盘得分之间近似呈现直线相关，则建立回归方程为：

$Y = a + bX$。其中，Y为楼盘均价，X为楼盘得分。

求解出参数a与b，该回归方程即可确定。

确定租售价格

租售价格应根据房地产项目的特点确定，一般应选择在位置、规模、功能和档次等方面可比的交易实例，通过对其成交价格的分析与修正，最终得到房地产项目的租售价格。一般采用市场比较法为房地产产品进行定价。

市场比较法是指根据市场中的替代原理，将待估地产与具有替代性的、且在估价时点近期市场上交易过的类似地产进行比较，并对类似地产的成交价格作适当修正，以此估算待估地产客观合理价格的方法。

在同一公开市场中，两宗以上具有替代关系的地产项目价格因竞争而趋于一致。

市场比较法有以下五个步骤：

① 搜集交易实例；

② 选择比较实例房地产；

③ 建立价格可比基础；

④ 比较实例的比较和修正；

⑤ 确定该房地产的比准价格。

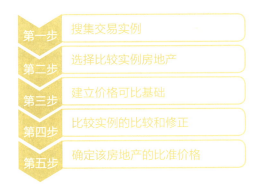

图 6-10 房地产市场比较法的一般步骤

比准价格的确定可以根据比准价格表进行确定。

表 6-21 项目比准价格

要素	权重	案例 1		案例 2		案例 3		本案
		契合度	比较系数	契合度	比较系数	契合度	比较系数	
景观								
外檐								
户型								
配套								
参考 价格								
权重 比准								
平均比准								

三 经营收入估算

经营收入是指向社会出售、出租房地产商品或自营时的货币收入。房地产投资项目的经营收入主要包括房地产产品的销售收入、租金收入、土地转让收入、配套设施销售收入（以上统称租售收入）和自营收入。

表 6-22 经营收入明细表

序号	项目	合计	1	2	3	…	N
1	销售收入						
1.1	可销售面积（平方米）						
1.2	单位售价（元/平方米）						
1.3	销售比例（%）						
2	经营税金及附加						
2.1	营业税						
2.2	城市维护建设税						
2.3	教育费附加						

四、税金估算

目前，我国房地产开发投资企业纳税的主要税种如下：

表 6-23 房地产开发投资企业纳税的主要税种

税种	含义	税率
经营税金及附加	经营税金及附加是指在房地产销售、出租与自营过程中发生的税费，主要包括营业税、城市建设维护税、教育费附加（通常也叫两税一费）	营业税的税率是5%；城市维护建设税的税率，纳税人所在地为县城、镇的，税率为5%；教育费附加的税率一般为3%
土地使用税	土地使用税是房地产开发投资企业在开发经营过程中占用国有土地应缴纳的一种税	城镇土地使用税根据实际使用土地的面积，按税法规定的单位税额缴纳
房产税	房产税是投资者拥有房地产时应缴纳的财产税	对于出租的房产，以房产租金收入为计税依据。对于非出租的房产，以房产原值一次减除10%~30%后的余额为计税依据计算缴纳
企业所得税	企业所得税是对企业生产经营所得和其他所得征收的一种税	税率为25%
土地增值税	土地增值税是对转让国有土地使用权、地上建筑物及其附着物并取得收入的单位和个人，就其转让房地产所取得的增值额为征税对象征收的一种税	土地增值税是以转让房地产取得的收入，减除法定扣除项目金额后的增值额作为计税依据，并按照四级超率累进税率进行征收，从30%~60%

表 6-24 税金估算明细表

序号	项目	计算基础
1	转让房地产总收入	详见销售收入表
2	扣除项目金额	2.1+2.2+2.3+2.4+2.5
2.1	取得土地使用权所支付的金额	地价款与相关手续费
2.2	开发成本	土地征用及拆迁费、前期工程费、建筑安装工程费、基础设施费、公共配套设施费、开发间接费等管理费用、销售费用、财务费用
2.3	开发费用	营业税、城市建设维护税、教育费附加、印花税
2.4	与转让房地产有关的税金	（土地使用权金额 + 开发成本）×20%
2.5	财政部规定的其他扣除项目	
3	增值额	（1）-（2）
4	增值率	（3）÷（2）
5	适用增值税率	增值额50%以下部分：30% 增值额超过50%至100%部分：40% 增值额超过100%至200%部分：50% 增值额超过200%部分：60%
6	增值税	应纳税额 = 土地增值额 × 适用税率

五、投资资金来源分析

房地产投资项目资金来源的渠道主要有三个：资本金（股本金）、银行贷款、预售收入。除了这三种形式，承包商带资承包和合作开发也经常被开发商作为筹资的渠道。除此之外，社会集资（发行股票、发行公司债券）、利用外资等方式也可以成为开发商投资项目的资金来源渠道或筹资手段。

图 6-11 房地产投资项目的资金来源渠道

1. 资本金

资本金是投资者对其所投资项目投入的股本金，通常来自投资者的自有资金。从投资者的角度来说，只要预计项目的投资利润率高于银行存款利率，就可以根据企业的能力适时投入自有资金作为股本金。

2. 银行贷款

任何房地产开发商要想求得发展，都离不开银行及其他金融机构的支持。

房地产开发投资中一般贷款比例应小于项目总投资的 70%，而且是以开发项目本身的抵押贷款为主。

3. 预售款

预售款是房地产投资者在商品房交付使用之前，预先向购房者收取的价款。这种筹资方式较受欢迎是因为对房地产的买卖双方来说都比较有益。

六 资金筹措与使用计划

资金筹措计划是根据房地产项目对资金需求以及投资、成本与费用使用计划，来安排资金来源和相应数量的过程。

面对不同的市场环境和竞争条件，房地产投资项目融资结构和筹资计划设计合理与否，也是开发商能否成功的关键。

在制定资金筹措计划时应当注意以下四点：

① 严格按照资金的需要量确定筹资额。

② 认真选择筹资来源渠道。

③ 准确把握自有资金与外部筹资的比例，并符合国家的有关规定。

④ 避免利率风险对项目的不利影响。

房地产投资项目的资金使用计划应根据可能的项目施工进度与资金来源渠道进行编制。

编制房地产投资项目资金使用计划时应注意以下四点：

① 根据建筑安装工程进度表，按照不同年度的工作量安排相应的资金供给量。

② 根据设备到货计划，安排设备购置费支出。

③ 项目的前期费用应尽早落实。

④ 在安排投资计划时，应先安排自有资金，后安排外部资金。

房地产投资项目应根据投资估算数据、可能的建设进度、将会发生的实际付款时间和金额以及资金筹措情况按期编制投资计划与资金筹措表。

表6-25 投资计划与资金筹措表

序号	项目	合计	1	2	3	...	N
1	项目总投资						
1.1	开发建设投资						
1.2	经营资金						
2	资金筹措						
2.1	资本金						
2.2	借贷资金						
2.3	预售收入						
2.4	预租收入						
2.5	其他收入						

七 借款还本付息估算

借款还本付息的估算主要是测算借款还款期的利息和偿还借款的时间，从而观察项目的偿还能力和收益，为财务分析和项目决策提供依据。

1. 还本付息的资金来源

根据国家现行财税制度规定，归还建设投资借款资金来源主要是项目建成后可用于归还借款的利润、折旧费、摊销费等；对预售或预租的项目，还款资金还可以是预售或预租的收入。

项目在建设期借入全部建设投资贷款本金及其在建设期发生的借款利息，均构成项目总投资的贷款总额，在项目建设期结束后或贷款方要求的还款期开始，可由上述资金来源偿还。

2. 借款利息计算

房地产投资项目贷款的还款方式应根据贷款资金的不同来源所要求的还款条件来确定。

国外借款的还款方式按协议的要求分别采用等额还本付息或等额本金偿还两种方法，国内借款的还款方式在实际操作过程中按实际偿还能力测算。

（1）国内借款利息的计算

对建设期借款利息估算时，应按借款条件的不同分别计算。借款条件包括：借款利率、借款期限、借款总额等。还款时利息的计算因还款方式的不同而不同。

表 6-26 国内借款利息的计算方式

借款及还款方式		计算公式
借款时的利息	借款当年在年中支用，按半年计息	每年应计利息 =（年初借款本息累计 + 本年借款 ÷ 2）× 利率
	还款当年按年末偿还，按全年计息	每年应计利息 = 年初借款累计 × 年利率
还款时的利息	等额偿还本金和利息总额时 — 年等额还本付息	$A = I_c \dfrac{i(1+i)^n}{(1+i)^n - 1}$
	等额偿还本金和利息总额时 — 每年支付利息	每年支付利息 = 年初借款余额累计 × 年利率；每年初借款余额累计 = I_c - 本年以前各年偿还本金累计
	等额偿还本金和利息总额时 — 每年偿还本金	每年偿还本金 = A - 每年支付利息
	等本偿还时 — 各年还本付息额	$A_t = \dfrac{I_c}{n} + I_c(1 - \dfrac{t-1}{n})i$
	等本偿还时 — 每年支付利息	每年支付利息 = 年初借款累计 × 年利率
	等本偿还时 — 每年偿还本金（含建设期未付利息）	每年偿还本金 = $I_c \div n$（等额）

（2）国外借款利息的计算

国外借款利息在计算时与国内计算方法大体相同。借款还本付息表只反映固定资产资金的借款本息，而没有反映流动资金借款本息。流动资金借款的还本付息一般是每年利息照付、期末一次还本。

表 6-27 借款还本付息表

序号	项目	合计	1	2	3	…	N
1	借款及还本付息						
1.1	期初借款本息累计						
	本金						
	利息						
1.2	本期借款						

序号	项目	合计	1	2	3	...	N
1.3	本期应计利息						
1.4	本期还本						
1.5	本期付息						
2	借款偿还的资金来源						
2.1	利润						
2.2	折旧费						
2.3	摊销费						
2.4	其他还款资金						

八 财务评价指标

根据国家现行财税制度和价格体系，分析、计算项目直接发生的财务效益和费用，编制财务报表，计算评价指标，考察项目的盈利能力、清偿能力以及外汇平衡等财务状况，据以判别项目的财务可行性。

房地产开发项目的财务评价指标最常用的分类方式是静态评价指标和动态评价指标。

图 6-12 财务评价主要技术经济指标

1. 静态经济评价指标

静态投资是以某一基准年、月的建设要素的价格（时点价格）为依据所计算出的建设项目投资的瞬时值。静态经济效果评价指标及其计算方法有 3 个：

图 6-13 3 个重要静态经济指标

指标1：静态投资回收期

静态投资回收期是指不考虑现金折现时，项目以净收益来抵偿全部投资（就是累计现金流量为零）所需的时间。

$$\sum_{t=1}^{P_b'}(CI-CO)_t=0$$

其中：CI为现金流入，CO为现金流出，P为静态投资回收期。

静态投资回收期作为能够反映技术方案的经济性和风险性的指标，在建设项目评价中具有独特的地位和作用，被广泛用作建设项目评价的辅助性指标。

表6-28 静态投资回收期的优缺点

优点	缺点
1. 概念清晰，简单易行，直观，易于理解； 2. 不仅在一定程度上反映了技术方案的经济性，而且反映了技术方案的风险大小和投资的补偿速度； 3. 既可判定单个方案的可行性，也可用于方案间的比较（判定优劣）	1. 没有反映资金的时间价值； 2. 由于它舍弃了方案在回收期以后的收入和支出情况，故难以全面反映方案在整个寿命期内的真实效益； 3. 没有考虑期末残值； 4. 方案的投资额相差较大时，比较的结论难以确定

某项目的静态投资回收期计算

静态投资回收期：(5-1)+192.2÷864=4.22年

表6-29 某项目静态投资回收期计算表

序号	项目	2006年	2007年	2008年	2009年	2010年
1	现金流出			302.00	425.00	572.20
2	现金流入	663.00	864.00		0.00	444.00
3	净现金流量	663.00	864.00	-302.00	-425.00	-128.20
4	累计现金流量	-192.20	671.80	-302.00	-727.00	-855.20

指标2：成本利润率

成本利润率指开发利润占总开发成本的比率，是初步判断房地产开发项目财务可行性的一个经济评价指标。

2年期开发项目一般可达到35%~45%的水平。

成本利润率=（销售收入-销售税金-投资总额）÷投资总额×100%

$$RPC = \frac{GDV - TDC}{TDC} \times 100\% = \frac{DP}{TDC} \times 100\%$$

表 6-30 公式中各符号代表的含义

公式符号	英文全称	中文翻译
RPC	Profit Rate on Cost	成本利润率
GDV	Gross Development Value	总开发价值
TDC	Total Development Cost	项目总开发成本
DP	Development Profit	开发利润

某项目成本利润率计算

某个以销售为主的房地产开发项目，其投资总额为 4059.6 万元，销售收入为 5350 万元，销售税金为 275 万元，资本金为 3059.6 万元。求其成本利润率。

依上述成本利润率公式，可得：

GDV =(5350-275)=5075 万元

TDC =4059.6 万元

RPC =（5350-275- 4059.6）÷4059.6×100%

= （5075-4059.6）÷4059.6×100%

= 25.01%

指标 3：销售利润率

销售利润率是企业利润总额与净销售收入的比率，也是衡量企业销售收入的收益水平的指标。

销售利润率公式：销售利润率＝利润总额/产品销售净收入

某项目销售利润率计算

某个以销售为主的房地产开发项目，其投资总额为 4059.6 万元，销售收入为 5350 万元，销售税金为 275 万元，资本金为 3059.6 万元。求其销售利润率。

依据上述销售利润率公式，可得：

$GDV = (5350-275) = 5075$ 万元

$TDC = 4059.6$ 万元

销售利润率 $= (5350-275-4059.6)/5350×100\%$

$= (5075-4059.6)/5350×100\%$

$= 18.98\%$

2. 动态投资评价指标

在项目前期策划中，除进行静态经济测算外，还要进行动态经济测算。动态投资是指在静态投资分析基础上考虑资金时间价值的经济评价方法。它除了包括静态投资所含内容之外，还包括建设期贷款利息、涨价预备费等。动态投资适应市场价格运行机制的要求，使投资的计划、估算更加符合实际。

动态经济测算主要包括三个重要盈利能力指标，即：内部收益率（IRR）、净现值（NPV）和动态投资回收期（PT）。

图 6-14 动态投资评价的 3 个指标

指标 1：内部收益率

财务内部收益率（$FIRR$）也称内部收益率（IRR），是指项目在整个计算期内，各年净现金流量现值累计等于零时（也就是说人为设定）的折现率。

财务内部收益率的经济含义是到项目终了时，所有投资可以被完全收回。

内部收益率表明了项目投资所能支付的最高贷款利率。如果贷款利率高于内部收益率，项目投资就会面临亏损。（累计折现值小于 0，即亏损状态。）

$$\sum_{t=1}^{n}(CI-CO)_t(1+FIRR)^{-t} = 0$$

财务内部收益率的作用：

在进行独立方案分析评价时，一般在求得投资项目内部收益率后，与同期贷款利率、同期行业基准收益率相比较，以判定项目在财务上是否可行。

① FIRR 与同期贷款利率 i 比较，反映项目的盈亏状况：

$FIRR > i$，项目盈利；

$FIRR = i$，项目盈亏平衡；

$FIRR < i$，项目亏损。

② FIRR 与同期行业基准收益率 i_c 比较，反映项目与行业平均收益水平相比的盈利情况：

$FIRR > i_c$，项目盈利超出行业平均收益水平；

$FIRR = i_c$，项目盈利等于行业平均收益水平；

$FIRR < i_c$，项目盈利低于行业平均水平。

财务内部收益率的计算，其公式为：

$$FIRR = i_1 + \frac{|NPV_1|}{|NPV_1| + |NPV_2|}(i_2 - i_1)$$

式中　$FIRR$——内部收益率；

　　　NVP_1——采用低折现率时净现值的正值；

　　　NVP_2——采用高折现率时净现值的负值；

　　　i_1——净现值为接近于零时的正值的折现率；

　　　i_2——净现值为接近于零时的负值的折现率。

指标 2：净现值

财务净现值是反映项目在计算期内获利能力的动态指标，是指按设定的折现率（可人为制定），将各年的净现金流量折现到投资起点的现值代数和，以此反映项目在计算期内的获利能力。

基准收益率是净现值计算中反映资金时间价值的基准参数，是导致投资行为发生所要求的最低投资回报率。

通常，房地产行业收益率水平 8%~12%。

$$FNPV = \sum_{t=1}^{n}(CI - CO)_t(1 + i_c)^{-t}$$

式中，i_c 为基准收益率或设定的目标收益率。

指标 3：动态投资回收期

动态投资回收期是指考虑现金折现时（基准收益率或基准折现率条件），项目以净收益来抵偿全部投资（包括固定资产投资和流动资金）所需的时间，是反映项目投资回收能力的重要指标。

（以投资项目净现金流量的现值抵偿原始投资现值所需要的全部时间。即：动态投资回收期是项目从投资开始起，到累计折现现金流量等于 0 时所需的时间。）

$$\sum_{t=1}^{P_b}(CI-CO)_t(1+i_c)^{-t}=0$$

P_b=（累计净现金流量现值开始出现正值期数 -1）+（上期累计净现金流量的绝对值 / 当期净现金流量现值）

第四节 地产项目的不确定性分析

房地产项目的不确定性分析包括敏感性分析和盈亏平衡分析，盈亏平衡分析又可分为临界点分析和保本点分析。

图 6-15 房地产项目不确定性分析

一、敏感性分析

从众多不确定因素中找出对投资项目经济效益指标有重要影响的敏感性因素，并分析、测算其项目经济效益指标的影响程度和敏感性程度，进而判断项目承受风险能力的一种不确定性分析方法。

单因素敏感性分析是敏感性分析的最基本方法，进行单因素敏感性分析时，首先假设各因素之间相互独立，然后每次只考察一项可变参数的变化而其他参数保持不变时，项目经济评价指标的变化情况。

表 6-31 敏感性分析表

序号	项目	变动幅度（%）	全部投资（所得税前）		
			内部收益率（%）	净现值（万元）	投资回收期（年）
0	基本方案				
1	开发产品投资				
2	售房价格				

敏感性分析是指内部收益率与敏感性因素的关系。

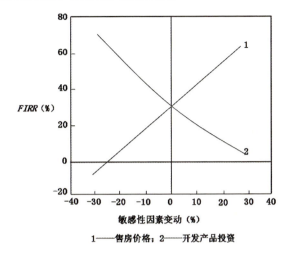

1——售房价格；2——开发产品投资

图 6-16 敏感性分析（全部投资、所得税前）

盈亏平衡分析

临界点分析是项目评价的另一重要方面，它反映在预期可接受的投资内部收益率下，投资方能承受的各种重要因素向不利方向变动的极限值。保本点分析是计算一个或多个风险因素变化而使房地产项目达到利润为零时的极限值。

表 6-32 临界点分析表

敏感因素	基本方案结果	临界点计算
内部收益率（%）		期望值
开发产品投资（万元）		最高值
售房价格（元/平方米）		最低值
土地费用（万元）		最高值
售房面积（平方米）		最低值

第五节 经济测算常用表格

表 6-33 项目总投资估算表

单位：万元

序号	项目	总投资	估算说明
1	开发建设投资		
1.1	土地费用		
1.2	前期工程费		
1.3	基础设施建设费		
1.4	建筑安装工程费		
1.5	公共配套设施建设费		
1.6	开发间接费		
1.7	管理费用		
1.8	财务费用		
1.9	销售费用		
1.10	开发期税费		
1.11	其它费用		
1.12	不可预见费		
2	经营资金		
3	项目总投资		
3.1	开发产品成本		
3.2	固定资产投资		
3.3	经营资金		

表 6-34 开发建设投资估算表

单位：万元

序号	项目	开发产品成本	固定资产投资	合计
1	土地费用			
2	前期工程费			
3	基础设施建设费			
4	建筑安装工程费			
5	公共配套设施建设费			
6	开发间接费			

序号	项目	开发产品成本	固定资产投资	合计
7	管理费用			
8	财务费用			
9	销售费用			
10	开发期税费			
11	其它费用			
12	其它费用			
	合计			

表 6-35 经营成本估算表

单位：万元

序号	产品名称	开发产品成本	1		2		3		4	
			结转比例	经营成本	结转比例	经营成本	结转比例	经营成本	结转比例	经营成本
1										
2										
3										
4										
5										
6										
	经营成本合计									

表 6-36 土地费用估算表

单位：万元

序号	项目	金额	估算说明
1	土地出让金		
2	征地费		
3	拆迁安置补偿费		
4	土地转让费		
5	土地租用费		
6	土地投资折价		
	合计		

表 6-37 前期工程费估算表

单位：万元

序号	项目	金额	估算说明
1	规划、设计、调研费		
2	水文、地质勘查费		
3	道路费		
4	供水费		
5	供电费		
6	土地平整费		
	合计		

表 6-38 基础设施建设估算表

单位：万元

序号	项目	建设费用	接口费用	合计
1	供电工程			
2	供水工程			
3	供气工程			
4	排污工程			
5	小区道路工程			
6	路灯工程			
7	小区绿化工程			
8	环卫工程			
	合计			

表 6-39 建筑安装工程费用估算表

单位：万元

项目	建筑面积	建安工程费		建安工程费		合计
		单价	金额	单价	金额	金额
单项工程 1						
单项工程 2						
…						
合计						

表 6-40 公共配套设施建设费估算表

单位：万元

序号	项目	金额	估算说明
1	居委会		
2	派出所		
3	托儿所		
4	幼儿园		
5	公共厕所		
6	停车场		
	合计		

表 6-41 开发期税费估算表

单位：万元

序号	项目	金额	估算说明
1	固定资产投资方向调节税		
2	土地使用税		
3	市政支管线分摊费		
4	供电贴费		
5	用电权费		
6	分散建设市政公用设施建设费		
7	绿化建设费		
8	电话初装费		
	合计		

表 6-42 其他费用估算表

单位：万元

序号	项目	金额	估算说明
1	临时用地		
2	临建费		
3	施工图预算或标底编制费		
4	工程合同预算或标底审查费		
5	招标管理费		
6	总承包管理费		
7	合同公证费		
8	施工执照费		
9	工程质量监督费		
10	工程监理费		
11	竣工图编制费		
12	工程保险费		
	合计		

表 6-43 销售收入与经营税金及附加估算表

单位：万元

序号	项目	合计	1	2	3
1	销售收入				
1.1	可销售面积				
1.2	单位售价				
1.3	销售比例				
2	经营税金及附加				
2.1	营业税				
2.2	城市维护建设税				
2.3	教育费附加				

表 6-44 出租收入与经营税金及附加估算表

单位：万元，平方米，元/平方米

序号	项目	合计	1	2	3
1	租金收入				
1.1	可出租面积				
1.2	单位租金				
1.3	出租率				
2	经营税金及附加				
2.1	营业税				
2.2	城市维护建设税				
2.3	教育费附加				
3	净转售收入				
3.1	转售价格				
3.2	转售成本				
3.3	转售税金				

注：1. 当房地产开发项目具有预租时，在开发期存在租金收入；
2. 净转售收入一般在期末实现。

表 6-45 自营收入与经营税金及附加估算表

单位：万元

序号	项目	合计	1	2	3
1	自营收入				
1.1	商业				
1.2	服务业				
1.3	其他				
2	经营税金及附加				
2.1	营业税				
2.2	城市维护建设税				
2.3	教育费附加				

表 6-46 投资计划与资金筹措表

单位：万元

序号	项目	合计	1	2	3
1	项目总投资				
1.1	开发建设投资				
1.2	经营资金				
2	资金筹措				
2.1	资本金				
2.2	借贷资金				
2.3	预售资金				
2.4	预租资金				
2.5	其他收入				

表 6-47 借款还本付息估算表

单位：万元

序号	项目	合计	1	2	3
1	借款及还本付息				
1.1	期初借款本息累计				
1.2	本金				
1.3	利息				
1.4	本期借款				
1.5	本期应计利息				
1.6	本期还本				
1.7	本期付息				
2	借款偿还资金来源				
2.1	利润				
2.2	折旧费				
2.3	摊销费				
2.4	其他还款资金				

表 6-48 综合评价现金流量表

单位：万元

序号	项目	合计	1	2	3
1	现金流入				
1.1	国有土地使用权出让收益				
1.2	土地使用权转让收益				
1.3	工商企业税费收入				
1.4	基础设施增容费、使用费收入				
1.5	基础设施销售收入				
1.6	回收固定资产余值				
1.7	回收经营资金				
1.8	间接效益				
2	现金流出				
2.1	征地费用				
2.2	平整土地投资				
2.3	基础设施投资				
2.4	建筑工程、配套设施投资				
2.5	基础设施经营费用				
2.6	项目管理费用				
2.7	经营资金				
2.8	间接费用				
3	净现金流量				
4	累计净现金流量				

表 6-49 资产负债表

单位：万元

序号	项目	合计	1	2	3
1	资产				
1.1	流动资产				
1.1.1	应收账款				
1.1.2	存货				
1.1.3	现金				
1.1.4	累计盈余资金				
1.2	在建工程				
1.3	固定资产净值				
1.4	无形及递延资产净值				
2	负债及所有者权益				
2.1	流动负债总额				
2.1.1	应付账款				
2.1.2	短期借款				
2.2	借款				
2.2.1	经营资金借款				
2.2.2	固定资产投资借款				
2.2.3	开发产品投资借款				
	负债小计				
2.3	所有者权益				

序号	项目	合计	1	2	3
2.3.1	资本金				
2.3.2	资本公积金				
2.3.3	盈余公积金				
2.3.4	累计未分配利润				

表 6-50 损益表

单位：万元

序号	项目	合计	1	2	3
1	经营收入				
1.1	销售收入				
1.1.1	出租收入				
1.1.2	自营收入				
1.1.3	经营成本				
2	商品房经营成本				
2.1	出租房经营成本				
2.2	运营费用				
3	修理费用				
4	经营税金及附加				
5	土地增值税				
6	利润总额				
7	所得税				
8	税后利润				
9	盈余公积金				
9.1	应付利润				
9.2	未分配利润				
9.3	负债小计				

表 6-51 资金来源与运用表

单位：万元

序号	项目	合计	1	2	3
1	资金来源				
1.1	销售收入				
1.2	出租收入				
1.3	自营收入				
1.4	资本金				
1.5	长期借款				
1.6	短期借款				
1.7	回收固定资产余值				
1.8	回收经营资金				
1.9	净转售收入				
2	资金运用				
2.1	开发建设投资				
2.2	经营资金				
2.3	运营费用				
2.4	修理费用				

序号	项目	合计	1	2	3
2.5	经营税金及附加				
2.6	土地增值税				
2.7	所得税				
2.8	应付利润				
2.9	借款本金偿还				
3	借款利息支付				
4	盈余资金				
5	累计盈余资金				

表6-52 投资者各方现金流量表

单位：万元

序号	项目	合计	1	2	3
1	现金流入				
1.1	应得利润				
1.2	资产清理分配				
1.3	回收固定资产余值				
1.4	回收经营资金				
1.5	净转售收入				
1.6	其他收入				
2	现金流出				
2.1	开发建设投资出资额				
2.2	经营资金出资额				
3	净现金流量				
4	累计净现金流量				

表6-53 资本金财务现金流量表

单位：万元

序号	项目	合计	1	2	3
1	现金流入				
1.1	销售收入				
1.2	出租收入				
1.3	自营收入				
1.4	净转售收入				
1.5	其他收入				
1.6	回收固定资产余值				
1.7	回收经营资金				
2	现金流出				
2.1	资本金				
2.2	经营资金				
2.3	运营费用				
2.4	修理费用				
2.5	经营税金及附加				
2.6	土地增值税				
2.7	所得税				
2.8	借款本金偿还				

序号	项目	合计	1	2	3
3	净现金流量				
4	累计净现金流量				

表6-54 全部投资财务现金流量表

单位：万元

序号	项目	合计	1	2	3
1	现金流入				
1.1	销售收入				
1.2	出租收入				
1.3	自营收入				
1.4	净转售收入				
1.5	其他收入				
1.6	回收固定资产余值				
1.7	回收经营资金				
2	现金流出				
2.1	开发建设投资				
2.2	经营资金				
2.3	运营费用				
2.4	修理费用				
2.5	经营税金及附加				
2.6	土地增值税				
2.7	所得税				
3	净现金流量				
4	累计净现金流量				

注：

1. 本表适用于独立法人的房地产开发项目（项目公司）。

非独立法人的房地产开发项目可参照本表使用，同时应注意开发企业开发建设投资、经营资金、运营费用、所得税和债务等的合理分摊；

2. 开发建设投资中应注意不含财务费用；

3. 在运营费用中应扣除财务费用、折旧费和摊销费。